Marketing Internacional

Dados Internacionais de Catalogação na Publicação
(Câmara Brasileira do Livro, SP, Brasil)

Nosé Junior, Amadeu
Marketing internacional : uma estratégia empresarial / Amadeu Nosé Junior. - São Paulo : Cengage Learning, 2005.

Bibliografia.
ISBN 978-85-221-0451-2

1. Comércio exterior 2. Marketing 3. Marketing de exportação 4. Planejamento estratégico I. Título

04-6116 CDD-658.848

Índice para catálogo sistemático:
1. Marketing internacional : Administração de empresas 658.848

Marketing Internacional: uma estratégia empresarial

AMADEU NOSÉ JUNIOR

CENGAGE

Austrália • Brasil • México • Cingapura • Reino Unido • Estados Unidos

CENGAGE

Marketing internacional : uma estratégia empresarial

Amadeu Nosé Junior

Gerente Editorial: Adilson Pereira

Editora de Desenvolvimento: Ada Santos Seles

Supervisora de Produção Editorial: Patricia La Rosa

Produtora Editorial: Danielle Mendes Sales

Copidesque: Maya Indra Souarthes Oliveira e Andréa Vidal de Miranda

Revisão: Iná Carvalho e Sandra Lia Farah

Editoração Eletrônica: Produtores Associados

Capa: Ana Lima

ISBN 10: 85-221-0451-4
ISBN 13: 978-85-221-0451-2

Cengage Learning
Condomínio E-Business Park
Rua Werner Siemens, 111 – Prédio 11
Torre A – Conjunto 12 – Lapa de Baixo
CEP 05069-900 – São Paulo – SP
Tel.: (11) 3665-9900 – Fax: (11) 3665-9901
SAC: 0800 11 19 39

Para suas soluções de curso e aprendizado, visite **www.cengage.com.br**

Impresso no Brasil
Printed in Brazil

A quem dedico

Aos meus queridos pais, Amadeu e Alzira, cuja saudosa memória nesta obra reverencio. Os exemplos que deixaram me permitiram perseverar neste universo repleto de desafios.

A quem agradeço

A Márcia, Alexandre e Bianca, pelo apoio e incentivo.

Aos meus alunos e ex-alunos, tanto da graduação como da pós-graduação, que, sem saberem, me ajudaram no aprimoramento prático da nobre arte que é ensinar.

Ao prezado Adilson Pereira, gerente editorial da Pioneira Thomson Learning, pelo incentivo de longos anos para que esta obra fosse concretizada.

Sumário

Prefácio

O debate em torno das vantagens e desvantagens da globalização vem recebendo a cada dia maior destaque nas diversas mídias. Além disso, é unânime que, na agenda da modernização e do desenvolvimento sustentável do Brasil, a exportação ocupa espaço privilegiado. Diante desse quadro, seria de se supor que uma vasta bibliografia de marketing internacional produzida por autores brasileiros estivesse disponível. Mas não é o que acontece. Pelo contrário, uma pesquisa realizada nas prateleiras das melhores livrarias do País demonstra a enorme lacuna de literatura dirigida a esse tema.

Levando em consideração esse cenário e norteados por uma política editorial que nos instiga a fomentar e enriquecer o debate na área, trazemos aos nossos leitores o livro do professor Amadeu Nosé Junior.

A obra, resultado de conversas entre este editor e o autor, foi desenvolvida com competência e perseverança. Mais do que uma leitura acadêmica, ela apresenta uma abordagem simples e direta, unindo as teorias de marketing internacional à prática que o autor vivenciou e vivencia há cerca de duas décadas como *trader*, consultor e professor.

Adilson Pereira
Gerente Editorial

Introdução

A razão da importância da economia para o mundo fez que essa disciplina fosse discutida à exaustão, odiada e amada por pesquisadores e por leigos, em razão, principalmente, do grande impacto e das transformações nas relações de troca entre os países, nos últimos anos.

Vivemos em um mundo cada vez mais dinâmico e repleto de mudanças. Na última metade do século XX, fomos aquinhoados por desenvolvimentos tecnológicos, econômicos e da sociedade da informação sem precedentes na história da humanidade. Em particular, a partir do início dos anos 90, o Brasil e o mundo passaram por um sem-número de grandes transformações que proporcionaram uma aceleração da globalização da economia e das transações internacionais.

Segundo alguns filósofos, essa nossa Terra azul deve mudar cada vez mais rapidamente nas próximas décadas.

No entanto, sabemos que o mundo já mudou de forma acentuada, nos últimos 10 anos, comparando-se com a última metade do século passado.

Portanto, cada vez mais, o processo de transformação tecnológica exige das empresas e dos profissionais capacidades e competências para acompanhar essas mudanças em todas as partes do globo.

O comércio internacional mudou de forma significativa nos últimos 50 anos, em particular na última década, acompanhando o panorama apresentado anteriormente. As empresas antes chamadas multinacionais ganharam definitivamente aspectos globais, atuando de forma avassaladora, por meio de fusões, incorporações, aquisições, associações. Existem hoje, por exemplo, mais de duas centenas de empresas cujo faturamento anual supera o PIB (Produto Interno Bruto) de diversos países, tais como Uruguai, Colômbia, Venezuela, Argentina e o próprio Brasil.

Precisamos conhecer mais e melhor as alterações que ocorrem a todo momento em vários mercados, para podermos atender mais objetivamente às necessidades e a seus desejos.

Com a criação da Organização Mundial do Comércio (OMC) e o surgimento de novos blocos comerciais e consolidação de outros – como a Comunidade Européia, o Nafta e o Mercosul –, passamos a conviver com novas regras propostas ou impostas para o relacionamento comercial entre as nações. Essas regras passaram a nortear as políticas macroeconômicas dos países avançados, com o objetivo de sustentar seu respectivo desenvolvimento, visto que seu mercado interno, apenas, já não lhes garantia essa possibilidade. Assim, a conquista de novos mercados passou a ser uma verdadeira corrida contra o tempo.

Alguns aspectos nesse contexto devem ser ressaltados: o Japão está em processo de recessão há mais de 14 anos; os Estados Unidos há mais de dois anos e não conseguem fazer sua economia crescer de forma sustentável, obrigando o Federal Reserve (Fed) – Banco Central norte-americano – a praticar juros anuais reais negativos, se levarmos em conta a taxa de inflação americana, menos os juros praticados. Tudo isso como tentativa desesperada para reativar a economia americana.

Assim o crescimento de uma nação há muito tempo não pode depender apenas do seu mercado interno e de pequenas tentativas de exportações esporádicas. Nesse contexto, o Brasil, desde o início da década de 1990, depois do famigerado Plano Collor, não tem dado a devida importância ao comércio internacional. Só recentemente iniciamos algumas mudanças mais importantes.

Devemos mudar nossa forma de pensar e agir em relação ao comércio exterior, para podermos ter uma participação condizente com a nossa importância em nível internacional. Ainda não foi dessa vez que o Ministério do Comércio Exterior foi criado.

Na verdade, o País tem de buscar mercados novos e não-tradicionais, como está ensaiando fazer por meio de políticas industriais, comerciais, fiscais e de financiamento para as empresas aqui instaladas e, ao mesmo tempo, melhorar seu marketing internacional por meio de promoção comercial e de investimento na marca BRASIL no exterior. Outra questão muito importante é consolidar sua participação em foros internacionais com ações efetivas, assumindo riscos de políticas internacionais controversas e polêmicas, mas que resultam em valorização e respeitabilidade do País perante a opinião pública internacional.

A diplomacia brasileira tem sido pragmática, mas não agressiva, e o pragmatismo não tem refletido positivamente nos resultados comerciais necessários para o desenvolvimento do comércio exterior brasileiro. Somente agora o

Brasil inicia uma investida comercial e diplomática em alguns mercados não-tradicionais, como China, Índia, Rússia e África do Sul, diversificando o triângulo América do Sul, Estados Unidos e Europa.

É importante destacar que quase a totalidade dos profissionais que trabalham com comércio exterior reconhece a fragilidade de uma política uniforme e duradoura para o setor. Entretanto, pouco tem sido feito nesse aspecto, e o próprio governo tem consciência da ausência de uma política de comércio exterior consistente.

De fato, o País nunca contou com uma política ou modelo de comércio exterior que proporcionasse às empresas um rumo a seguir. Quanto a isso, há muitos anos vimos defendendo a necessidade de o Brasil estar de fato inserido no comércio internacional. Somente com um Ministério do Comércio Exterior, centralizando as operações e controles, o Brasil seria capaz de orientar, dirigir e principalmente uniformizar, desburocratizar e desonerar as operações de comércio exterior, especialmente no que diz respeito às exportações.

Seria necessário um Ministério do Comércio Exterior que de fato administrasse e formulasse uma política macro e microeconômica para a área; seria uma alternativa viável para sair do discurso, das frases de efeito, e participarmos efetivamente do comércio internacional, de acordo com a importância do País no contexto mundial.

Baseado nesse cenário, e depois de quase três décadas dedicadas ao comércio exterior como *trader*, consultor de empresas e posteriormente como professor, este autor sentiu a necessidade de alertar e motivar empresas e profissionais a se engajarem no comércio internacional de forma efetiva, inserindo o Brasil em lugar de destaque. Necessitamos da criação de uma massa crítica em relação ao tema de comércio internacional, o qual seja discutido amplamente pela sociedade brasileira.

Sabemos que, com a globalização da economia, a busca de um comprador ideal passou a ser uma verdadeira batalha, e tem sido efetivada em qualquer parte do mundo, de forma brutal e muitas vezes sem escrúpulos, com subsídios e vantagens dos mais variados, tornando cada vez mais difícil a arte de exportar e de participar do comércio internacional com volumes que garantam o nosso desenvolvimento sustentado; por outro lado, todos os países necessitam manter superávits comerciais como forma de sobrevivência. Dessa forma, o mundo torna-se cada vez mais competitivo e difícil, em matéria de comércio internacional.

Muito tem sido falado sobre o despreparo de uma parcela significativa de empresas e empresários brasileiros que não se sente estimulada ou não está preparada para exportar. Na realidade, acontece um pouco de cada. Além disso, o governo brasileiro não tem orientado nem formulado uma política uniforme e consistente de comércio exterior, capaz de impulsionar as exportações para um patamar realmente importante dentro do cenário internacional.

O Brasil é o quinto maior país em extensão territorial e, em 1995, era a sétima economia, mas, em 2003, já figurava como a décima quinta economia mundial, contando com uma população versátil e preparada.

Se retrocedermos na história, observaremos que o Brasil, logo após ser descoberto, já era um país exportador (extrativo de pau-brasil). Posteriormente, participou de grandes ciclos de exportação, como os de borracha, café, açúcar, minério de ferro e outros. Infelizmente, todos esses produtos primários ou extrativos proporcionaram surtos de progresso interno, com baixo valor agregado.

Ultimamente o Brasil tem se projetado como fabricante de diversos produtos, inclusive de alta tecnologia, entre os quais destacamos aviões a jato e mísseis de médio alcance. Mas essas exportações ainda são tímidas e frutos da iniciativa de verdadeiros heróis do empresariado nacional. Temos a Embraer, com enorme sucesso na aviação regional, que ensaia entrar na aviação de grande porte; a Avibrás, produtora de foguetes de pequeno e médio alcances; tínhamos a Engesa, que obteve grande sucesso na exportação de tanques e veículos de guerra até hoje utilizados por muitos países. Mas essas empresas ainda são exceções na pauta de exportações brasileiras.

Apesar desses exemplos, ainda somos conhecidos internacionalmente como exportadores de *commodities* e de produtos primários e participamos, segundo a OMC, com apenas 0,9% do comércio mundial. Somente esses fatos já nos fornecem uma idéia do potencial do Brasil como país emergente. Se compararmos, por exemplo, o Brasil com o México, veremos que esse país tem cerca de metade da nossa população e sua economia era considerada em 1995 a décima sétima do mundo com um PIB de US$ 286,2 bilhões e, em 2003, já figurava com um PIB de US$ 626,1 bilhões, ocupando a décima posição mundial.

Enquanto iso, o Brasil regredia da sétima posição em 1995 para a décima quinta em 2003; o México, apesar de todas as crises enfrentadas pela América Latina, conseguiu crescer, graças sobretudo à sua inserção no Nafta.

O México exporta cerca de US$ 180 bilhões por ano, ao passo que o Brasil há alguns anos tentava chegar aos US$ 70 bilhões exportados, e somente em 2003 alcançou esse patamar, graças à disparada do valor do dólar americano nos últimos seis meses do ano.

Ao longo desses anos dedicados ao comércio exterior, tenho me deparado com vários empresários que me perguntam se é lucrativo exportar e como devem proceder para exportar com lucro. Costumo responder que o lucro na exportação ou em qualquer venda, seja no mercado interno, seja no externo, é uma conseqüência de um trabalho bem-feito. Vender bem dá lucro e a exportação é uma venda. Portanto, o lucro é um meio e não um fim.

Por outro lado, entendemos que o atual momento econômico que o mundo e principalmente o Brasil atravessa pode ser a oportunidade fundamental para conscientização e consolidação junto a empresários, estudantes de comércio exterior e a sociedade como um todo, sobre a importância do marketing internacional como forma estratégica de desenvolvimento sustentado, alavancando as empresas e como conseqüência o país.

A velocidade e a disseminação das informações marcaram de forma indelével a sociedade capitalista da última década. Apenas alguns poucos países ainda não se globalizaram nem se inseriram nesse processo social mais profundo que a humanidade vive, talvez apenas comparado historicamente às grandes descobertas marítimas de 1492 a 1500.

As economias estão cada vez mais conectadas e interdependentes; as bolsas de valores do mundo inteiro sofrem oscilações uma em decorrência da outra.

Os produtos são "montados" com insumos, partes e peças fabricados em diversos países. Como exemplo disso citamos a indústria automobilística em geral ou a Embraer, a qual, como empresa genuinamente brasileira, trabalha por meio de um sistema de engenharia simultânea e de parcerias com vários fornecedores em diversos países, viabilizando a fabricação de aviões com alta tecnologia embarcada e em curto prazo, entre o desenvolvimento e a entrada efetiva em operação dos aviões produzidos.

Entre outros fatores, essa revolução no processo produtivo só foi possível devido ao sistema de parcerias e gestão que, somado à logística moderna, viabilizou processos inovadores de fabricação.

Essa tendência mundial de parcerias e associações está cada vez mais acentuada, principalmente a da especialização como forma de obter vantagens competitivas por meio de processos de fabricação fortemente inovadores. Esses avanços só foram possíveis com a abertura da economia em diversos países e com a própria globalização da economia e da informação.

No Brasil, a abertura da economia iniciou-se em 1990. Para alguns, de forma tardia, depois de décadas de proteção alfandegária quase absoluta; para outros, essa abertura foi implementada de modo muito rápido e desastroso, desestruturando alguns setores produtivos e gerando desemprego setorial e tecnológico; mas, sem dúvida, a abertura da economia veio para ficar e é irreversível. Hoje os efeitos produzidos pela abertura da economia já são bastante notados; mas precisamos estar preparados para a Área de Livre Comércio das Américas (Alca), antes que seja tarde!

O fenômeno da globalização, embora amplamente discutido nos últimos anos, não é novo! Apenas o processamento e a velocidade das informações é que foram decisivos para que o atual processo fosse disseminado de forma tão intensa e marcante.

A Alca será implementada, mais cedo ou mais tarde, com ou sem a participação do Brasil. Nesse aspecto, estamos em uma encruzilhada diplomática e comercial.

Pelo lado diplomático, se participarmos da Alca sem as devidas ressalvas e vantagens comerciais, talvez estejamos fadados a ser apenas mais um país coadjuvante, participando de um acordo de livre comércio sem muitas perspectivas econômicas; mas, se não participarmos, ficaremos isolados de um processo irreversível, que são os blocos econômicos.

No aspecto comercial, sabemos que nossas empresas não estão preparadas para enfrentar uma concorrência forte e competente dos Estados Unidos, Canadá e até do México, que atualmente fazem parte do Nafta. Portanto, é preciso urgentemente "acordar" para essa realidade que se aproxima celeremente.

Daqui para frente não haverá mais limites para a integração internacional. A Comunidade Européia implantou sua moeda única, o Euro, que já é um sucesso, inclusive de integração de políticas macroeconômicas.

Portanto, as conseqüências desses processos que estamos vivendo é a integração e a associação como forma de sobrevivência e devemos nos acostumar a essas grandes e freqüentes mudanças.

Diariamente, temos notícias de novos e revolucionários produtos e a velocidade do processamento das informações faz que as notícias sejam difundidas em tempo real.

A globalização da economia, com seus amplos reflexos, quer positivos quer negativos, se faz sentir na cultura, na educação, nos usos e costumes e, principalmente, nas comunicações e na economia.

Quase não existem mais barreiras para o capitalismo internacional, seja especulativo, seja produtivo. As empresas mudam de local com extrema facilidade, atrás de incentivos fiscais ou mais acesso de mão-de-obra; mudam de país a país, conforme as oportunidades de melhores resultados financeiros que se lhes apresentam. Muitas delas são praticamente virtuais, fabricando seus produtos em países distantes, onde as condições são melhores, buscando apenas custos menores. Grande número de empresas globais já não investe em prédios ou plantas próprias; apenas aluga locais para não imobilizar seu capital e trocar de país mais rapidamente.

Por outro lado, o capital especulativo é capaz de desestruturar economias de diversos países em questão de segundos.

Os mercados nacionais estão cada vez mais competitivos e disputados; para neles sobreviver, é necessário enfrentar empresas internacionais, globalizadas, que atuam em nosso mercado com modelos de gestão altamente competitivos.

Hoje, qualquer indivíduo é influenciado de forma marcante pelo volume e qualidade das informações, via Internet, televisão a cabo etc. Suas atitudes e seus hábitos de consumo modificam-se a todo instante.

Os consumidores em todo o mundo mudaram e amadureceram; por conta disso, as empresas modificaram sua forma de relacionamento com seus clientes ou simplesmente não existem mais. Em termos empresariais, hoje podemos dizer que existem dois tipos de empresários: o atualizado e o ex-empresário!

Recentemente pudemos observar que uma das maiores empresas de auditoria e consultoria empresarial, com filiais em diversos países, teve de fechar suas portas por falta de credibilidade, o que foi transmitido pelos meios de comunicação. Isso jamais teria acontecido sem a globalização e a democratização da informação.

O mercado interno de diversos países foi literalmente invadido por empresas internacionais ou globalizadas de várias partes do mundo; o comércio internacional passou a ser fonte de disputa e determinante para o desenvolvimento econômico, social e tecnológico de um país.

Dessa forma, somos obrigados a competir no mercado nacional com empresas internacionais, o que necessariamente nos levará a buscar na exportação formas de competição e idéias para combater os concorrentes em nosso mercado interno.

Exatamente por isso, precisamos saber que não só no mercado interno está a saída para o nosso crescimento econômico e mercadológico. É necessário entender que a exportação é uma alternativa importante para nos tornamos competitivos.

O Brasil será, segundo algumas renomadas instituições internacionais, umas das três maiores plataformas exportadoras do mundo, nos próximos 20 anos, junto com a China e a Índia. A indústria automobilística mundial já se preparou para isso, implantando aqui várias fábricas. Mas, por seus potenciais territoriais e populacionais, teremos certamente uma China e uma Índia muito competitivas nos próximos anos.

Dessa forma, o grande desafio lançado é conscientizar e ajudar a formar profissionais que eliminem de uma vez por todas a idéia de que a aplicação de técnicas de marketing internacional é exclusividade de empresas estrangeiras ou de grande porte.

Ao contrário do que se pensa, também é possível fazer marketing e marketing internacional em empresas de pequeno e médio porte e, em relação a isso, temos o exemplo vitorioso da Itália, onde cerca de um terço de seu comércio internacional é feito por pequenas e médias empresas.

Temos de nos preparar e utilizar nosso potencial em benefício de todos!

Com base nesse cenário, pretendemos mostrar ao leitor, no decorrer desta obra, a importância da aplicação de técnicas de marketing internacional para a consolidação estratégica das empresas e do País, no comércio internacional.

O livro está dividido em nove capítulos e aborda tanto aspectos teóricos como aspectos práticos e técnicos do marketing aplicado ao comércio internacional, respondendo às perguntas clássicas de quando, como, para quem e de que forma exportar. A obra trata ainda da questão de como preparar uma viagem internacional. Pretendemos fornecer ao leitor idéias fundamentais para a aplicação de uma gestão estratégica dos negócios, utilizando-nos da filosofia de negócios internacionais e não simplesmente de comércio internacional; para isso, vamos explicar a diferença entre uma visão simples de comércio e uma perspectiva ampla e estratégica de negócios internacionais.

O cenário apresentado nesta Introdução e o fato de as literaturas disponíveis sobre marketing internacional ainda serem escassas no Brasil foram fatores determinantes para escrever esta obra, em uma tentativa modesta de contribuição à discussão da importância do comércio exterior na economia brasileira.

A expectativa, portanto, é de que essa obra venha a enriquecer um pouco mais a filosofia e a cultura do marketing internacional no País e que ajude a mudar o comportamento passivo de muitas empresas que ainda pensam que a exportação lhes é inacessível.

A proposta de um livro, como todos sabem, não é a de uma obra terminada e sim a de sua permanente construção. Portanto, esta obra não tem a pretensão de esgotar o assunto, muito menos a de ser um tratado, mas apenas ser uma contribuição, um guia tanto para o estudante como para o empresário que pretendem se dedicar à difícil tarefa que é exportar.

Este trabalho é fruto de mais de 25 anos dedicados ao comércio internacional, do trabalho do autor como *trader* e consultor de empresas, além de mais 12 anos como docente em cursos de graduação e pós-graduação nas áreas de comércio exterior, marketing e planejamento estratégico.

Dessa forma, este é mais um desafio: disponibilizar experiência e vivência, por meio de um livro-texto que possa ser utilizado por estudantes de graduação e pós-graduação em cursos de administração, comércio exterior, negócios internacionais e marketing, bem como empresários que pretendam iniciar-se ou aprimorar-se no mercado de exportação.

A idéia de elaborar um livro que pudesse ser fonte de consulta para um público tão eclético e diferenciado como esse não é uma tarefa fácil.

Entretanto, incentivado por colegas, alunos, ex-alunos e clientes, este autor colocou em prática as diretrizes desenvolvidas ao longo destes últimos anos em palestras, aulas e trabalhos de consultoria.

Objetivos Gerais do Livro

➤ Entender e interpretar a importância do marketing e do marketing internacional, tendo em vista os desafios da globalização da economia e da competitividade internacional.

➤ Conscientizar-se de que a empresa brasileira, para ser viável no século XXI, deve contar com profissionais que tenham uma visão moderna e internacional para enfrentar a concorrência das empresas globalizadas.

➤ Despertar no futuro empresário brasileiro, a partir da realidade em que vivemos, a responsabilidade pela importante tarefa de inserir o País na grande aldeia global.

➤ O comércio exterior brasileiro ainda é desprovido de políticas comerciais e mercadológicas consistentes e adequadas, cabendo à sociedade, e principalmente ao leitor desta obra, a tarefa árdua de atuar como efeito multiplicador da importância da definição e implementação dessas políticas pelo Brasil.

➤ Desenvolver no leitor, seja aluno de graduação e pós-graduação, seja ele empresário, uma visão crítica da realidade de mercado, apontando saídas para tornar a empresa brasileira competitiva, por meio da atuação no mercado internacional.

Capítulo 1
Economia e Comércio Internacional

Objetivo Este capítulo tem por objetivo situar e introduzir o leitor no contexto da economia e do comércio internacional, preparando-o para posteriormente poder discutir a importância do marketing internacional como forma de impulsionar uma empresa e desenvolver um país. Para tanto, fazemos uma rápida abordagem dos conceitos importantes da economia e da economia internacional, aplicados ao comércio internacional.

Palavras-Chave Economia, Economia Internacional, Necessidades, Trocas, Moeda, Comércio, Comércio Internacional.

Até o final dos anos 80, as empresas eram protegidas por regulamentação de barreiras alfandegárias e não-alfandegárias importantes. A partir do final de 1990, esses paradigmas foram sendo eliminados ou profundamente diminuídos em todo o mundo, o que fez a economia mundial se transformar em uma economia globalizada, competitiva e repleta de *players*. Conseqüentemente, a economia passou a ser intensamente discutida e popularizada no Brasil e no mundo, pois compreendeu-se a importância que essa ciência tem no contexto social e político da sociedade moderna, cuja discussão tornou-se apaixonada e corriqueira. Na realidade, todos vivemos intensamente, nos últimos anos, a economia, o marketing, a globalização, a economia e o comércio internacionais, todos inter-relacionados e amplamente conectados.

Partindo da importância dessa correlação, neste primeiro capítulo vamos apresentar e discutir a inter-relação da economia com o comércio internacional, e deles dois com o marketing, como uma espécie de "aquecimento" para o nosso tema central, que é *marketing internacional: uma estratégia empresarial*.

Desde há muito tempo, está claro que todos necessitamos de meios de subsistência, como alimentos, moradia, vestimentas, educação, abrigo etc., para podermos viver de maneira digna e confortável. Para satisfazer a essas necessidades, devemos dispor de recursos suficientes. Nesse contexto a economia surge como ciência, objetivando suprir essas necessidades de determinada sociedade.

Assim, desde a menor célula de uma sociedade – a família –, até uma nação, todos devem ter recursos financeiros para adquirir no mercado os bens e serviços necessários à sua subsistência – o que nem sempre acontece. No entanto, mesmo que a família ou uma nação tenha recursos suficientes, de nada adiantará se a sociedade não dispuser de produtos e serviços para atender a essas demandas. Haverá, portanto, uma demanda reprimida e os preços relativos tenderão a subir. Um exemplo típico desse comportamento da economia era a procura, no Brasil, pelos telefones celulares e até fixos, antes da privatização.

Em economia, costuma-se dizer que as necessidades são constantemente crescentes e os recursos não crescem na mesma proporção. Em uma economia sempre haverá problemas de escassez de recursos, de sobras e de necessidades a serem satisfeitas. Em alguns casos, o excesso de oferta de alguns produtos e a falta de compradores causam distorções que os economistas tentam eliminar. Sua missão, portanto, é, e sempre será, tentar equilibrar a oferta com a procura de bens e serviços para que a economia não se desequilibre nem haja falta ou sobra de determinados produtos, principalmente os mais básicos.

Uma simples constatação no nosso dia-a-dia nos levará à conclusão de que sempre teremos necessidades maiores para satisfazer, como, por exemplo, comprar um carro e também uma casa, ou reformar a nossa sala, ao passo que os meios para satisfazer a essas necessidades, na maioria das vezes, serão escassos. Assim, é comum que empresas, famílias e indivíduos só possam, muitas vezes, satisfazer uma parte das necessidades de cada vez, optando por priorizar seus gastos.

Essa realidade é a grande dicotomia que nos é imposta e o problema que a economia tenta estudar, ou seja, necessidades cada vez mais crescentes e meios para satisfazê-las que não crescem na mesma proporção.

A economia estuda exatamente essa relação entre recursos e necessidades e, portanto, na maioria das vezes, a falta de recursos e sobra de necessidades a serem atendidas são os gargalos de desenvolvimento para uma sociedade.

1.1 Economia – Conceitos

Segundo Mochon e Troster (1994, p. 5), "A economia estuda a maneira como se administram os recursos escassos, com o objetivo de produzir bens e serviços e distribuí-los para seu consumo entre os membros da sociedade".

Já Wonnacott e Crusius (1985, p. 3) definem economia como "o estudo de como as pessoas ganham a vida, adquirem alimentos, casa, roupa e outros bens, sejam eles necessários ou de luxo. Estuda, sobretudo, os problemas enfrentados por essas pessoas e as maneiras pelas quais esses problemas podem ser contornados".

Podemos dizer que *economia é a ciência que estuda e examina o funcionamento dos fenômenos e das instituições relacionadas aos processos sociais de produção de bens e serviços, utilizando os recursos quase sempre escassos que uma sociedade, uma família ou um indivíduo dispõe para a satisfação de suas necessidades e desejos.*

A economia é, portanto, uma ciência social, que não só se preocupa com produção e, conseqüentemente, com a renda da sociedade, como também e principalmente com a distribuição da renda por meio da divisão de bens e serviços necessários para o bem-estar da sociedade, da família e do indivíduo.

O grande problema é que a economia não é uma ciência exata, daí a complexidade e a dificuldade em estudá-la e compreendê-la. Muitas são as variáveis que atuam na economia que, ao serem modificadas direta ou indiretamente pelo ser humano ou não, acarretam uma variação não-controlada do comportamento da economia em graus e intensidades diferentes, dependendo do tipo de economia com o qual estamos lidando: desenvolvida, emergente, tecnologicamente desenvolvida ou primária, por exemplo. Assim, muitas vezes fenômenos naturais, como falta ou excesso de chuva, podem acarretar desequilíbrios na safra agrícola de determinada região e, portanto, alterar a famosa lei da oferta e procura.

A economia costuma ser dividida em dois grandes grupos, que estudam agentes econômicos, bastante diferentes entre si: a macro e a microeconomia. A seguir, vamos apenas fazer um breve relato sobre essas duas grandes áreas da economia; embora o foco desta obra seja o marketing internacional como estratégia empresarial, faz-se necessário explanar alguns tópicos básicos da economia, como veremos.

1.1.1 Macroeconomia

A chamada macroeconomia estuda o funcionamento e o comportamento da economia como um todo, como, por exemplo, a produção total, nível de emprego, investimento, consumo, nível geral de preços etc., sendo aplicada fundamentalmente como instrumento de estudo e análise da economia de um país ou de uma região. Seu objetivo é proporcionar uma visão simplificada da economia em seu conjunto maior, embora seja uma das partes mais complexas e difíceis de se entender e estudar, pois são inúmeras as variáveis que a compõem.

Segundo Mochon e Troster (1994, p. 173), "A macroeconomia estuda o comportamento global do sistema econômico: não se detém em relações individuais, mas pretende estudar a realidade econômica de forma global".

A macroeconomia visa conhecer e atuar sobre o nível da atividade econômica de determinado país ou, mais modernamente, em relação a um conjunto de países (blocos econômicos ou regiões), ou ainda do mundo (globalização). Nesse contexto, algumas organizações internacionais como FMI, Banco Mundial e OMC, buscam soluções para serem utilizadas em diversos países do mundo, tentando orientar e solucionar problemas de política monetária, investimentos, política comercial e industrial, dentre outros.

1.1.2 Microeconomia

Estuda o comportamento e o funcionamento das unidades que constituem a economia no aspecto particular, como consumidores, indústria, comércio, serviços e suas inter-relações. Estuda também os mercados em que operam as leis da oferta e da procura, ou seja, as relações de trocas de bens e serviços entre empresas e entre empresas e consumidores. O conjunto de empresas e consumidores de determinado país, portanto, passa a fazer parte do estudo da macroeconomia.

Segundo ainda Mochon e Troster (1994, p. 173), "A microeconomia refere-se à análise do comportamento das unidades econômicas: as famílias ou consumidores e as empresas".

Além desses dois grandes ramos, a economia tem várias outras especialidades ou ramos que estudam especificidades, tais como: economia nacional, regional, doméstica, internacional. Como nosso assunto tem muita ligação com a economia internacional, vamos a seguir fazer um pequeno comentário a respeito.

1.1.3 Economia internacional

É o ramo da economia que estuda com mais detalhes as transações entre as nações. É mais abrangente e engloba o estudo das diversas economias do mundo. Na realidade, a economia internacional também poder ser entendida como uma espécie de macroeconomia, pois estuda as relações de trocas entre vários países e suas conseqüências sociais e econômicas.

A economia internacional estuda os efeitos diretos das exportações e das importações de bens e serviços, ou seja, do comércio exterior em determinada economia, bem como as influências de ingresso e egresso de fluxos de capitais, quer de investimentos, quer especulativos, nessas economias.

Com a globalização mundial – principalmente a da economia e da informação –, a economia internacional passou a ter uma importância destacada de suas implicações no contexto da economia dos países e dos blocos econômicos, especialmente a partir do final de 1990.

Fundamentados nessa importância é que vamos explanar, no decorrer deste livro, alguns conceitos de economia internacional e marketing internacional, como forma de melhor entender e explicar suas implicações no comércio exterior. Este capítulo tem o objetivo de fornecer ao leitor não-economista uma abordagem direta da importância da economia e da economia internacional no contexto do marketing internacional e da sua estratégia.

Se, porventura, o leitor necessitar se aprofundar na teoria econômica e nas teorias econômicas de comércio internacional, existem no mercado várias obras que podem ser consultadas e que estão listadas nas referências bibliográficas.

1.2 Por que Existem o Comércio e o Comércio Internacional?

Neste subitem, explicaremos ao leitor, sob a óptica da economia, a razão e a importância da existência do comércio e principalmente do comércio internacional para o País e para as empresas, e como influi nas nossas vidas.

Hoje não há a possibilidade de existir em um mundo globalizado, com uma sociedade moderna e pluralista, uma economia que consiga manter-se isolada, sem se relacionar com outros países, sem nenhuma espécie de troca de mercadorias, bens, serviços, informações, cultura etc.

O homem é um animal político; pela própria natureza se inter-relaciona com outros seres humanos, primeiro para buscar um convívio familiar e social, depois para buscar seu progresso e bem-estar, tendo necessidade de viver em sociedade.

Uma sociedade ou um grupo de indivíduos que viva isoladamente mal consegue sobreviver. Na sociedade moderna, cada vez mais a troca permanente e intensa de bens, serviços, idéias, informações e tecnologia tem por objetivo a melhoria da qualidade de vida das pessoas e o bem-estar comum.

Assim, a existência do comércio e do comércio internacional é fator fundamental para o desenvolvimento, aprimoramento e sobrevivência do ser humano e torna-se muito mais importante em nossos dias do que na época dos nossos antepassados distantes. É claro que podemos ainda encontrar pelo mundo pequenas sociedades isoladas do mundo globalizado que, por vontade própria ou por anseio político de seus dirigentes, ainda permanecem assim; mas essas mesmas sociedades ou países, por causa desse isolamento, mantêm um padrão de vida bastante particularizado e, em alguns casos, ainda primitivo, mantendo-se como exceção em relação aos mais de 200 países que compõem o mundo.

Na atual fase da globalização mundial, desde uma simples troca de produto primário entre dois pequenos agricultores no interior de Rondônia até a fabricação de um sofisticado e luxuoso automóvel Mercedes-Benz, feito na Alemanha, com partes e peças oriundas de cerca de 15 países, existe o comércio.

Isso se tornou mais acentuado à medida que o mundo evoluiu e que ninguém mais consegue produzir, criar ou simplesmente, como em uma sociedade tribal, pescar ou caçar tudo o que necessita para sobreviver. Temos assim a presença importante e cada vez mais indispensável do comércio entre pessoas em uma sociedade.

Mas, por que, então, existe a troca?

Em princípio, podemos justificar a existência da troca por duas razões básicas, combinadas a uma terceira que passaremos a discutir.

1.2.1 Por que existe a troca? Sobra, falta, preço e oportunidades

Por que alguém tem necessidade de realizar uma troca com outra pessoa?

Para facilitar nosso estudo, vamos admitir que a troca exista fundamentalmente por interesse ou necessidade, e está ligada, de um lado, pela sobra do que (geralmente um produto ou serviço) o primeiro indivíduo quer se desfazer e pela falta do que esse mesmo indivíduo quer adquirir, e, de outro lado, de maneira inversa para o segundo indivíduo.

Ou seja, para haver a troca de mercadorias ou de serviços, devem haver no mínimo dois indivíduos e/ou empresas: um com sobra de algum produto, outro com necessidade desse mesmo produto e com sobra de outro produto.

Na economia moderna, normalmente um produto não é trocado por outro (escambo): a troca é feita por dinheiro ou por serviço. Como exemplo, imaginemos que o prezado leitor, ao trabalhar, troque seu serviço (trabalho) por dinheiro (moeda), e que, posteriormente, apareça-lhe a possibilidade de trocar (comprar) produtos ou serviços por dinheiro (pagamento).

Assim, justifica-se de maneira genérica a necessidade de trocas entre indivíduos, empresas e nações. Essa justificativa simples e primária é a base para todas as relações comerciais entre os seres humanos.

Dessa forma, uma empresa A vende seus produtos, tendo como claro objetivo obter lucros, mas fundamentalmente porque produz uma quantidade grande de produtos que seus donos ou dirigentes não teriam capacidade de absorver, advindo a sobra.

Por outro lado, a empresa B compra esse produto da empresa A por necessitar dele como peça fundamental para produzir outro produto mais sofisticado, para seu consumo ou revenda.

Seguindo esse mesmo raciocínio, o leitor pode imaginar que todos, como consumidores comuns, somos os principais compradores da grande maioria dos produtos e serviços disponíveis no mercado e só nos interessaríamos pela compra de determinado produto para satisfazer a uma necessidade ou a um desejo.

Evidentemente, necessidades e desejos variam muito de pessoa para pessoa e, de certa forma, às vezes até radicalmente, dependendo de uma série de fatores tais como: características físicas, sociais, econômicas, idade, sexo, nível cultural, dentre muitas outras, analisadas com mais profundidade pelos estudiosos na disciplina Comportamento do Consumidor.

No estudo do comportamento do consumidor, cabe destacar a Teoria da Hierarquia das Necessidades, formulada por Maslow, que muito tem contribuído para explicar o comportamento de compra dos indivíduos.

1.2.2 Hierarquia das necessidades

Até aqui, falamos de economia. Passamos agora a introduzir um modelo de análise que pode ser estudado sob vários aspectos, individualmente ou em conjunto. Trata-se do modelo da hierarquia das necessidades, que pode ser analisado sob o aspecto econômico, mercadológico e, principalmente, psicológico do comportamento do indivíduo como consumidor ou sob o prisma de todas essas disciplinas.

O psicólogo Abrahão Maslow sistematizou a Teoria da Hierarquia das Necessidades, segundo a qual o ser humano, em razão das suas necessidades serem sempre crescentes e dos meios (por exemplo, dinheiro) para satisfazê-las serem escassos, tende a priorizar seus gastos em decorrência de uma série de fatores que Maslow detectou como psicológicos. Sua teoria materializa-se por uma pirâmide, na qual ele classifica as necessidades em diversos níveis, tais como: de sobrevivência ou fisiológicas; de segurança; sociais; de estima; e, finalmente, de auto-realização.

As necessidades de sobrevivência são o ar que respiramos, a água e o alimento que ingerimos e expelimos, abrigo (roupas e lugar para ficar), sono, sexo; as de segurança são: estar em um lugar seguro, ter liberdade de locomoção, um bom trabalho, saldo bancário, ou seja, uma espécie de proteção pela rotina de nossa vida, que proporciona segurança.

As necessidades sociais são: amor, afeição, participação na sociedade e a própria socialização do indivíduo, como animal social.

As necessidades de estima são: ter consideração pelos indivíduos; ser importante e respeitado perante a sociedade em que atua e, de acordo com suas funções, ser considerado útil e querido pelas pessoas, ter sucesso e reconhecimento.

As necessidades de auto-realização são a busca da total auto-realização, passando por particularidades como busca de realização pessoal, profissional e social, riqueza, ostentação, auto-suficiência financeira e social, justiça social, ordem, beleza, perfeição, alegria, simplicidade, significação etc.

Com a Teoria da Hierarquia das Necessidades, Maslow explica que um indivíduo normalmente tende a satisfazer em primeiro lugar suas necessidades básicas, para depois se preocupar com as outras. Dessa forma, um operário que mal ganha para o seu sustento e o de sua família, em primeiro lugar vai se preocupar com a alimentação e a vestimenta de sua família, para, somente depois de satisfeitas plenamente a essas necessidades básicas, preocupar-se em procurar um lugar seguro para morar ou ainda por um carro para se locomover.

Nessa abordagem, Maslow adverte que não necessariamente todos os indivíduos tendem a escalar essa pirâmide degrau por degrau, podendo evidentemente pular certas fases, ou não satisfazer plenamente a uma necessidade anterior para tentar passar a outra, o que, entretanto, não seria uma decisão muito lógica, segundo a sua teoria.

Para melhor entendermos a Hierarquia das Necessidades, reproduzimos a seguir sua representação gráfica por meio da Pirâmide de Maslow, na Figura 1.1, e, na Figura 1.2, os tipos de necessidades teorizados pelo autor.

Na Figura 1.1, Maslow coloca as necessidades de forma hierárquica, restabelecendo a teoria de que o consumidor deve, normalmente, mas nem sempre, seguir esse modelo de comportamento de compra, ou seja, sempre satisfazer completamente a uma necessidade antes de se preocupar em satisfazer à posterior.

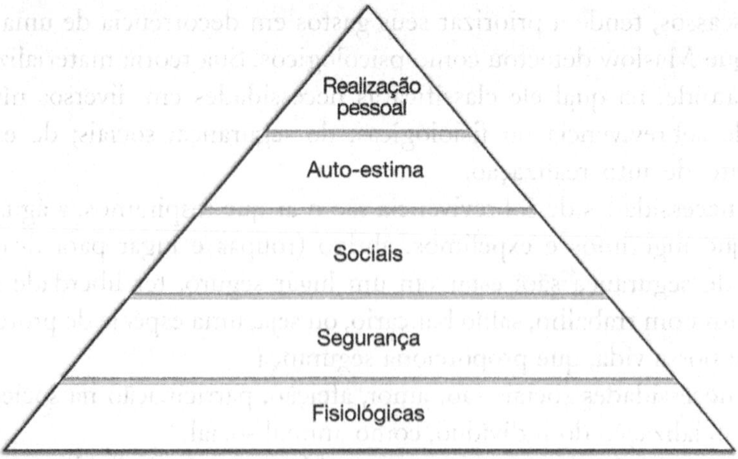

Figura 1.1 – Pirâmide de Maslow – Hierarquia das Necessidades.

Na Figura 1.2 a seguir, são explicitadas as diversas necessidades dos indivíduos, classificadas de acordo com sua hierarquia. A diferença entre as duas figuras é que, na primeira, as necessidades estão colocadas de forma genérica e, na segunda, algumas das necessidades estão exemplificadas de acordo com seus respectivos níveis hierárquicos.

Pode-se observar pelo modelo de Maslow que um produto que atenda às necessidades da base da pirâmide tem maior demanda. Assim, uma empresa que vende produtos de primeira necessidade tende a vender maiores quantidades, pois vende para mais pessoas, mas, ao mesmo tempo, com menor valor agregado e, conseqüentemente, menor ganho por produto vendido.

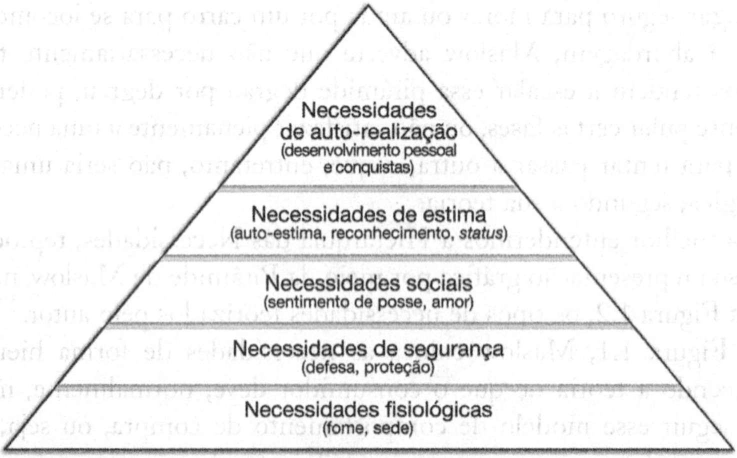

Figura 1.2 – Pirâmide de Maslow – Tipos de Necessidades.

Inversamente, um produto que atenda aos itens do topo da pirâmide, por exemplo, um carro de alto luxo, venderá menores quantidades, pois há menos compradores; mas terá alto valor agregado, com maior lucro unitário por venda. Assim, vender produtos alimentícios de primeira necessidade é vender quantidade, em detrimento da qualidade, em termos de valores agregados.

1.2.3 Necessidade, preço e oportunidade

Analisando a Teoria das Necessidades de Maslow, sob a óptica da economia e a do consumidor, podemos concluir que existem alguns limites (para toda regra há exceção) que o próprio consumidor define e utiliza, em relação ao preço, à necessidade e ao custo de oportunidade de cada compra.

Para ilustrar, vamos analisar o fator preço de determinado produto. Por exemplo, suponhamos que você, caro leitor, tenha em sua residência três geladeiras e dois *freezers* e esteja teoricamente satisfeito com suas necessidades de armazenagem refrigerada. Ao passar por uma loja de eletrodomésticos qualquer, você se depara com uma oferta tentadora de uma geladeira bastante moderna, de 440 litros, por apenas R$ 250,00, valor ainda facilitado em três vezes, sem quaisquer juros ou acréscimo. Naquele instante, a oferta pode lhe ser tentadora e, embora você esteja plenamente satisfeito com suas necessidades de armazenamento refrigerado, seja tentado a comprar essa nova geladeira. Você nada mais fez do que aproveitar o preço e as condições de pagamento dessa oferta, embora não tivesse necessidade identificada de compra. Dessa forma, o preço pode influenciar fortemente a decisão de compra, mesmo que o comprador não sinta, no momento, uma falta desse produto ou serviço.

Seguindo a proposta de fornecer ao leitor, leigo em economia, uma visão genérica e ao mesmo tempo conectada com o tema central do livro, vamos estabelecer logo adiante um histórico dos aspectos da produção de bens e serviços através dos tempos e de acordo com a evolução da sociedade capitalista, para depois podermos estabelecer, no final do capítulo, parâmetros com o marketing, marketing internacional e a visão estratégica do comércio internacional.

1.3 Produção de Bens e Serviços

Indivíduos, famílias, empresas, cidades, regiões e países não podem prescindir da troca. Como vimos anteriormente, a troca é uma questão de sobra e falta, combinada com o fator preço e, mais ainda, uma questão de oportunidade. Podem haver também diferentes tipos de motivações que levem o consumidor a decidir por determinada compra, além do preço e da oportunidade.

O homem é um animal político e social que não pode viver isoladamente. Com sua evolução, suas necessidades e desejos acabam determinando novas necessidades e crescentes desejos.

Dessa forma, os indivíduos, e posteriormente as empresas, passaram a perceber que o homem, por natureza, é um ser insatisfeito e insaciável, e que a produção de bens e serviços podia satisfazer a essas necessidades e atender a esses desejos.

Por essa razão, a produção de bens e serviços, na prática, começou a existir desde a mais remota antigüidade, quando o homem começou, fundamentalmente, a suprir não só as suas necessidades mais básicas – comer, beber, vestir-se, abrigar-se etc. – como também a satisfazer a outras, mais sofisticadas, como embelezar-se, promover bem-estar etc.

Assim, o ser humano passou a preocupar-se em produzir algo mais do que a quantidade necessária para sua sobrevivência, com o objetivo de fazer a troca por outro tipo de produto ou por dinheiro, que também é um produto (do trabalho).

Então, podemos sistematizar cronologicamente as trocas entre os indivíduos como sendo a história das trocas nas diversas fases da evolução da economia, como segue:

1.3.1 Troca na economia de subsistência

Os indivíduos começavam a manter relações de troca, normalmente, quando havia excedentes e/ou faltas de determinados alimentos, que na realidade não eram ainda produzidos, apenas extraídos, pescados ou caçados da natureza com um único fim: sobreviver.

Nessa fase, o ser humano só tinha como meta a necessidade de sobrevivência e apenas

> *produzia o que era estritamente necessário para se manter vivo. Entretanto, com o passar do tempo, notou que em determinadas ocasiões lhe sobrava alguma caça que era abundante, faltando-lhe determinada fruta ou algo que pudesse de alguma forma melhorar seu "cardápio diário"; foi quando o ser humano descobriu a troca e passou para a fase seguinte.*

1.3.2 Troca sem intenção de ganho

Nessa fase, o homem passou a trocar tudo que eventualmente lhe sobrava com algo que lhe estivesse faltando, surgindo assim a primeira forma de comércio, que era a troca pura e simples, sem a intenção de ganho ou, como é mais conhecida pelos economistas, o escambo.

No escambo, a troca é dita como direta, ou seja, quando a transação é realizada sem o auxílio de um instrumento intermediário de troca; entretanto, as trocas foram cada vez mais se intensificando e, com o passar do tempo e em virtude desse comércio existente, havia certa dificuldade para a realização de algumas trocas, devido aos seus valores relativamente diferentes e à impossibilidade de se dividir alguns "produtos" mais ou menos valiosos com outros de menor valor, ou mesmo em razão da interferência de várias pessoas que queriam trocar produtos diferentes. Por exemplo, o indivíduo A queria trocar seu produto (bananas) pelo produto do indivíduo B (laranjas), que, contudo, não quer ficar com o produto de A (bananas), e sim com peixes; entretanto, o indivíduo C queria trocar seu produto (peixe) por bananas; nesse caso, a troca, ainda que um pouco mais complexa, seria possível, uma vez que podia haver um repasse de bananas do indivíduo A para o indivíduo C, que passaria para o indivíduo B os seus peixes. Todavia cada vez mais indivíduos diferentes tinham intenção de trocar seus produtos (diferentes) por outros, de indivíduos que neles não tinham interesse direto.

Esse tipo de troca, chamado troca indireta, com o passar do tempo foi cada vez mais difícil de ser concretizado, devido à sua relativa complexidade econômica, ainda sem intenção de ganho. Na evolução natural desse processo, principalmente na troca indireta, surgiu no mercado a procura de mercadorias de consumo direto, ou seja, procura de mercadorias que o comprador não está interessado em adquirir ou consumir, mas que poderá lhe proporcionar valor de troca por outras mercadorias, no futuro. Nesse caso, uma vez estabelecido o regime de trocas indiretas, a transação, que era uma só (nas trocas diretas), passou a ser duas.

Em muitos casos, a mercadoria era estocada pelo comprador por não ter procura imediata e algumas vezes essa mercadoria era perecível e o comprador tinha de livrar-se dela o mais rápido possível, para não perder o poder de troca. Foi dessa forma que as mercadorias não-perecíveis e com relativo poder de troca foram sendo cada vez mais comercializadas, não só por seu próprio valor, como também pela função de intermediar as trocas.

Nessa fase surgiu na sociedade a idéia de se ter um tipo de mercadoria que facilitasse a troca, que não fosse perecível, pudesse ter valor de troca, ser entesourado (guardado com facilidade) e não perdesse o valor. Foi assim que surgiu a moeda, um meio de se atingir a facilidade de troca que era, ao mesmo tempo, um meio de pagamento reconhecido por determinada sociedade, uma reserva de valor, útil como denominador comum de valores, tinha poder de compra e era uma forma de preservar o capital.

Inicialmente, a moeda era um tipo de produto de certa raridade, pois, como todos sabemos, a abundância de determinado produto faz com que seu valor caia.

Alguns tipos de moedas foram logo surgindo, como conchas, sal (vem de sal a origem da palavra *salário* em português, por exemplo) ou pedaços de metais como ferro, cobre, chumbo e, finalmente, prata e ouro, que foram alguns dos tipos de objetos mais utilizados na Antigüidade. Com o tempo e com a organização da sociedade em formas mais complexas, foram sendo fabricadas (cunhadas) algumas moedas, tais como as que ainda hoje conhecemos e são utilizadas, além do papel-moeda.

1.3.3 Surgimento da moeda

A moeda, portanto, foi criada pela necessidade de o ser humano e da sociedade terem um produto capaz de facilitar as trocas, que eram incipientes. Mas, com o desenvolvimento da sociedade, foram se tornando numerosas e importantes.

Podemos definir, então, a moeda da seguinte forma: uma mercadoria dotada de valor de troca e de uso e aceitação geral, de fácil conservação, utilizada como instrumento fundamental para facilitar as trocas e que ainda serve como medida e comparação de valores.

A moeda tem sido, ao longo dos últimos anos, um fator econômico de suma importância para os países, tanto para a formulação de uma política econômica, fiscal etc., como também para integrar e representar simbolicamente uma nação.

Assistimos a dois fatos dicotômicos entre alguns países que abandonaram formalmente suas moedas (Equador e Panamá, por exemplo) e outros que informalmente dolarizaram sua economia e abandonaram sua moeda, como foi o caso da Argentina entre 1990 e 2001.

No caso específico da Argentina, os efeitos dessa política de abandono e menosprezo de sua moeda, o peso, geraram uma crise social política e econômica jamais vista no país. A falta de credibilidade no peso gerou a dolarização informal da economia como conseqüência da ausência de uma política monetária e fiscal capaz de manter a credibilidade da moeda nacional.

Por outro lado, temos o exemplo da Comunidade Européia, que implantou, em janeiro de 2002 o euro como moeda única entre 10 países da comunidade. A implantação foi um sucesso, apesar de necessitar de alguns ajustes locais, uma vez que se tratava da primeira tentativa moderna de unificação monetária em um grupo de países com culturas e etnias diferentes. A partir da implementação de uma moeda única nos países da CE, as políticas macroeconômicas passaram a ser convergentes e mais estáveis para poderem acompanhar a política monetária geral ditada pelo Banco Central Europeu.

1.3.4 Troca para satisfazer às classes dominantes

Existe um antigo provérbio criado a partir de uma das leis formuladas por Lavoisier: "Na vida nada se cria, nada se perde, tudo se transforma".

A humanidade vive em constante transformação que acaba gerando uma evolução natural e contínua da humanidade. Dessa forma, surgiram, em decorrência da intensificação das trocas e da busca de maior possibilidade de obtenção de mercadorias, pessoas com maior poder de troca (compra), que tinham se capitalizado. Surgiu assim um prenúncio da sociedade capitalista, fundamentada para produzir determinados tipos de produtos com o objetivo de satisfazer a necessidade e desejos das classes dominantes, principalmente com artigos de luxo, o que era uma novidade, pois até aquele momento a sociedade somente se preocupava em satisfazer às necessidades básicas. Nesse momento, nascia a burguesia dominante e ainda incipiente, representada pelos comerciantes, produtores agrícolas e produtores de manufaturados, ainda que de forma artesanal, e as demais pessoas que já formavam o que chamamos de "povo".

1.3.5 Troca com objetivo de ganho

A definitiva consolidação dos comerciantes fez a burguesia, antes tímida e insipiente, transformar-se em uma classe dominante, quando foi descoberto o comércio com o objetivo de enriquecimento.

Consolidou-se a produção como meio de abastecer cada vez mais o crescente aumento da população e o surgimento de novas classes sociais e de pequenas cidades medievais, fazendo surgir as primeiras necessidades de se produzir cada vez mais, de forma mais barata e organizada possível. Até 1600, o período foi caracterizado como praticamente de subsistência, no qual as pessoas apenas se preocupavam com a produção para o próprio sustento e o de sua família e, com algumas exceções, no final do século XVII, já se produzia em maior escala, como forma de preparar a sociedade para a nova era. Essa preparação pode ser considerada uma espécie de produção pré-industrial, objetivando satisfazer às necessidades dos indivíduos.

1.3.6 Troca e produção industrial

Com a formação das pequenas cidades (grandes para a época), a partir de 1700, iniciou-se a produção por encomenda, pois muitos indivíduos procuravam certos produtos para consumo imediato e não havia estoque. Dessa forma, os industriais começaram a receber pedidos e a fabricar produtos por encomenda, visando atender essa demanda reprimida. Os consumidores passaram a informar aos produtores quais e que tipo de produto queriam consumir.

Assim, os produtores tinham assegurado a venda por antecipação, situação que lhes era perfeitamente cômoda e normal, pois a produção era considerada uma função bem mais importante do que a venda e, como também havia poucos produtores industriais, sua valorização aumentava ainda mais. Essa falta de produtores incentivou o ingresso de novas pessoas para a produção, fazendo que em alguns casos os produtores perdessem certo tempo, esperando as encomendas e, portanto, só trabalhando ou produzindo quando tivessem uma encomenda colocada, aumentando seus custos e diminuindo seus lucros.

Entre 1800 e 1850, nos Estados Unidos, iniciou-se a fase da produção especulativa, processo em que os produtores, que dispunham de tempo ocioso para esperar encomendas, passaram a produzir determinados produtos que julgavam ter certa demanda. Na segunda metade do século XIX, os efeitos mais relevantes da Revolução Industrial repercutiram na produção maciça dos produtos, em decorrênia da proximidade entre os produtores e o público consumidor das cidades, na época. A idéia fundamental da Revolução Industrial era a produção maciça, visando diminuir custos e aumentar lucros, minimizando os riscos a partir do incremento da demanda dos produtos.

Essa fase da produção maciça para atender à demanda de mercado teve início em 1850 e perdurou até o começo do século XX, quando então principiou a era do produto.

1.3.7 A era do produto

Na era da orientação para o produto, como não podia deixar de ser, a preocupação central era não mais a produção, mas o produto, o que levou as indústrias a oferecerem ao consumidor melhor qualidade, concepção, utilidade e desempenho. Essa fase precedeu a célebre frase de Henry Ford: "Qualquer pessoa pode comprar o carro que quiser, desde que seja um Ford, de qualquer modelo, desde que seja o modelo T, de qualquer tipo, desde que com quatro portas, e em qualquer cor, desde que seja na cor preta".

Nessa fase surgiu o conceito de gerência de produto, segundo o qual o profissional cuidaria de um ou mais produtos desde sua concepção até sua retirada do mercado e toda energia seria capitalizada para desenvolver bons produtos. Esses gerentes acreditavam que os consumidores deviam ter verdadeira adoração pelos produtos e que estavam sempre dispostos a pagar mais por artigos cada vez melhores e mais sofisticados. Essa valorização dos produtos chega às campanhas publicitárias com vários tipos de *slogans*, justificando-se com diferentes afirmações: "Nós fazemos os melhores produtos do mercado".

O gerente de produto passou a ser um verdadeiro gerente de marketing do produto, nutrindo grande amor pelo seu "filho". "Entretanto, como nada é perfeito e tudo na vida é passageiro", as indústrias passaram a desenvolver produtos de forma equivocada, pois, segundo P. Kotler, em vez de focalizarem as necessidades e os desejos de seus consumidores, concentravam-se no produto. Essas empresas visavam às próprias necessidades e ganâncias e esqueceram-se de olhar para seu mercado, sem se preocuparem com o consumidor.

Portanto, apenas e tão-somente bons produtos, com bom preço, produzidos em escala, podem não ser suficientes para atingir o consumidor e satisfazer às suas necessidades e atender aos seus desejos.

1.3.8 A era das vendas

Tendo em vista que, na fase anterior, a fabricação dos produtos foi cada vez mais acelerada e as quantidades fabricadas em muitos casos superavam as necessidades e os desejos dos consumidores, era inevitável que, a partir de uma produção maciça e muitas vezes superior à demanda, fosse necessário criar um enfoque especial para vender esses produtos. Essa fase foi chamada de era das vendas, na qual o mais importante era vender quantidades cada vez maiores, para satisfazer à ganância das indústrias e escoar a produção. O foco estava no desenvolvimento de novas técnicas que pudessem ajudar o vendedor a vender cada vez mais e, sobretudo, qualquer coisa, sem se preocupar com as necessidades e desejos dos consumidores e compradores.

Nessa fase, os cursos de vendas proliferavam em todo o mundo, eram altamente requisitados e relativamente caros. Nos Estados Unidos ela teve início entre 1930 e 1932, quando surgiram "grandes autores e livros clássicos" da abordagem de vendas, como verdadeira tábua de salvação das empresas. No Brasil, essa fase demorou um pouco mais para chegar, embora algumas das maiores empresas do mundo tenham aqui se instalado no início do século XX, como a Ford em 1919, na rua Florêncio de Abreu, apenas 18 anos após sua criação nos Estados Unidos, e a General Motors do Brasil, em 1925, ambas na cidade de São Paulo. De fato, a industrialização brasileira começou na década de 1950, durante o governo de Juscelino Kubitschek, entre os anos de 1956 e 1961, ocasião em que as técnicas de vendas foram implantadas com maior intensidade entre as empresas instaladas no Brasil.

Era a vez dos gerentes comerciais ou de vendas, os profissionais mais bem pagos de todas as empresas, verdadeiros heróis. A venda era a maior preocupação da alta direção das empresas, pois havia a necessidade de se produzir cada vez mais.

Analisando essa fase, um dos grandes autores do marketing, Theodore Levitt, aconselha e tem uma receita para diferenciar o conceito de vendas de uma empresa e o conceito mercadológico: quando o foco é vendas, objetiva-se satisfazer às necessidades do vendedor; em marketing, objetiva-se satisfazer às necessidades do consumidor.

1.3.9 A era do marketing

Como a ordem era produzir o máximo possível e, conseqüentemente, também se devia vender o máximo, era previsível que o modelo anterior – a venda como um fim – acabasse por si só se esgotando, em virtude de sua falta de visão estratégica, da questão de focalizar o cliente e de toda a falta de estrutura e diversificação de idéias necessárias para se alcançar e atender os consumidores em suas necessidades e seus desejos. Produzia-se o que se imaginava que agradaria o consumidor, não lhe perguntando o que realmente necessitava comprar. Dessa forma, os produtos produzidos em larga escala acabavam encalhando e, portanto, havia excedente de produção.

Os vendedores já não eram capazes de vender toda a produção e fazia-se necessário inovar em matéria de vendas.

Quando existe um excedente de produção e o mercado não consegue absorver as quantidades adicionais dos produtos fabricados, ao mesmo tempo em que os esforços de vendas para colocar esses produtos no mercado não surtem os resultados desejados, é natural que toda organização centrada anteriormente nas vendas se volte para o consumidor.

Essa nova abordagem de focar as estratégias das empresas no consumidor foi a verdadeira descoberta do marketing como disciplina, que ainda hoje é pouco conhecida, mas aborda uma das mais antigas profissões da humanidade.

A partir do momento em que o ser humano passou a trocar ou comercializar desde o mais simples produto, ainda extraído da terra, até o mais complexo, na verdade estava praticando a essência do marketing, embora muitas vezes de forma empírica, sem saber que o estava fazendo.

Na era do marketing, o foco principal é a satisfação das necessidades e dos desejos dos clientes. O grande desafio é entender o comportamento do consumidor. O papel do profissional de marketing é desenvolver produtos que possam satisfazer aos indivíduos, trazendo para a empresa oportunidades de lucro.

Em uma empresa deve haver profissionais capazes de analisar e procurar entender e responder a todos os anseios do consumidor, devendo existir uma integração sistêmica de todos os setores ou departamentos, com um único fim: servir o cliente.

O princípio da administração sistêmica é baseado no conceito de que a empresa é uma só e que todos os departamentos estão integrados. A administração sistêmica é uma das ferramentas fundamentais da administração mercadológica, embora na maioria das empresas não seja assim entendida.

Em outras palavras, de nada adianta ter um departamento de marketing eficiente, se os demais departamentos da empresa não trabalharem em conjunto e de forma harmoniosa.

A administração sistêmica por si só, porém, não dá garantia de que a empresa esteja orientada para o marketing. É preciso que toda a empresa pratique uma filosofia de marketing voltada para o consumidor. Deve-se notar que é bastante longo e árduo o caminho para a implantação de uma filosofia mercadológica dentro de uma empresa, principalmente se não for uma empresa planejada e estruturada de forma profissional. Mais adiante, no capítulo sobre marketing, abordaremos com detalhes o posicionamento mercadológico correto de uma empresa.

1.3.10 A era da globalização e do marketing global, e o marketing segmentado e voltado para o cliente

Muito se tem falado das aplicações de técnicas de marketing global como forma de sobrevivência da empresa no século XXI. De fato, a globalização exige uma atividade intensa de marketing para buscar o cliente onde quer que ele esteja.

Esse conceito justifica a filosofia desta obra, que é incentivar as exportações e as aplicações de marketing internacional em empresas instaladas no Brasil.

Na verdade, a aplicação do marketing global em produtos, preços e tecnologias padronizadas, conforme definidas por Theodore Levitt, em 1983, vai frontalmente de encontro com um dos principais objetivos e desafios dos profissionais de marketing, que é tratar os clientes de forma personalizada.

Tanto é assim, que a aplicação de técnicas de marketing global pressupõe, de início, uma massificação do tratamento dado aos consumidores e, portanto, contra o princípio de tratamento segmentado e voltado para o cliente que, em termos gerais, foi sempre recomendado para as empresas por profissionais de marketing.

Portanto, o marketing global confronta-se com o conceito do marketing *one-to-one* preconizado. No capítulo sobre marketing e marketing internacional, vamos discutir com mais profundidade esse aspecto, aparentemente dicotômico.

1.4 A Visão Estratégica do Comércio Internacional

O comércio internacional desde muito deixou de ser apenas uma questão de exportar o que se produzia em excesso e importar o que não era suprido pela produção interna. O comércio internacional passou a ser uma questão de sobrevivência para quase todos os países. Alguns dependem quase exclusivamente da exportação, como forma de alimentar suas economias, dar empregos e auferir renda, melhorando a qualidade de vida de seus povos, como, por exemplo, alguns países do Oriente Médio, onde o petróleo é responsável por 90% de tudo o que a região produz. Mas não somente o petróleo é um produto estratégico para a obtenção de divisas, como também a água, cuja falta em algumas regiões faz com que se torne um produto raro.

A visão moderna do comércio internacional não necessariamente passa por essa abordagem simplista da falta e da sobra, mas caminha por visões mais complexas do que exportar apenas quando sobrar, e importar quando faltar.

O comércio exterior tem sido amplamente discutido e passou a ser uma constante que deve ser abordada com perseverança, profissionalismo e competência. No mundo globalizado e extremamente competitivo em que vivemos, o comércio internacional passou a ser focado como um aspecto estratégico para a grande maioria de países e empresas.

O aspecto estratégico é sem dúvida uma questão de sobrevivência para muitas empresas e países. Nos Capítulos 4 a 7, abordaremos essa vertente do comércio exterior, que é a estratégica.

Em face dessa visão não-pragmática do comércio internacional, podemos dividi-lo em duas partes principais que afetam a sociedade capitalista globalizada: micro e macroeconômica.

Dessa forma, o comércio internacional afeta diretamente a economia de cada país nos aspectos da microeconomia e da macroeconomia, como explicaremos a seguir.

Visão microeconômica – O comércio exterior passa a ser um instrumento cada vez mais necessário e importante para a empresa e seus colaboradores para manter contatos estreitos com o mercado internacional. No conceito microeconômico, o comércio exterior afeta as empresas e as pessoas, fornecendo maior rentabilidade, lucro, competitividade, empregos, salário, entre outros.

Na empresa moderna e voltada para a construção do futuro, o comércio internacional passa a ser uma questão estratégica, à medida que garante mercados alternativos ao mesmo tempo em que proporciona à empresa a possibilidade de estar inserida na vanguarda das mudanças que ocorrem no meio ambiente.

Visão macroeconômica – Por outro lado, no aspecto macroeconômico o comércio exterior afeta diretamente os países, que necessitam cada vez mais da geração de intercâmbio comercial, industrial, tecnológico, cultural, artístico, entre outros. Todo país que aspire a um futuro melhor para seus cidadãos deve estar preocupado com as profundas e rápidas transformações que a humanidade vem passando nas últimas décadas. E não há outra forma de estar inserido a não ser participar ativamente desse processo de internacionalização, cada vez mais constante. No conceito macroeconômico, o comércio internacional pode ser uma ferramenta auxiliar para a distribuição de renda, na medida em que dá oportunidades de exportação de artesanato, por exemplo. Eleva o nível de emprego e salários à medida que, produzindo mais, gera maiores benefícios. Gera divisas que são aplicadas em importações de produtos e serviços os quais não temos competitividade para fazer internamente, e, conseqüentemente, proporciona melhor qualidade de vida para seus habitantes.

No caso do Brasil, a geração de divisas tem sido fundamental para o pagamento dos juros da dívida que, nos últimos anos, esteve em torno de US$ 30 bilhões.

Portanto, só existem vantagens na inserção de um país e de suas empresas no processo de internacionalização. E por que não podemos ousar dizer que, de forma similar à participação das empresas brasileiras e do País no comércio internacional, é um assunto de importância vital para todos?

Só podemos obter vantagens se nosso país e nossas empresas forem realmente capazes de manter níveis elevados de competitividade e seriedade empresarial, conquistando e principalmente mantendo exportações regulares para vários países com volumes capazes de permitir o nosso desenvolvimento econômico sustentável.

Reflexões

1. *Discuta a economia primitiva e a atual sem o uso de uma moeda para facilitar a troca.*
2. *Discuta a economia européia com uma única moeda: o euro – vantagens e desvantagens.*
3. *De que forma seria a sua qualidade de vida sem a possibilidade de trocas (compra e venda de produtos que você não produz)?*
4. *Na era da globalização em que vivemos, discuta o conceito de qualidade de vida, tendo em vista a oferta de produtos de que hoje dispomos.*

Capítulo 2
Globalização

Objetivo Situar o leitor no universo que se convencionou chamar de globalização da economia e que, na realidade, foi uma tentativa de o capitalismo moderno melhorar suas margens de lucro, desenvolvendo produtos relativamente padronizados, com custos baixos. Além disso, introduzir o leitor no foco do livro – o marketing internacional: uma estratégia empresarial.

Palavras-Chave Globalização, Automação, Emprego e Trabalho, Empregabilidade, Desemprego Tecnológico, Inserção Internacional, Vantagens e Desvantagens da Globalização, Marketing, Marketing Internacional, Estratégia Empresarial.

Durante a última década, muito se falou, escreveu e comentou sobre a globalização, a qual tem sido definida de diversas maneiras, ao longo desse período em que foi amplamente discutida, odiada e amada ao mesmo tempo por diferentes matizes do empresariado e da população em geral. Ainda hoje a globalização desperta interesses contraditórios e discussões apaixonadas. Dependendo da formação básica e profissional dos indivíduos, ou mesmo do nível em que queiramos localizar o fenômeno, na verdade, o conceito de globalização é muito amplo e rico.

Podemos, por exemplo, falar da globalização do mundo. Podemos falar da globalização de setores, como o da informação ou o da telefonia. Mas, de fato, a globalização significa uma tendência de uniformização ou padronização em quase todos os setores, desde a gastronomia até as tecnologias mais avançadas.

Da mesma forma que pode significar progresso e desenvolvimento tecnológico difundidos pelo mundo, pode também significar interdependência econômica, financeira, tecnológica e principalmente comercial entre empresas e os mais variados países. Na análise de um país, a globalização refere-se à forma e ao volume de interdependência e inter-relacionamento entre a sua economia interna e a economia de outros países, blocos ou mesmo do restante do mundo.

Analisando apenas o aspecto empresarial dentre outros, podemos citar a afirmação de Govindarajan e Gupta (1998, p. 3), que definem o grau de competitividade de uma empresa quanto mais importante for a sua participação no processo de globalização:

> *No nível de um setor industrial, a globalização refere-se ao grau em que a posição competitiva de uma empresa de determinado setor em um país é interdependente com o mesmo setor em outro país.*
>
> *Quanto mais globalizado um setor, tanto maior é a vantagem que uma empresa pode obter da alavancagem internacional em matéria de tecnologia, processos de fabricação, marcas e capital.*

A globalização é um processo contínuo e acelerado que, principalmente a partir da década de 1990, impulsionou mudanças em âmbito mundial, nunca antes imaginados; em todos os setores, seja na economia, finanças, cultura, comunicação, tecnologia e, principalmente, na informação e transmissão de dados, revolucionou costumes e processos.

A globalização evoluiu inicialmente de um aspecto econômico para se transformar em um fenômeno social e cultural.

Há apenas 25 anos, a vida era mais simples para os países, para as empresas e para as pessoas; havia menos concorrência e podia ser utilizado o ditado popular "em terra de cego, quem tem um olho é rei"; as empresas estavam satisfeitas com suas vendas, havia empregos em abundância. Vendíamos para clientes tradicionais e havia muito mais a "fidelidade ao produto ou à marca"; as mudanças mercadológicas eram pequenas e perfeitamente previsíveis.

Hoje estamos vivendo em uma época de grandes e rápidas transformações, desde o âmbito econômico até o social e político. Os usos e costumes foram mais globalizados ou unificados. A informação foi democraticamente disseminada pela Internet, que também passou a ser uma ferramenta da globalização.

A globalização é um processo econômico-social que se instalou na sociedade capitalista, cada vez mais voraz pela obtenção de lucro. Foi buscando em todas as partes do mundo utilizar-se de vantagens competitivas; assim, uma empresa que se instala na China busca menores custos de mão-de-obra para fabricar seus produtos e poder vendê-los em todo o mundo por preços compensadores para ela e competitivos para cada mercado a ser atingido. A logística passou a ter importância fundamental com o processo de globalização.

Globalizar, no conceito moderno de comércio internacional, significa estar presente na maioria dos países importantes do mundo, quer com plantas de produção quer com escritórios de comercialização.

2.1 O Mercado e a Aldeia Global

O mercado global tem sido discutido em razão da globalização e principalmente da atuação do marketing global na economia global.

O mercado é uma entidade que muitos discutem mas poucos conhecem; o mercado global então fica mais distante e poucas empresas possuem uma visão perfeita do que seja o conceito de mercado e de mercado global.

Podemos definir um mercado como: "gente com dinheiro no bolso com vontade de consumir". Dessa forma, onde houver essas três variáveis básicas, teoricamente haverá mercado e, como conseqüência, a possibilidade de ser feita uma venda.

Certamente o leitor já está acostumado a discutir a globalização, pois, falar sobre o assunto virou moda nos últimos anos, tanto no Brasil, como no mundo. Vamos tentar, neste capítulo, discutir o mercado e a aldeia global: em que ponto a globalização afetou, afeta e afetará a vida das pessoas, o desempenho das empresas e de muitos países.

A globalização assumiu, ao mesmo tempo, o papel de heroína e de bandida no mundo; tornou-se responsável tanto pelas coisas boas como pelas ruins. Fala-se agora na globalização dos atos terroristas, na globalização do pensamento, da informação e da contra-informação, dependendo do lado em que estejamos.

Na realidade, a maioria dos países e principalmente as empresas tentam de forma desesperada saber com antecedência quais os caminhos a serem percorridos pela globalização do mercado, por exemplo, para anteciparem-se às tendências e conseguirem sair na frente dos concorrentes. A aldeia global agora despertou uma verdadeira fobia em lançar produtos cada vez mais sofisticados, econômicos e, principalmente, que atendam aos objetivos de lucros das empresas, talvez até um pouco deslocados das necessidades dos clientes.

Entretanto, como vimos, a globalização é mais velha que Matusalém; desde os primórdios da civilização, o ser humano, ao procurar relacionar-se social ou economicamente, já estava se globalizando.

Comentando esse aspecto antigo e ao mesmo tempo atual da globalização como processo econômico e social, Grieco (1997, p. 21) destaca:

> *A globalização, tratada geralmente como fenômeno contemporâneo, remonta, na verdade, a processo secular envolvente, mesmo antes da configuração do famoso globo terráqueo dos nossos dias escolares. Vista pelo prisma ocidental, a civilização surge na Mesopotâmia, no vale do Nilo e no Mediterrâneo Ocidental.*

Na verdade, a globalização é um processo dinâmico e, portanto, ainda não acabado; o que ocorre é que nos últimos anos passou a ser sentido, discutido e praticado com maior intensidade. Por isso a globalização não pode ser criticada de forma tão apaixonada como alguns intelectuais estão fazendo. Ela se intensificou nos últimos anos, devido a uma série de fatores.

No Brasil, por exemplo, existe uma tendência entre alguns setores políticos e econômicos de atribuir ao fenômeno da globalização as causas de todos os recentes problemas econômicos e sociais (principalmente o desemprego) que o país tem enfrentado. Outros ainda dividem a culpa entre a globalização e o liberalismo econômico implantado no País a partir de 1990.

Na realidade, os problemas cruciais para o país continuam sendo o desemprego, a educação, a baixa distribuição de renda e a falta de estrutura em educação, saúde e segurança.

A questão do desemprego no Brasil, tendo em vista a globalização, confronta-se com o problema crônico da baixa qualificação da mão-de-obra de certa camada da população, que alguns economistas rotulam de desemprego tecnológico.

Um país que vinha de um longo período de ditadura militar, com excessiva proteção industrial e, conseqüentemente, com poucos produtos importados, fez com que, a partir da abertura da economia, instituída no início da década de 1990, as importações de toda sorte de mercadorias fossem praticadas rapidamente, com volumes importantes, atingindo em cheio as indústrias nacionais, que não estavam preparadas para a competição internacional, devido à proteção excessiva do mercado com barreiras alfandegárias e não-alfandegárias.

Coincidentemente, com a abertura da economia no Brasil, o processo de globalização da economia mundial entrava no seu apogeu, o que fez com que todos os males da economia nacional fossem debitados a ela.

Entretanto, a globalização não é só problema; ela traz no seu bojo uma série de benefícios, principalmente para o consumidor. A concorrência cada vez mais acirrada que, na realidade, fornece novos impulsos à própria globalização, proporciona ao consumidor maiores possibilidades de escolha, com melhores preços e qualidade.

Com relação a isso, em artigo publicado no jornal *Gazeta Mercantil*, Sardenberg (1997) conclui: "Todos atacam a globalização, mas todos gostam dela. Ou todos os povos do mundo são idiotas, ou o processo avança porque traz mais vantagens do que prejuízos".

Nos anos 90, pela primeira vez, o ser humano pôde ter uma referência precisa de que o mundo tem de pensar em termos globais. O tempo e as distâncias diminuíram sensivelmente e as comunicações e os meios de transportes desenvolveram-se de forma extraordinária.

As empresas tentam assimilar essas mudanças, agindo e pensando de forma globalizada; os mercados ficaram semelhantes e os produtos desenvolvidos em um país obtiveram grande aceitação em muitos outros. Entretanto, como vamos ver no capítulo sobre marketing internacional, a globalização da economia não deve ser motivo para tratar todos os mercados de forma igual.

A interligação entre os países por meio de blocos econômicos, a liberalização, a ascensão de países emergentes, as mudanças tecnológicas e a redução das barreiras alfandegárias e burocráticas transformaram radicalmente a economia mundial. Vivemos em um mundo cada vez mais globalizado. Todos temos consciência da globalização. Não há como negar esse fenômeno.

A vida atualmente é uma grande aldeia global. Há 20 anos, não podíamos imaginar o que estaria ocorrendo no presente. As mudanças da economia global não tendem a diminuir nos próximos 20 anos. Ao contrário, vão possivelmente se acelerar. Para atuar no mercado internacional, ou mesmo nacional, as empresas devem estar atentas a essas mudanças, que devem ser radicais.

Dessa forma, as empresas, os executivos e as pessoas devem entender o que é a globalização, o que a motiva e de que forma nos afeta. Em um mundo globalizado que hoje vivemos, sobreviver e prosperar são os grandes desafios para as empresas e pessoas.

Garelli (2003) analisa a "economia globalizada e a economia localizada" por meio do seguinte texto:

Ao contrário da economia de proximidade, a economia de globalidade parte do princípio de que os fatores de produção não têm necessariamente de estar próximos do usuário final. Essa economia floresce, explorando as diferentes vantagens comparativas dos países, integrando-as em uma administração mundial de cadeia de valores. Até há pouco tempo, beneficiava exclusivamente as grandes empresas – talvez as 1000 maiores do mundo. No entanto, hoje em dia, as empresas menores também têm acesso à economia global com a abertura dos mercados, o desenvolvimento das telecomunicações, a entrada da informática em todos os domínios e os enormes progressos registrados nas condições logísticas internacionais, especialmente no domínio dos transportes.

Um dos grandes mitos da globalização é o de que as micro, pequenas e até médias empresas não têm condições de competir nesse contexto e, por isso, mantêm certa tendência de ficar isoladas em pequenos nichos de mercado; na realidade, essas empresas podem e devem competir no mercado globalizado como forma até de viabilizar seu crescimento sustentado. Na história empresarial, a maioria das empresas de grande porte, ou mesmo globalizadas, nasceram pequenas e micro. O que leva uma pequena ou microempresa crescer é a gestão empresarial aplicada.

No caso do Brasil, existem algumas iniciativas privadas e governamentais com o objetivo de dotar a pequena e média empresas com capacidade de gestão suficiente para encarar o mercado interno e externo. Mas, no geral, não têm sido suficientemente eficazes para aumentar substancialmente a nossa participação no mercado internacional. Nesse sentido, o governo brasileiro tem se preocupado em dar às micro, pequenas e médias empresas condições, via financiamentos ou mesmo capacidade de gestão, para que exportem. Entretanto esses incentivos ainda não surtiram o efeito desejado, como no caso da Itália.

Ao assumir a Câmara de Comércio Exterior (Camex), em maio de 1998, o economista José Roberto Mendonça de Barros recebeu a difícil missão de dobrar as exportações brasileiras, de US$ 53 bilhões em 1997, para US$ 100 bilhões em 2002. Entretanto o seu sucessor na Camex, Roberto Gianetti da Fonseca, um executivo altamente capacitado, com vasta experiência no comércio internacional, declarava, logo após a sua posse na Camex em 1999, a impossibilidade de chegarmos a esse volume de exportações em 2002. Quem sabe agora podemos pensar em 2005?

Essa meta audaciosa, na realidade, foi mais uma forma de tentar "empurrar" as empresas instaladas no Brasil para o mercado internacional, motivando-as para conseguirmos alcançar superávits comerciais suficientes para equilibrar as contas externas. Tal meta parece ter sido colocada também para animar observadores e organismos internacionais. Refletindo esse otimismo exagerado, escreveu Caldas (*O Estado de S. Paulo*, 1999):

> *Trata-se de uma meta ambiciosa, visto que, nos últimos cinco anos, o crescimento ficou limitado a 48%. Ambiciosa, mas não impossível. (...).*
>
> *(...) Entre as alternativas em estudo que buscam concretizar a meta até 2002 está avaliar o potencial que têm as pequenas, médias e micro-empresas em multiplicar vendas e criar receitas com exportação. (...).*
>
> *(...) Elas (as micro, pequenas e médias empresas) entram e saem do comércio exterior com grande freqüência, mas não deixam de tentar. Em 1998 as pequenas e microempresas representam uma parcela de 3,7 mil, entre as 13 mil empresas que exportam no País, e as médias (com 100 a 500 empregados) somam 2,6 mil. As operações de venda a outros países são esporádicas e, em geral, exportam um produto para um único mercado.*

Somente em 2002 – depois de quatro anos – é que conseguimos um feito histórico, exportando US$ 60,141 bilhões, com uma importação de US$ 47,08 bilhões, o que gerou um superávit histórico na balança comercial de US$ 13,09 bilhões, depois de mais de nove anos registrando sucessivos déficits (igualmente, em 2003 foram obtidas exportações recordes com superávit também recorde de US$ 24,8 bilhões).

O fato não deixa de ser positivo. Entretanto sabe-se que esse superávit alcançado na balança comercial foi determinado mais pela elevação especulativa da taxa de câmbio verificada no final do governo de Fernando Henrique Cardoso, sendo conhecida como "efeito Lula", do que pela capacidade de reação e atuação da indústria brasileira no desempenho de suas exportações. Apenas como dados comparativos, a Argentina, que tem um PIB equivalente ao do interior do Estado de São Paulo, apesar de todas as adversidades que passou nos anos 2000 a 2002, teve um superávit comercial de US$ 13,2 bilhões em 2002, exportando US$ 60,4 bilhões e importando US$ 47,2 bilhões.

Nesse mesmo raciocínio, o México exportou cerca de US$ 150 bilhões no ano de 2002; já em 2003 foram US$ 165,3 bilhões, segundo dados da OMC.

Em 2003, a expectativa do governo Lula era aumentar em 10% as exportações brasileiras, chegando a um valor de US$ 20 bilhões de superávit. Ao final do ano, o Brasil exportou US$ 73,1 bilhões e importou US$ 48,3 bilhões, alcançando um superávit extraordinário de US$ 24, 8 bilhões, o maior da história do Brasil.

Nesse cenário em que a economia mundial mostra desaquecimento, tanto nos Estados Unidos, como no Japão (há 14 anos) e na Alemanha, entre outros, nós, no Brasil, fomos razoavelmente bem; mas qual será a saída para ultrapassar a barreira dos US$ 100 bilhões em exportações?

De fato, o Brasil tem feito enorme esforço e buscado mercados alternativos, como China, Rússia, Índia, África do Sul, entre outros. Mas atualmente todos os países querem obter superávits comerciais, substituindo as importações por produtos de fabricação local e exportando o máximo possível.

Qual será a saída para se obter um superávit consistente na balança comercial brasileira, capaz de alavancar um desenvolvimento sustentado? É esse contexto que vamos analisar nos próximos capítulos: como aumentar as exportações brasileiras por meio de estímulos e conscientização da importância da participação brasileira no comércio internacional.

2.2 Conseqüências da Globalização

As conseqüências do processo de globalização têm variado de país para país, de região para região, dependendo de seus vários fatores internos e externos. Assim, alguns países mais dependentes do comércio internacional podem sofrer mais ou menos com o processo. Entretanto, para facilitar nosso raciocínio, podemos dividir basicamente as conseqüências da globalização, segundo a óptica de como podem afetar países, empresas e pessoas, resumidamente, da seguinte forma:

2.2.1 Macroeconômicas

Difusão rápida e generalizada de todos os tipos de conhecimentos adquiridos por uma sociedade, passados quase imediatamente para todo o mundo, melhorando o nível de vida das pessoas e o bem-estar da sociedade.

2.2.2 Microeconômicas

As pessoas e as empresas adquirem rapidamente os conhecimentos globais difundidos pelo mundo, alterando de maneira substancial seus usos e costumes. A informação passa a ser fundamental para a continuidade do processo de globalização.

2.3 Vantagens da Globalização

Como ressaltamos anteriormente, a globalização foi um processo tipicamente capitalista que teve como objetivo padronizar produtos, diminuir custos e, portanto, auferir lucros cada vez maiores.

A globalização, como todo processo econômico e social, apresenta vantagens e desvantagens e não se constitui em exceção.

As vantagens e as desvantagens da globalização podem ser sistematizadas, para efeitos didáticos, em macro e microeconômicas. O macroeconômico diz respeito diretamente aos países, ao passo que o microeconômico refere-se às empresas e às pessoas.

2.3.1 Vantagens macroeconômicas

As vantagens da globalização, analisadas no sentido macroeconômico, são as que afetam direta ou indiretamente os países.

Geralmente a conotação de positiva ou negativa sobre a globalização depende muito da posição econômica, social e política em que o país se encontra em relação à economia mundial.

Assim, se um país está em uma posição econômica, social e política confortável e é desenvolvido, tem uma economia moderna e bem ajustada, as vantagens podem ser mais proveitosas, ao passo que as desvantagens não serão quase sentidas.

De maneira geral, as vantagens da globalização são maiores do que as desvantagens, dependendo também, é claro, do grau de mobilidade com que o país e a sociedade tiram proveito delas.

Na globalização, os países devem aproveitar suas vantagens absolutas e comparativas, de forma a maximizar suas possibilidades de progresso.

É falsa a idéia de que um país pode passar ao largo da globalização, apenas não se inserindo na comunidade mundial, como alguns poucos países de regime não-democrático ainda tentam provar.

A globalização é um processo sem pátria, essencialmente capitalista, mas que, com certeza, afetará a todos de forma positiva ou negativa; é só uma questão de tempo. As vantagens macroeconômicas, portanto, referem-se aos países.

2.3.1.1 Vantagens para os países

As vantagens macroeconômicas da globalização podem ser resumidas pela difusão rápida e generalizada de todos os tipos de conhecimentos adquiridos pela sociedade mundial, repassados quase imediatamente para todo o mundo (apenas algumas tecnologias estratégicas são mais controladas), melhorando o nível da qualidade de vida e o bem-estar da sociedade. Eis algumas vantagens:

- Difusão e absorção rápida de novas idéias.
- Disseminação de novas tecnologias.
- Melhoria da qualidade dos bens e serviços produzidos.
- Padronização da produção e da utilização dos produtos vendidos.
- Diminuição relativa das distâncias.
- Diminuição relativa dos custos de transportes internacionais.
- Diminuição das barreiras alfandegárias.

- Difusão rápida das informações.
- Melhoria das comunicações.
- Valores como usos, costumes, cultura e modo de vida tornaram-se universais.
- Tendência de diminuição dos preços com o aumento da produtividade.
- Intercâmbio intenso de bens, serviços, partes e peças.
- Aumento do comércio internacional e circulação da riqueza.
- Formação de blocos econômicos.
- Integração mundial intensa.
- Crescimento das grandes corporações e empresas transnacionais.
- Grandes privatizações.
- Liberalismo econômico.

2.3.2 Vantagens microeconômicas

As vantagens microeconômicas da globalização da economia dizem respeito às empresas e pessoas. O leitor já pode observar e mesmo sentir as vantagens da globalização, como, por exemplo, a possibilidade de usarmos uma câmera fotográfica digital ou usarmos um computador com um sistema operacional utilizado por todo o mundo.

Apresentaremos a seguir algumas das inúmeras vantagens que têm sido proporcionadas pela globalização e como ela tem afetado e pode afetar ainda mais empresas e pessoas.

2.3.2.1 O que a globalização representa para as empresas?

Muito se tem discutido sobre o que representa para as empresas o processo de globalização. A globalização pode lhes representar oportunidades e ameaças e, muitas vezes, o seu fim. Temos muitos exemplos de empresas que, nos últimos anos, não resistiram à concorrência e fecharam as portas.

Entretanto, não podemos debitar somente à globalização os males de toda a nossa economia e, principalmente, os erros de gestão empresarial.

Em termos de gestão empresarial e de acordo com a óptica da globalização, podemos dividir as empresas em dois grandes grupos:

- as que, prevendo grandes mudanças, se prepararam com antecedência e logo iniciaram um processo de gestão compatível com o processo de globalização;
- as que, não acreditando que seu mercado doméstico pudesse ser afetado, permaneceram com a mesma política de anos atrás e nada fizeram para se modernizar.

As empresas que se prepararam, conseguiram tirar algum proveito da globalização, mas as que não o fizeram, sofrem demasiadamente; muitas já foram fechadas e seus executivos estão desempregados; além disso, milhares de trabalhadores foram despedidos.

Com a velocidade de transformação da economia e da sociedade, as empresas devem estar preparadas para mudanças ainda mais profundas no panorama mundial.

Nesse sentido, Govindarajan e Gupta (1998, p. 5) comentam:

> *Se o índice de globalização está de fato se acelerando, o panorama econômico global será transformado dentro de 20 anos. As empresas precisarão se adaptar a essa paisagem em mutação. Aquelas que optarem por agir com antecedência terão chance melhor de transformar essas mudanças em vantagens competitivas.*

Por outro lado, esses autores advertem que a globalização não é tudo que uma empresa deve buscar.

> *A presença global, sozinha, não é suficiente para assegurar a uma empresa o sucesso competitivo global. Ela deve explorar as oportunidades que sua presença global oferece para a criação de valor.*
>
> *A presença global não assegura automaticamente vantagem competitiva. (...) converter a presença em vantagem competitiva global requer que uma empresa explore as oportunidades de criação de valor geradas por sua presença global e encare os desafios relacionados com essas oportunidades (...).*
>
> *(...) Quatro são as mais significativas fontes de vantagens competitivas globais:*
>
> - *adaptação às diferenças entre os mercados locais;*
> - *explorar as economias de escala global;*
> - *otimização das localizações;*
> - *maximizar a transferência de conhecimento entre países.*

Por um lado, na verdade, somente o fato de uma empresa estar globalizada pode não lhe fornecer subsídios suficientes para uma atuação competitiva. É necessário buscar maior participação nos mercados locais em que atua, adaptando produtos, de acordo com as peculiaridades de cada mercado, além de buscar novas formas de parcerias e de gestão.

Por outro, participando de um mercado global, a empresa tem a possibilidade de diminuição dos custos fixos por meio de maior volume de produção; redução dos custos operacionais e de capital por unidade produzida; concentração do poder de barganha com fornecedores; diluição dos custos de pesquisa e desenvolvimento; redução de riscos e melhoria do seu desempenho mercadológico e industrial, entre outros.

Observamos que as empresas brasileiras estão lutando para se tornarem mais eficientes; entretanto até que ponto estão apenas tentando compensar o tempo perdido ou se posicionando em vanguarda, para aproveitarem suas potencialidades e as oportunidades do futuro?

No caso da economia brasileira (e das empresas brasileiras), o planejamento, os projetos, o marketing são um luxo. Vivemos apenas pensando a curto prazo, "apagando incêndios", e as oportunidades de sobreviver no amanhã são remotas; é necessário saber prever os cenários a partir da situação presente.

Com essa visão, Hamel e Prahalad (1998, p. 89) comentam que: "As dolorosas crises observadas em tantas empresas nos últimos anos refletem a incapacidade de antigos líderes industriais de acompanhar o ritmo acelerado das mudanças que vêm ocorrendo em vários setores".

Fica claro, portanto, que a crise ou as crises oriundas da globalização não são privilégio dos brasileiros, das suas empresas ou do Brasil, e que a falta de visão do empresariado local tem similares em líderes empresariais de outros países, também. É evidente que a falta de visão de futuro e a acomodação ou incapacidade que alguns executivos demonstraram nos últimos anos ocasionaram grande número de falências no Brasil e no exterior.

No Brasil, podemos citar como exemplo a expressão que tivemos a infelicidade de ouvir por algumas vezes em empresas que prestávamos consultoria: "Faço dessa forma há muitos anos... e deu certo. Por que devo mudar?" Foi exatamente essa falta de visão que levou inúmeras empresas ao fracasso nesses anos recentes.

Será que a maioria dos executivos de hoje tenta prever como será seu mercado ou mesmo sua vida profissional nos próximos cinco anos? Será que fazemos planejamento ou usamos a desculpa de que no Brasil, um país imprevisível, torna-se impossível planejar?

O fato de ser um país imprevisível e em constantes mudanças deve ser um estímulo a mais para planejar, tentando descobrir os possíveis cenários do amanhã.

A globalização acaba representando para a maioria das empresas que focaliza o dia-a-dia para a sobrevivência uma grande ameaça, pois são poucas as que tentam planejar ou se preocupam em antecipar e prever o futuro. É preciso audácia, ousadia e inovação! O futuro não se descobre, é previsto!

Sobreviver e prosperar são os grandes desafios colocados para as empresas brasileiras na era da competição globalizada.

2.3.2.2 O que a globalização representa para as pessoas?

Com a globalização, a atenção prioritária das empresas e dos empresários passou a ser a competitividade. Nesse contexto, a necessidade de atingir e a de consolidar-se em um mercado sem fronteiras fizeram com que as economias de quase todos os países substituíssem o conceito antigo de mão-de-obra abundante e desqualificada pela eficiência e perfeição, aplicando alta tecnologia, gerando desemprego, principalmente o tecnológico.

Por exemplo, hoje existem apenas 10, onde existiam cem operários, que foram substituídos por máquinas inteligentes, de alta tecnologia. Os robôs não reclamam de insalubridade, nem cobram horas extras.

Na última década, o setor de recursos humanos das empresas foi bastante esvaziado em termos de atuação, deixando em segundo plano a reciclagem e o treinamento de funcionários; felizmente essa fase parece ter se esgotado e as empresas estão voltando aos poucos a investir mais em treinamento.

Mesmo assim, ainda existem, atualmente, milhares de pessoas desempregadas em todo o mundo. Nos países emergentes e subdesenvolvidos, a situação é ainda pior, pois a população não dispõe de poupança para se manter, nem de mecanismos sociais, como o seguro-desemprego, para poderem sobreviver.

Portanto, é longo o caminho que os países emergentes precisam percorrer para atingir o nível de automação dos países desenvolvidos; além disso, com freqüência, os países mais atrasados contam com dois tipos básicos de desemprego:

- conjuntural – causado pelas limitações do crédito e da taxa de juros e ainda por uma taxa de câmbio desfavorável, que limita as possibilidades das exportações se tornarem competitivas (como foi o caso do Brasil e da Argentina);
- estrutural ou tecnológico – provocado pela mudança no processo de produção ou no mix de bens e serviços produzidos em certos momentos, resultante da substituição do homem pela máquina.

2.4 Situação no Brasil

No Brasil, a maior parte da força de trabalho, representada por 66 milhões de pessoas (segundo dados do Instituto Brasileiro de Geografia e Estatística, Censo de 2000), ainda está malpreparada para lidar com novas tecnologias e com a era da automação.

Nesse contexto, a globalização, as novas tecnologias e a baixa formação profissional alijam uma série de pessoas do mercado de trabalho, transformando uma massa de trabalhadores em desempregados tecnológicos – aqueles que, por não estarem inseridos na era digital, cada vez mais ficam marginalizados como cidadãos.

Os profissionais não estão acompanhando o desenvolvimento tecnológico, as mudanças de mentalidade e de comportamento; além do mais, para acompanhar essas mudanças, têm de dispor de dinheiro para seu treinamento.

Mais de 30% dos brasileiros (IBGE, Censo de 2000) podem ser considerados analfabetos, se for levado em conta o atual padrão mundial de alfabetização: capacidade de ler e interpretar, por exemplo, um manual de instruções.

Para se obter uma mão-de-obra qualificada e evitar o desemprego decorrente desses desajustes, o Brasil necessita de investimentos na área de educação, não só em quantidade, como principalmente em qualidade. A política do Ministério da Educação tem sido a abertura quase que indiscriminada de universidades, centros universitários e faculdades, com a proliferação de cursos em todas as áreas, sem se preocupar com a qualidade do ensino. Embora o Exame Nacional de Cursos, mais conhecido como Provão, seja uma ferramenta de verificação ainda muito incipiente e por demais criticada, sacudiu o mercado das Instituições de Ensino Superior (IES).

Entretanto, o problema educacional é apenas mais um dos gargalos que o País possui; com relação a isso, alguns remédios são amplamente receitados, como:

- melhor distribuição da renda;
- reforma agrária;
- incentivo para as microempresas;
- melhoria da capacidade de exportação;
- barreiras para as importações desenfreadas e economicamente desnecessárias.

Entre outras, essas são premissas fundamentais para diminuir o desemprego no País.

Por outro lado, os grandes centros e regiões metropolitanas estão saturados e, cada vez mais, necessitam de altos investimentos em infra-estrutura urbana que, por sinal, têm sido insuficientes para a melhoria da qualidade de vida das pessoas nesses locais.

Portanto, o governo deve dar oportunidades de retorno ao campo àqueles que vieram para a cidade em busca de melhores condições de vida e hoje vivem amontoados em favelas e cortiços, principalmente nas regiões metropolitanas do País.

A população brasileira economicamente ativa tem um dos mais baixos índices de escolaridade entre os países emergentes. O trabalhador brasileiro, em média, freqüenta o curso fundamental apenas durante 3,2 anos. Nos países desenvolvidos e em alguns dos emergentes, a média é de 10 anos, segundo dados da Unesco.

Com a globalização, a tendência da instabilidade de emprego é aumentar cada vez mais e as empresas serão ainda mais exigentes para dar um posto de trabalho. Portanto, é necessário urgência em melhorar a escola básica para as crianças e prover educação de reciclagem e profissionalizante para os trabalhadores.

O sonho do emprego estável nas grandes indústrias, no Brasil e até no Japão, virou um grande pesadelo em razão do capitalismo atual.

A política do pleno emprego no Brasil nunca foi alcançada, porque, segundo afirmavam alguns economistas ortodoxos, no tempo da ditadura, o pleno emprego gerava inflação. Entretanto só agora parece que o Brasil dominou a inflação. E ainda temos desemprego.

No mundo, a política de emprego tradicional está sendo substituída pela da contratação de acordo com as habilidades do empregado.

A globalização diminuiu drasticamente a autonomia política das nações e o único meio de o Brasil se firmar na concorrência internacional é investir maciçamente em seu desenvolvimento interno. Entretanto, parece não haver vontade política nem recursos suficientes para investimentos de longo prazo de maturação.

É claro que, para garantir o crescimento econômico, é necessário aumentar investimentos em tecnologia, reduzir custos, o que atualmente significa diminuir mão-de-obra a qual, além de cara em alguns setores ou regiões, é dispensável em virtude das novas tecnologias aplicadas.

Atualmente (e no futuro será pior), cada empresa será constituída por um número cada vez menor de empregados (bem preparados) e um verdadeiro exército de computadores e máquinas automatizadas.

De certa forma, a redução dos empregos nas indústrias também está relacionada com mudanças organizacionais, ainda tímidas no Brasil.

As empresas estão diminuindo os cargos de chefia e os níveis dentro da pirâmide organizacional, sem contar a grande onda de terceirização.

Nas empresas modernas e eficientes, a idéia principal é que é melhor subcontratar alguns serviços a contratar novos empregados. Nos trabalhos que não sejam principais e estratégicos, a moda é terceirizar. O objetivo da indústria é conseguir o máximo de automação com o mínimo de intervenção humana.

As mudanças da década de 1990 vieram rápidas demais e em grande volume; se as empresas não estavam preparadas, a mão-de-obra muito menos. O desemprego foi um dos fatores de desequilíbrio social ainda não recuperado. O novo mercado sugere a necessidade de um novo perfil profissional, reativo e proativo e – por que não – até empreendedor.

Entretanto, nossas universidades não têm se preocupado em formar profissionais proativos, muito menos empreendedores: o aluno continua participando de forma passiva das atividades acadêmicas e o professor, ainda utilizando a técnica do "cuspe e giz", tenta transmitir algumas informações em salas de aula repletas de alunos (algumas com mais de 100), que, por sua vez, buscam as famosas "receitas de bolo", decorando frases sem se preocupar em entender o tema a ser estudado.

As empresas não mais precisam de profissionais eminentemente técnicos e superespecializados, e sim de profissionais generalistas, voltados para processos de interpretação, elaboração e transformação da cultura organizacional e da empresa.

O profissional de sucesso hoje não é mais o especializado em determinado assunto. Hoje, é preciso ter uma visão globalizada para atender aos consumidores que se tornaram cada vez mais exigentes.

Para obter essa qualificação profissional, é necessário investimentos e algum tempo para adaptação; o operário brasileiro tem essa necessidade, tem urgência mas não tem meios para se autofinanciar. A única alternativa para melhorar esse quadro deve partir das empresas com a oferta de treinamentos, cursos de reciclagem, informática, inglês e promover seminários nacionais e internacionais; entretanto, tudo isso custa dinheiro e leva tempo. A empresa brasileira está sem condições de investir em treinamento; são poucas que o fazem sistematicamente.

No entanto, isso pode levar a uma dicotomia sem solução: se a empresa não investir na qualificação de seus funcionários, quem vai promover o desenvolvimento do profissional? Como um operário desempregado vai poder bancar seus cursos de reciclagem?

Só na Grande São Paulo, segundo dados do IBGE (Censo de 2000) existia em 1998 mais de 1,5 milhão de desempregados; na capital, o desemprego atinge 8,68% da mão-de-obra ativa. Em 2004, apesar do prometido espetáculo do crescimento, esse número beirava a casa dos 2 milhões.

Com tudo isso, a importância dos cursos de atualização e dos extracurriculares passa a ter dimensões surpreendentes. O perfeito domínio de outros idiomas e o conhecimento em informática passam a ser tão fundamentais quanto o diploma universitário. Porém as escolas e principalmente as universidades brasileiras não correspondem, como antes, às necessidades e aos anseios do estudante.

Existe apenas uma exceção: o ensino profissionalizante ainda tem boa qualidade e oferece melhores condições para os alunos do que um curso universitário tem oferecido aos seus.

As empresas que consideram o treinamento um investimento começam a apostar no processo de educação continuada, pois o profissional de que necessitam precisa estar sintonizado com as novas tendências de mercado.

Para evitar aumento do desemprego, é necessário criar urgentemente mecanismos que estimulem o empresário a contratar mão-de-obra e a rever o alto custo do trabalho no Brasil. Há apenas duas décadas, os custos para a criação de um novo emprego era baixo, diferentemente da situação atual em que, para a criação de um novo posto de trabalho, gasta-se muito.

Além disso, a excessiva regulamentação trabalhista, somada ao custo direto e indireto da mão-de-obra e a proteção paternalista da justiça do trabalho tornam o investimento para novos postos de emprego um exercício de coragem por parte do empresariado brasileiro.

Para se ter uma idéia, em 1970 gastava-se US$ 10 mil para gerar um posto de trabalho na indústria automobilística; já na década de 1980, um novo emprego custava em torno de US$ 15 mil e hoje se gasta cerca de US$ 30 mil para empregar alguém (dados da Anfavea, 2003).

Com esse sistema arcaico e caro, ficamos entre "o 8 ou o 80": ou se contrata um funcionário com todos os direitos ou caímos no trabalho informal, sem nenhuma espécie de garantia.

Um dos caminhos para diminuir esses custos é a desregulamentação e a redução dos encargos sociais para empresa, a fim de, assim, possibilitar ao trabalhador exercer sua função de forma legalizada; entretanto, o governo sinaliza exatamente o contrário, aumentando impostos e encargos sociais. No fundo, é preciso implementar as reformas estruturais de que o Brasil necessita, entre as quais a da previdência, a trabalhista, a fiscal, a tributária, entre outras. Mas não existe vontade política para isso; e em uma reforma alguém tem de perder para o outro lado ganhar. No Brasil, nenhum setor quer perder seus privilégios e conquistas.

O empenho de toda a sociedade, desde os empresários até os sindicatos dos empregados, podia mudar esse quadro.

Muitas empresas reduzem o número de funcionários em época de menor produção e voltam a contratar quando ela aumenta. Demitem pessoas experientes para contratar pessoas com menos experiência, mas com salários bem menores.

O banco de horas, que é a redução da jornada de trabalho no período de baixa produção, podia ser mais bem aplicado e flexibilizado em todos os setores industriais, não só no setor de autopeças e montadoras.

2.5 Situação no Mundo

No mundo inteiro, o fantasma do desemprego também preocupa muito. Em 1971, por exemplo, a taxa média de desemprego na Europa Ocidental não ultrapassava 3% da força de trabalho. Em 1994, atingiu 12% na França, 17% na Irlanda e 24% na Espanha, o que para eles era uma taxa elevadíssima. No caso específico da Espanha foi considerado "um desastre" (relatório da ONU, 2000).

Apenas alguns dos países superdesenvolvidos, como Estados Unidos e Japão, apresentam índices menores de desemprego: 6,4% e 3%, respectivamente. O Japão entretanto, já começa a dar sinais de que seu índice de desemprego vai aumentar. O mercado mundial de trabalho passa por uma revolução. Os Estados Unidos entraram em recessão na era Bush.

Na realidade, o processo de globalização, cada vez mais acelerado, levou a mudanças incompatíveis com a estabilidade do emprego. O Japão novamente pode ser citado, pelo alto índice de suicídios nos últimos anos, grande parte decorrente da falta do emprego vitalício e da inexistência de emprego assegurado aos estudantes, quando deixam os bancos escolares.

O desemprego, no momento, passa a ser o maior desafio da sociedade, dos governos, dos dirigentes, empresários e operários do mundo inteiro.

A globalização é um processo contínuo, uma tendência que ocorre dentro da economia mundial, e as economias dos países, por serem bastante interligadas, sofrem os efeitos positivos e negativos dessa interligação. Na globalização econômica, quaisquer movimentos mais bruscos da economia de determinados países, afetam sobremaneira o desempenho das de outros países.

Como todo processo econômico e social, existem inúmeras opiniões favoráveis e desfavoráveis.

A seguir, transcrevemos algumas opiniões, que consideramos importantes, de pessoas de destaque na vida política, social e econômica do Brasil nos últimos anos, citadas na revista *Veja* (1996):

> *A globalização está multiplicando a riqueza e desencadeando forças produtivas numa escala sem precedentes. Tornou universais valores como a democracia e a liberdade. Envolve diversos processos simultâneos: a difusão internacional da notícia, redes como a Internet, o tratamento internacional de temas como o meio ambiente e direitos humanos e a integração global (Fernando Henrique Cardoso – Sociólogo e ex-Presidente da República).*

> *A globalização é a revolução do fim do século. Com ela a conjuntura social e política das nações passam a não ser importantes na definição de investimentos. O indivíduo torna-se uma peça na engrenagem da corporação. Os países precisam se ajustar para permanecer competitivos numa economia global; e aí não podem ter mais impostos, mais inflação que os outros (Antônio Delfim Netto - Economista e Deputado Federal).*

> *Trata-se de uma nova espécie de processo social, uma coisa nunca vista antes: uma civilização genuinamente transnacional, alimentada pela exposição à tecnologia e pelas mesmas fontes de informação (Kenichi Ohmae – Economista e autor do livro* O Fim do Estado Nação*).*

> *A globalização é tão velha quanto Matusalém. O Brasil é produto da expansão do capitalismo europeu do final do século XV. O que está havendo agora é uma aceleração. Isso pode ser destrutivo para o Brasil, se o país não administrar sua participação no processo. A globalização é boa para as classes mais favorecidas. As menos favorecidas ficam sujeitas a perder o emprego (Paulo Nogueira Batista Junior – Economista).*

A globalização começou na década de 70, a partir do aumento da produção das empresas, e foi acelerada porque as empresas precisavam estar em vários países para se aproveitar das variações cambiais. Além disso, a globalização é uma bolha especulativa, que se expressa no mercado de derivativos. É a jogatina da moeda diária. Isso afeta empregos. Há uma recessão também globalizada (Maria da Conceição Tavares – Economista).

As políticas internacionais uniformizam mecanismos de produção para obter maior produtividade. Quando a globalização é usada para melhorar a vida das pessoas descobrindo um remédio, por exemplo, ela é positiva. Mas a tendência é de que se desconsidere o ser humano, aumentando o desemprego. Os que estão empregados têm de estar integrados com os avanços tecnológicos (Vicente Paulo da Silva - Ex-sindicalista e Deputado Federal).

2.6 Desvantagens da Globalização

Como mencionamos anteriormente, o processo de globalização imposto pelo capitalismo moderno causou vantagens e desvantagens; listamos algumas das suas desvantagens:

- relativa padronização de idéias;
- relativa perda de identidade dos países;
- não-existência de fronteiras;
- economias bastante conectadas, efeito "dominó";
- excesso de capital volátil especulativo;
- empresas ou países condenados ao atraso, se não aderirem a ela;
- pessoas condenadas ao atraso;
- aumento do desemprego estrutural e/ou setorial;
- aumento do desemprego tecnológico (em 1931, J. M. Keynes já previa o desemprego tecnológico);
- concorrência internacional mais aguçada;
- desvantagens relativas para empresas e países em desenvolvimento;
- perda do controle de produção, comercialização e de tecnologia.

Também, como forma de ajudar o leitor a se posicionar em relação ao processo de globalização, transcrevemos uma opinião multifacetada de Nascimento (1996):

A globalização é um processo de aceleração capitalista, num ritmo jamais visto, em que o produtor vai comprar matéria-prima em qualquer lugar do mundo onde ela seja melhor e mais barata. Instala a fábrica em países onde a mão-de-obra fique mais em conta, não importa se no Vietnã ou na Guatemala. Vende a mercadoria para o mundo inteiro. Em resumo: o entrelaçamento econômico das paróquias é um processo que começou na Pré-História, mas sempre progrediu em marcha lenta. Neste momento está na velocidade da luz.

A globalização é um conjunto de transformações que vem ocorrendo na economia mundial e que acelerou nas últimas duas décadas. Tem alguns eixos centrais de mudanças, sendo um deles a integração dos mercados em uma verdadeira aldeia global, explorada pelas grandes corporações internacionais (globais). Os países abriram mão das barreiras alfandegárias, que protegiam suas indústrias, e muitos deles se transformaram em blocos econômicos estruturados de direito ou, em muitos casos, somente de fato, abrindo-se de forma às vezes não-controlada para o comércio e capital internacionais.

Esse processo acelerado de transformações tem sido acompanhado por uma verdadeira (nova) revolução industrial e social, baseada principalmente na tecnologia de informação.

As fontes de informações também sofrem um processo de uniformização devido ao seu alcance global e à crescente popularização da Internet e outros meios de comunicação massiva. Dessa forma, os fenômenos da globalização acabam ultrapassando os limites da economia e começam a transformar toda a sociedade, mudando inclusive usos e costumes dos países, transformando esses valores, antes limitados (em alguns países), em globais.

2.6.1 As desvantagens macroeconômicas em relação aos países

Todo processo econômico e social pode acarretar vantagens e desvantagens, dependendo de uma série de condições em que se encontram os países, as empresas e até mesmo as pessoas. Uns são mais e outros menos afetados por qualquer processo de mudança, e a globalização tem sido um processo de mudanças contínuo e extremamente vigoroso. Na década de 1990, tivemos um modismo na área de gestão de empresas ao qual se convencionou chamar de reengenharia; foi realmente um modismo de gestão que se abateu sobre as empresas brasileiras, antes já utilizado no Estados Unidos. No Brasil, a reengenharia, que devia ter sido mais bem "apelidada" como "readministração", destinava-se a fazer uma verdadeira revolução nas empresas, cujo resultado era uma demissão em massa de pessoas e posterior admissão de outras. Muitas obras foram escritas, muitas palestras foram proferidas e a gestão das empresas foi prejudicada. Não havia uma filosofia de gestão a ser implantada. Quanto à globalização, essa sim é um processo dinâmico e irreversível que mudou, está mudando e mudará ainda mais a nossa aldeia global.

Listamos a seguir algumas das desvantagens da globalização que, como foi dito, podem afetar empresas, pessoas e países em diferentes graus:

- exposição excessiva das economias dos países ao capital especulativo transnacional;
- dificuldade de comercialização internacional para países não-preparados;

- relativa padronização das idéias;
- perda relativa da identidade dos países;
- inexistência de fronteiras;
- economias dependentes umas das outras, possibilitando o efeito "dominó";
- excesso de capital volátil no mundo;
- países condenados ao atraso tecnológico e social por não aderirem ao processo;
- concorrência internacional desenfreada e desleal;
- desvantagens relativas para países emergentes e em desenvolvimento;
- perda relativa do controle de produção, comercialização e controle de preços por parte dos governos;
- possibilidade de grandes oligopólios transnacionais;
- aumento das barreiras não-alfandegárias;
- aumento do desemprego tecnológico e estrutural.

2.6.2 Desvantagens microeconômicas

As desvantagens analisadas no âmbito microeconômico são as que afetam direta ou indiretamente empresas e pessoas.

De forma análoga às vantagens e desvantagens macroeconômicas, as microeconômicas também afetam empresas e pessoas, de acordo com a situação de seus países e, particularmente, de acordo com a capacidade e velocidade de adaptação às mudanças com que cada empresa e cada pessoa dispõe em determinado momento do processo.

Dessa forma, mesmo estando instalada em um país pouco preparado para enfrentar a globalização, se a empresa estiver bem estruturada e em dia com as melhores técnicas de produção, com a mão-de-obra treinada e motivada, as possibilidades de assimilação do processo de mudança da globalização tornam-se mais fáceis.

Do mesmo modo, se um profissional está em constante atualização, buscando sempre estar em dia com as novas tendências dentro do seu ramo de atuação, a globalização será para ele mais benéfica do que maléfica.

2.6.2.1 Para as empresas

- perda do controle acionário decorrente das fusões e incorporações;
- aumento forte e indiscriminado da concorrência;
- concorrência desleal;
- perdas de mercados cativos;
- perdas de lucratividade por produto, tendo necessidade de buscá-la por quantidade;

- empresas condenadas ao encerramento das atividades;
- diminuição da fidelidade dos funcionários;
- empresas familiares e paternalistas tendem a desaparecer;
- necessidade rápida e constante de atualização (custos).

2.6.2.2 Para as pessoas

- perda do emprego vitalício;
- necessidade de atualização constante (custos);
- desemprego tecnológico e estrutural;
- pessoas condenadas ao atraso;
- alienação cultural;
- despreparo estrutural.

Temos observado uma falha na formação cultural de nossos jovens, que serão os dirigentes deste nosso país, no futuro. Existe uma espécie de alienação para escrever, pensar e processar informações. Essa dificuldade em grande parte se deve à facilidade da Internet, em que textos, trabalhos e uma quantidade enorme de informações são facilmente encontrados em vários *sites*. O aluno, dessa forma, não precisa pesquisar em bibliotecas, apenas "clica" em uma palavra e aparecem, como por milagre, diversas informações sobre aquele tema. Apenas mais um ou dois "cliques" em "copiar" e "colar" e pronto: o trabalho sobre determinado assunto está feito.

Claro está que a Internet também facilita a pesquisa do indivíduo consciente, mas em geral é um fator de alienação cultural causada pela globalização.

Outro exemplo da forma de não se exercitar a cultura é o famoso corretor de texto que existe no programa "Word", usado praticamente em qualquer computador. Temos aí também duas vertentes:

- facilita e ajuda o "escritor" que está escrevendo um texto;
- por outro lado, faz com que esse mesmo "escritor" não utilize seus conhecimentos gramaticais, nem exercite, por exemplo, sua capacidade de usar uma boa caligrafia.

Essas são algumas das muitas facilidades que a globalização fornece ao indivíduo, mas acaba por atrofiar-lhe certas capacidades que deviam ser exercitadas para seu próprio bem – e não o são.

2.7 Globalização Reformada

Acreditamos que, como a globalização é um processo social e econômico, vai se ajustando às necessidades da sociedade, mas sempre com o viés dos donos do poder, tanto econômico como cultural e militar, como é o caso dos Estados Unidos. Assim, a globalização vai sendo reformada dia a dia, ao sabor das ondas das sociedades dominantes.

De acordo com esse modo de pensar, sugerimos que sociólogos e filósofos estudem o fenômeno da globalização com mais detalhes que não apenas o enfoque econômico, e possam traçar uma nova teoria científica sobre o tema.

Como vimos anteriormente, a discutida globalização da economia, na realidade, é bem antiga. Mas somente hoje estamos sentindo mais rápida e intensamente os seus efeitos. Na realidade, ela foi intensificada e reformada nos dias de hoje. Foi uma reação do capitalismo mundial em busca de maiores lucros.

Atualmente já se discute a necessidade de mudanças no processo de globalização, até como forma de sobrevivência de um capitalismo moderno e mais dinâmico, que não acabe com os mercados promissores, matando a galinha dos ovos de ouro.

O conceito de globalização econômica tem estado em evidência já há algum tempo. Entretanto, ao que parece, foi Theodore Levitt (1983, p. 92-102) que, em 1983, iniciou a discussão da globalização dos mercados, pelo menos levando em conta os aspectos de produção e mercado. Nessa época, ele analisava o surgimento de gigantescos mercados globais para produtos mundialmente padronizados em matéria de preços e de tecnologia.

Pelo que sabemos, na realidade, as grandes descobertas feitas a partir de 1492 pela Espanha e por Portugal marcaram uma nova e vigorosa fase (para a época) da globalização da economia e da comunicação mundial. Até então, tinha-se como certo que o mundo não passava de uma espécie de tábua (plano reto) e que haveria um grande abismo onde terminaria.

O economista e filósofo inglês Adam Smith (1723-1790), autor de um dos maiores clássicos da economia capitalista, *A Riqueza das Nações* (1776), afirmou que dois grandes e importantes acontecimentos da história da humanidade foram a descoberta da América, em 1492 por Cristóvão Colombo (1451-1506), um genovês a serviço dos reis de Espanha, e a descoberta do caminho marítimo entre o Ocidente e o Oriente, quando o navegador português Vasco da Gama aportava, em maio de 1498, em Calicute, na Índia, inaugurando da forma mais marcante o que atualmente virou moda chamarse de "globalização".

O processo de globalização também pode ser destacado pela culinária, como, por exemplo, a descoberta do macarrão, por Marco Polo, na velha China, que proporcionou ao mundo a oportunidade de saborear um dos mais apreciados pratos da culinária (italiana), globalizado de hoje; há também a importância das especiarias, bastante apreciadas na época e que, em virtude da dificuldade de transportá-las via Constantinopla, motivou as grandes descobertas de além-mar, movimentando alguns aventureiros, buscando driblar essas dificuldades e encontrar novos caminhos para as Índias.

Como afirmamos anteriormente, na realidade, a tão discutida globalização já é uma velha conhecida nossa, mas apenas nos últimos 20 anos tem sido mais discutida, difundida e principalmente sentida, devido aos avanços tecnológicos das ciências, da comunicação, da informática e do envolvimento e interdependência econômica e comercial entre as nações.

Dessa forma, as mudanças que ocorreram nos últimos anos levaram a humanidade a repensar toda sua estrutura de ser; a derrubada do muro de Berlim e o término da guerra fria entre as duas maiores potências militares do planeta foram também marcos importantes da globalização na política.

Mais recentemente, pudemos observar que o sucesso da Comunidade Européia, cujo território foi palco, no passado, de grandes disputas e de importantes transformações com reflexos no mundo todo, acabava de consolidar definitivamente a sua união em um só mercado, por meio da criação de uma moeda comum, o euro.

Esse fato nunca seria imaginado pelos precursores da própria comunidade, quando assinaram o tratado de Roma em 1958, pois hoje é uma comunidade cada vez mais integrada, que caminha para a união total.

O que na realidade já fora uma colcha de retalhos, tornou-se um grande bloco econômico. A moeda européia em breve pode ter condições de substituir o dólar americano nas relações de comércio internacional e criar uma ordem econômica mundial de que tanto o mundo necessita, pois não se constituirá em uma moeda de um único país que será padrão para o comércio internacional (repassando ao mundo todos os erros e acertos da política monetária) e sim uma moeda de um grupo de países.

As transformações tecnológicas e mercadológicas, com o fenômeno da globalização, foram grandemente sentidas em quase todos os países do mundo; empresas tiveram de atuar com urgência e eficácia cada vez maiores para acompanharem a dinâmica dos mercados, mudando, adaptando e criando produtos, agregando-lhes valores e sensibilizando os seus clientes.

Entretanto alguns países ainda permanecem com certas dificuldades para retomar seu processo de industrialização, muitos devido às suas peculiaridades locais que os impedem de avançar em sintonia com as mudanças da economia mundial.

No caso específico do Brasil e de alguns países, essa resistência se deve ao fato da pouca importância dada à abertura da economia e da própria globalização como fatores de desenvolvimento e atualização tecnológica.

Nesse sentido, alguns setores industriais brasileiros só "acordaram" para o entendimento desses fenômenos depois de grandes crises setoriais, tais como na indústria têxtil, de calçados e autopeças, dentre outras tantas.

O fato de termos um parque industrial pouco reativo às mudanças está relacionado, por um lado, com a importância do mercado interno na composição do PIB brasileiro e, por outro, à pequena e relativa importância do mercado internacional para as empresas instaladas no Brasil.

Historicamente, as indústrias têm sido instaladas no Brasil graças a incentivos fiscais, creditícios e de reserva de mercado, dentre outros, como forma de compensação dos custos de ingresso no País. Logo essas empresas estavam acostumadas a um mercado sem concorrência e com relativa garantia de crescimento, em razão do número de habitantes.

No Brasil, esse pioneirismo e a proteção excessiva, por meio de uma alíquota elevada do imposto de importação, acabou levando alguns setores industriais a um estágio de acomodação, sentida até 1990.

Como um dos exemplos clássicos dessa proteção da "indústria infante", podemos observar o protecionismo exacerbado e a falta de visão empresarial dentre outras que aconteceram na indústria têxtil instalada no Brasil, a qual não só não se preparou para a abertura da economia, como também não acreditava nela.

Depois de quase uma década de saldos negativos na balança setorial de comércio exterior, a industria têxtil modernizou-se, recuperou o nível de emprego e passou a exportar mais do que importar.

Embasado nessa visão de protecionismo, Eduardo Bassi (1997, p. 33) afirma:

> *A indústria brasileira foi implantada dentro do que se denominou modelo de substituição das importações, cuja dinâmica foi a diminuição gradual da importação de manufaturados importados, substituídos pelos produtos nacionais. Seu mecanismo de estímulo foi um sistema de tarifas aduaneiras que encarecia as importações, estimulando a produção local.*

Esse cenário foi totalmente alterado a partir de 1990, quando começou a abertura da economia e o conseqüente ataque da concorrência internacional no Brasil.

Para se ter uma idéia das proporções catastróficas da concorrência internacional em 1990, no chamado pólo têxtil da cidade de Americana, existiam 1.486 tecelagens, número que caiu para 621 em 1996 e cresceu para 634 em 1997 (Calais, 1998, p. A-9).

Segundo afirma Nelson Biasi (Abit, 1995, p. A-9): "... o pólo têxtil de Americana foi quase dizimado pela abertura das importações iniciada durante o governo Collor".

Sem dúvida, a abertura indiscriminada e muito rápida da economia brasileira causou e continua causando grandes estragos para todas as empresas aqui instaladas, pouco acostumadas com a concorrência do livre mercado e com o comércio internacional.

Agora, passados quase 15 anos, parece que definitivamente o industrial brasileiro está consciente de que a globalização veio para ficar e começa a ter planos concretos de investimentos em suas empresas.

Nesse sentido, Daniels e Daniels (1996, p. XV, prefácio), no artigo *O Que Eu Aprendi Nos Anos 80*, publicado na revista *Forbes* de 1990, comentavam: "diretores e executivos de alto nível de algumas empresas expressaram em uma pesquisa que, entre dez itens relativos a negócios futuros, a globalização seria a mais importante questão estratégica dos anos 90".

De fato, os anos 90 foram críticos para as economias menos preparadas, como no caso do Brasil; observa-se que essa preocupação tem aumentado consideravelmente nos últimos anos em todo o mundo empresarial. Mas é preciso ir além da preocupação e passar para a ação.

Refletindo essa preocupação, Toledo e Silva (1992, p. 185), afirmam:

> *Nos últimos anos, a globalização de produtos e mercados tem ocupado permanentemente a discussão acadêmica e a ação dos executivos. Trata-se de uma tendência irreversível que tem ditado o comportamento estratégico das empresas. A sobrevivência e o crescimento não estão vinculados apenas a bons produtos.*
>
> *O acesso a tecnologias de ponta e diferenciadoras e a aquisição de* know-how, *por exemplo, são outros ingredientes indispensáveis ao sucesso competitivo.*

Atualmente, mais do que nunca, indústrias, empresários e executivos passam a necessitar de novos métodos, buscando e aplicando sempre novas e modernas qualificações, deixando de lado seus desempenhos domésticos para se tornarem personagens de um mundo globalizado e cada vez mais competitivo.

Monobe (1997, p. 46) menciona em sua tese:

> *(...) a bola está com o executivo internacional, um cidadão que busca fornecedores na China, quer vender nos Estados Unidos, faz parceria no Mercosul, compra tecnologia na Alemanha ou, simplesmente, sofre a concorrência de todos esses mercados. (...) A competitividade global obriga todos os executivos a estarem abertos a novas culturas, novos hábitos, novos costumes.*

Dessa forma, não há como não reconhecer a necessidade de as empresas buscarem novos mercados, inclusive no exterior, como única forma de sobrevivência.

O mercado doméstico apenas consegue, quando muito, manter um patamar de participação mercadológica e, na época atual, quem apenas se dispuser a andar, pode estar acarretando para si mesmo o ficar parado; e, quem correr, será ultrapassado.

É preciso, portando, buscar formas alternativas de crescimento que podem ser feitas por meio da exportação pura e simples ou até por fusões, incorporações e mesmo empreendimentos conjuntos, do tipo *joint ventures*, consórcios e cooperativas, não só nas operações internas como nas externas.

Nesse sentido, as dificuldades encontradas no mercado interno são tantas que as indústrias devem buscar no externo uma alternativa de desenvolvimento e progresso.

Somente em 2002, o Brasil iniciou uma busca mais efetiva na abertura dos mercados com a Índia, a China e a Rússia.

Apenas citando um exemplo de pioneirismo e de visão empresarial, em 1989 o autor já viajara pela Harley Trading para a Índia, onde teve a oportunidade de vender quantidades importantes de resina de pínus, diversificando mercados e produtos, saindo naquela época dos tradicionais mercados do cone sul e dos produtos têxteis.

Comentando esse aspecto fundamental da capacidade e da necessidade de o Brasil buscar novos mercados e estar atento aos desafios da globalização, Luciano Coutinho (1995, p. 4, Caderno 2) comenta:

> *(...) o Brasil ficou enfraquecido na sua capacidade competitiva da indústria em todos os setores (...)*
>
> *(...) Para países em desenvolvimento, a globalização tende a apresentar mais riscos do que oportunidades. Mas, para evitar os riscos e agarrar as oportunidades, é preciso ter coesão, estratégia e Estado diferente.*

As exportações brasileiras não acompanharam a evolução das importações, devido principalmente ao chamado "custo Brasil".

Observa-se que as mudanças provocadas pela globalização afetaram e continuam afetando as empresas brasileiras (hoje talvez com menor intensidade), principalmente as micro, pequenas e médias, que têm capacidade de gestão geralmente limitada, devido a sua falta de possibilidade em competir com as grandes empresas, que possuem melhores condições para contratar profissionais qualificados.

Com a globalização da economia, a produtividade tornou-se um quesito muito importante e, levando em conta que a concorrência está cada vez mais acirrada, é evidente que as empresas locais, se quiserem continuar sobrevivendo, têm de buscar condições para serem competitivas; para isso, é preciso saber e poder competir com empresas internacionais e globalizadas que atuam no mercado brasileiro e no exterior. Para exemplificar, podemos citar o ditado popular que diz: "a melhor defesa é o ataque".

De fato, em termos gerais e mercadológicos, as empresas mais agressivas têm tido melhores desempenhos e condições de sobreviver, até porque procuram sair na frente, buscando novas alternativas.

Na realidade, o que defenderemos durante todo o livro é a necessidade de as empresas, o País e as pessoas acordarem para a verdadeira batalha que deve ser travada no mundo globalizado, que é a necessidade de exportarmos, para melhorar nosso desenvolvimento e qualidade de vida.

Com base nesse contexto, surge o que se pretende discutir com detalhes neste livro – marketing internacional: uma estratégia empresarial.

Reflexões

1. *Discuta quais foram as vantagens e as desvantagens da globalização na sua vida.*
2. *Tente fazer o mesmo, perguntando à pessoa mais velha de sua família, por exemplo, avô, avó, tio, tia, ou mesmo seus pais.*
3. *Discuta como a globalização poderá ser humanizada.*
4. *Certos países do Oriente não possuem autorização dos Estados Unidos para usar alguns programas de computador. O que seria de nós, hoje, se não pudéssemos utilizar um simples programa como o Windows?*

Capítulo 3
Marketing

Objetivo Este capítulo tem por objetivo proporcionar ao leitor um preâmbulo histórico do surgimento do marketing e uma visão genérica dos seus conceitos e aplicações, desmistificando a idéia de que só pode ser aplicado por grandes empresas. Trata dos elementos fundamentais do mix de marketing, inovando na conceituação do quinto "P". Este capítulo também prepara o leitor para entender e aplicar esses conceitos universais de marketing nas atividades do comércio internacional e também apresenta o marketing global e a empresa global.

Palavras-Chave Marketing, Elementos Fundamentais do Mix de Marketing.

Assim como os conceitos de economia e globalização, o conceito de marketing tem cada vez mais importância, tendo em vista, principalmente, a crescente competitividade entre os mercados e as empresas.

Na realidade, a função de mercador é uma das mais antigas profissões do ser humano. Entretanto o marketing como ciência é ainda relativamente novo.

Nas últimas décadas, o marketing sofreu sensíveis mudanças e acabou por ocupar um lugar de destaque na ciência da administração. Os cursos de administração que priorizam o estudo do marketing são cada vez mais procurados pelos candidatos a uma vaga nas universidades.

À medida que o mundo se torna mais interligado, sobretudo com o fenômeno da globalização, fica mais evidente a importância do marketing no processo de gestão das empresas e mesmo entre as pessoas e os países; assim, é comum falarmos atualmente em marketing pessoal, marketing político e marketing das nações, pois não só as empresas necessitam do marketing como também os países e as pessoas.

Um dos principais – se não o primordial autor de marketing em nível mundial, Philip Kotler (1996, p. 24), destaca os seguintes conceitos centrais do marketing: "É um processo social e gerencial pelo qual indivíduos e grupos obtêm o que necessitam e desejam através da criação, oferta e troca de produtos de valor com outros".

Kotler (idem, p. 26) esclarece que:

> *Essa definição de marketing fundamenta-se nos seguintes conceitos centrais: necessidades, desejos e demandas; produtos; valor, custo e satisfação; troca, transações e relacionamentos; marketing e praticantes de marketing.*

Ressalta que uma das funções principais do marketing é:

> *(...) identificar necessidades e desejos não-satisfeitos, determinar a que mercado-alvo a organização pode atender melhor, lançar produtos, serviços e programas apropriados para atender a esses mercados e pedir às pessoas da empresa que 'pensem e sirvam o cliente'. (...) O verdadeiro marketing, porém, não é a arte de vender o que se produz, mas o que deve ser produzido. (...) pensamento orientado para o mercado, é uma necessidade no mundo competitivo de hoje, pois há muitos bens à procura de poucos clientes.*

O marketing moderno evoluiu de um simples processo para uma filosofia de gestão empresarial; hoje, mais do que nunca, é uma das mais populares e envolventes disciplinas que o homem tem se dedicado a estudar.

Vivemos em um mundo de mudanças radicais que ocorrem tanto no meio ambiente em que a empresa atua, como no ambiente particular, nos hábitos de compra do consumidor.

Para que a empresa possa obter vanguarda em qualquer mercado, devemos buscar a satisfação dos clientes e a manutenção de sua fidelidade, pois esse é o ponto-chave da rentabilidade e da competitividade.

Nesse contexto, Marcos Cobra (1992, p. 21) destaca, em uma de suas citações mais relevantes sobre a importância e abrangência do marketing: "Marketing é mais do que uma forma de sentir o mercado e adaptar produtos ou serviços – é um compromisso com a busca da qualidade de vida das pessoas..."

De fato, a filosofia central do marketing deve ser baseada na satisfação das necessidades e dos desejos do consumidor. Como conseqüência natural dessa atuação, a empresa consegue obter lucro.

Por outro lado, é inegável que, buscando satisfazer às necessidades e aos desejos dos consumidores, desenvolvendo novos produtos, o marketing está, na realidade, melhorando a qualidade de vida das pessoas. O que seria de nós se não pudéssemos ter uma geladeira ou um *freezer*? Imaginemos um automóvel sem ar-condicionado nos dias de calor e trânsito intenso das grandes cidades.

Com efeito, o marketing, ao satisfazer a desejos e necessidades do consumidor, teria como conseqüência a geração de lucros para as empresas e melhoria da qualidade de vida das pessoas, pois é uma ciência cada vez mais inserida no seu cotidiano e, portanto, sofre as mutações desse cotidiano.

Assim, uma empresa sempre atua em um ambiente dinâmico e em constante mudança. Poder acompanhar essas mudanças passa a ser o grande desafio do marketing e do profissional que com ele atua.

Tendo em vista a diversidade, as mudanças, a forma de atuar e encarar o marketing, a American Marketing Association (AMA), a mais conceituada e conhecida associação internacional de profissionais de marketing, há quase três décadas, definiu-o como: o desempenho de atividades comerciais que direcionam o fluxo de bens e serviços do produtor ao consumidor ou usuário.

Essa definição padronizou o entendimento do que é marketing mas, com o passar do tempo, ficou limitada; desde então, muitos autores têm dedicado seu tempo para definir e aperfeiçoar essas definições que, hoje, já são inúmeras.

Outro bom exemplo é a definição de Boone e Kurtz (1998, p. 6), que completa o raciocínio de que as definições de marketing têm sido numerosas: "Peça para cinco pessoas para definirem marketing e provavelmente serão dadas cinco definições diversas. Devido à contínua exposição à propaganda e à venda pessoal, a maioria das pessoas tende a vincular marketing à venda".

Com base nessa premissa, circula, entre alguns profissionais de marketing, um adágio popular que diz: "De médico, louco, técnico de futebol, entendedor de economia e de marketing todo mundo tem um pouco".

Na realidade, o conceito de marketing tornou-se popular nas últimas décadas, sendo comum vinculá-lo às vendas. O que ocorre, de fato, é que o grande público o identifica mais comumente como parte das vendas ou da propaganda, mas na realidade ambas são partes integrantes dele, constituindo-se em ferramentas das mais importantes.

A filosofia central do marketing é realmente bastante antiga. O ser humano já o praticava antes mesmo de ter consciência disso; somente nas duas últimas décadas, com a utilização maciça da propaganda, é que seu conceito tornou-se mais amplo aos olhos da opinião pública.

O marketing é muito mais do que um processo de vendas: aproxima-se muito mais de uma estratégia.

O marketing faz parte do nosso dia-a-dia; em verdade, é um composto grupo harmonioso e bem estruturado de técnicas, ferramentas e principalmente de estratégias, que devem ser usadas com criatividade e astúcia, para atender a uma dicotomia: visar à maximização do lucro, com a plena satisfação do consumidor.

Realmente se torna um trabalho difícil atender a essas duas principais vertentes e, por princípio, o consumidor sempre pretende comprar um produto pelo preço mais barato possível, ao passo que o vendedor quer vendê-lo pelo preço mais caro que conseguir, com o objetivo de maior lucro.

Por outro lado, a maioria das pessoas que, por alguma razão, teve maior contato com a propaganda, tende a pensar que o marketing faz parte dela, quando, na verdade, é exatamente o contrário: a propaganda é apenas uma parte do marketing, uma das ferramentas do composto de marketing, formando parte integrante dos elementos fundamentais do mix de marketing, os quatros Ps.

O marketing evoluiu de forma audaciosa, principalmente nos últimos anos, quando pudemos sentir uma infinidade de mudanças; o marketing, seus estudiosos, as empresas, os consumidores e os mercados têm mudado radicalmente. Atualmente falamos de marketing global ao mesmo tempo em que falamos do outro extremo, o marketing de nichos.

Como encarar e atuar essa diversidade extremada entre uma técnica de marketing massivo, ao mesmo tempo em que se necessita atuar no marketing pessoal ou de pequenos grupos de consumidores?

Devido a essa diversidade de opiniões e a esse estímulo que o próprio marketing fornece aos indivíduos, a AMA, em 1985, criou outra definição mais abrangente, enfocando aspectos esquecidos na sua primeira padronização, e assim o definiu: "É o processo de planejamento e execução desde a concepção, preço, promoção e distribuição de idéias, bens e serviços, organizações e eventos para criar trocas que venham satisfazer a objetivos individuais e organizacionais".

Boone e Kurtz (1998, p. 6) completam:

O conceito aplicado de marketing permeia todas as funções da organização. Supõe que o esforço de marketing continue de acordo com as práticas éticas e que promova efetivamente o bem-estar tanto da sociedade quanto da organização. Identifica também as variáveis de marketing – produto, preço, propaganda/promoção e ponto de distribuição que o especialista de marketing administra para proporcionar satisfação ao cliente.

Podemos, então, repensar o marketing como filosofia empresarial, quando ele "permeia todas as funções da organização".

Nessa afirmação, encontramos a sua riqueza e a sua abrangência; o marketing transcende os aspectos sistêmicos da organização, passando a ser uma ferramenta fundamental e estratégica. Passou a ser a própria razão de ser das empresas.

O marketing assumiu um papel indispensável no mundo moderno e globalizado em que vivemos e evoluiu do simples uso de técnicas para escoar a produção e melhorar as vendas para uma filosofia empresarial que busca mais do que atender a necessidades e desejos – procura principalmente encantar o cliente.

É com essa filosofia de encantamento dos clientes, mantendo um relacionamento próximo, que o profissional de marketing deve atuar para preparar a empresa e atender às novas e crescentes necessidades dos seus consumidores. É desse modo que o marketing melhora a qualidade de vida das pessoas, sem deixar de lado o aspecto empresarial do lucro; atendendo de maneira apropriada o consumidor, o lucro passa a ser uma conseqüência de um trabalho bem-feito.

O marketing caminhou rapidamente da simples filosofia voltada para resolver a produção em excesso, até ser uma filosofia de gestão empresarial. Partiu do marketing da produção ao marketing estratégico. É tão dinâmico e rico que suas mais variadas definições, na realidade, não chegam a traduzir toda a sua importância.

Las Casas (1994, p. 28) assim o define:

Marketing é a área do conhecimento que engloba todas as atividades concernentes às relações de troca, orientadas para a satisfação dos desejos e necessidades dos consumidores, visando alcançar determinados objetivos de empresas ou indivíduos e considerando sempre o meio ambiente de atuação e o impacto que essas relações causam no bem-estar da sociedade.

Nessa definição pode-se verificar a amplitude da atuação do marketing e dos profissionais que com ele trabalham.

Com essa visão, Las Casas (1994, p. 28) destaca que o marketing tem os seguintes componentes principais:

- *Todas as atividades concernentes às relações de troca.*

- *Relações de troca orientadas para a satisfação dos desejos e necessidades.*
- *Para alcançar determinados objetivos de empresas ou indivíduos.*
- *Considerando o meio ambiente de atuação.*
- *Considerando o impacto que essas relações causam no bem-estar da sociedade.*

Por outro lado, Kotler (1996, p. 51), comentando as origens do marketing, afirma:

> *O marketing tem suas origens no fato de que o homem é uma criatura com necessidades e desejos, que criam um estado de desconforto para ele e que se resolve através da aquisição de objetos que possam satisfazê-los, chamados de produtos, que são obtidos por diversas formas: autoprodução, coerção, súplica e troca.*
>
> *O mercado é uma arena para estas trocas em potencial e o marketing elabora todas aquelas atividades que representam o trabalho através de mercados, isto é, a tentativa de realizar trocas em potencial. Enfim, marketing é o processo de escolha dos mercados em que se deve atuar, dos produtos a oferecer, dos preços a cobrar, da distribuição a utilizar e das mensagens a enviar.*

3.1 Evoluções da Filosofia de Aplicação do Marketing ao Longo do Tempo

Embora seja uma disciplina relativamente nova, a atuação do embrião do profissional de marketing, digamos assim, já existia há muito tempo.

Na realidade, o marketing, como técnica ou como ciência, foi efetivamente estruturado da metade do século passado em diante.

Nos tópicos que se seguem, procuramos resgatar um pouco das filosofias de produção e vendas e suas respectivas estratégias que, na realidade, foram as precursoras das técnicas de marketing.

Assim, podemos dividir e separar cada etapa da evolução do conceito e da filosofia do marketing, através dos tempos recentes: em filosofia de produção, filosofia de vendas, filosofia do departamento de marketing, filosofia do conceito de marketing e filosofia do marketing global – surgida após a proliferação e o crescimento espantoso de empresas, antes chamadas multinacionais e que, devido ao fato da globalização, incrementaram suas atividades em várias partes do mundo, tornando-se empresas globais; daí o surgimento, como inovação didática, do termo marketing global. Os aspectos conceituais do marketing global e marketing internacional serão mais bem explorados nos Capítulos 5 e 6.

Portanto, as etapas que vamos descrever a seguir dizem respeito às fases em que o marketing foi evoluindo e posteriormente consolidando-se, desde a forma embrionária até a que hoje o conhecemos.

3.1.1 Filosofia da produção

Em princípio, quando da invenção da linha de montagem por Ford, as empresas produtoras de bens estavam apenas preocupadas em produzir em larga escala, pois, naquela época, havia uma demanda potencial reprimida. Com o tempo, além do revolucionário processo de produção baseado na linha de montagem de Ford, em que o automóvel é que andava, enquanto os operários ficavam parados, fazendo operações padronizadas e repetitivas, outra filosofia de Ford foi disseminada entre as empresas: pagar bem aos seus funcionários para que pudessem comprar os produtos que eles próprios fabricavam. Com isso, a base de compradores de produtos industriais foi aumentando gradativamente. As empresas, nessa fase, só estavam interessadas em produzir mais e mais, tendo em vista o aumento de consumo.

A filosofia de produção teve início no final do século XIX, quando da Revolução Industrial: o mercado já estava descentralizado e foi criada a maioria dos centros atacadistas e de distribuição, como vimos anteriormente. Nessa época, a ênfase era para a produção, ou seja, o que importava era produzir maciçamente, com quantidades para satisfazer à demanda, que era cada vez maior. Os estoques eram altos, devido também ao pouco valor agregado à maioria dos produtos. Assim, com o aumento da produção, logo houve um problema: como vender essa produção que muitas vezes passou a sobrar?

A filosofia generalista imperava: desenvolva um bom produto, que ele, por si só, era capaz de ser vendido. O foco era produzir o mais possível, não importando o que o cliente necessitava ou tinha vontade de comprar. Essa fase ficou célebre na afirmativa de Henry Ford: "Você pode comprar o carro que quiser, desde que seja um Ford modelo T, na cor preta".

Ou seja, naquela época o comprador não dispunha de opções e teria de consumir o que o mercado lhe oferecia.

Ora, o ser humano quer sempre melhorar seu padrão de vida, ter escolhas ao efetuar uma compra. Sem dúvida, essa fase teria vida curta; não se pode pretender dar ao consumidor produtos para os quais ele não possa ter escolha por muito tempo. Essa fase foi importante, pois redimensionou a produção em escala e mostrou aos administradores que era possível produzir em grande escala mas com pequenos lucros unitários que, no final, remunerava o investidor de forma satisfatória.

Todos sabemos que foi Henry Ford quem sistematizou definitivamente o sistema de produção com uma linha de montagem, no qual a principal diferença dos modelos vigentes na época era que o produto a ser fabricado "andava" sobre uma esteira e o operário ficava parado, dando-lhe mais conforto e produtividade.

3.1.2 Filosofia de vendas

Com a produção cada vez mais crescente, mas com uma filosofia de produção que não focava o consumidor, tornou-se imperativa uma mudança na filosofia de produção e de vendas.

No início da década de 1920, havia uma importante quantidade de produtos sendo desenvolvidos e os estoques foram aumentando de maneira descontrolada. Surgiram então alguns problemas de vendas e nem todos os produtos eram vendidos com tanta facilidade.

O consumidor já se mostrava mais crítico, com vontade de escolher. As vendas, portanto, tornaram-se mais complexas. Isso era uma conseqüência da tecnologia de produção em massa criada pela Revolução Industrial, que fabricava produtos não-diferenciados em quantidades maiores do que o mercado conseguia absorver. Desse modo, formaram-se excedentes de produção e, com o aumento da renda da classe operária e da própria burguesia, as empresas foram levadas a focar seus esforços nas vendas desses produtos.

Assim surgiu a importância das vendas em detrimento da área de produção. Nessa época, as campanhas publicitárias foram popularizadas, principalmente nos Estados Unidos e na Europa, que buscavam encontrar novos clientes e persuadir os que se negavam a consumir a maioria dos produtos então fabricados.

Entretanto a filosofia de vendas foi uma evolução natural da filosofia de produção; não havia nas empresas forças unificadoras com capacidade de integrar as atividades de vendas e a atividade de produção.

Na realidade, não havia vendedores preparados para as vendas, e sim vendedores que estavam acostumados a ser apenas profissionais "tiradores de pedidos". Nessa época, as funções de vendas estavam subordinadas às de produção ou de engenharia. Em verdade, os vendedores não estavam acostumados a buscar a satisfação das necessidades dos clientes, apenas lhes ofereciam mercadorias que a produção fabricava, e pensavam estar interpretando os seus anseios.

Claro é que, com a evolução da burguesia e da sofisticação dos consumidores, a filosofia de vendas esgotou-se em si mesma.

Nessa fase, a venda é importante para cumprir cotas; as pressões sobre descontos e bonificações são grandes. O lucro por unidade vendida passa a ser secundário. O importante é vender. Esse é o típico raciocínio de um gerente de vendas ultrapassado, para o qual atingir cotas é mais importante do que vender produtos com maior participação do lucro das empresas.

3.1.3 Filosofia do departamento de marketing

A partir do momento em que a oferta de produtos continuava em alta, a procura era inferior a essa oferta e os consumidores passavam a ter gostos mais apurados, as empresas se deram conta de que algo de novo devia ser feito.

Em 1929, veio a grande crise mundial, com a queda da Bolsa de Valores de Nova York, que levou o mundo a uma grande recessão.

Muitas empresas no início dos anos 30 perceberam então a necessidade de uma nova filosofia de gestão empresarial que englobasse a produção, a pesquisa de aquisição e de vendas, além de um planejamento global e principalmente de vendas.

Entretanto, do mesmo modo que aconteceu na fase da filosofia de vendas, o enfoque ainda era encontrar clientes e vender produtos, em vez de analisar as necessidades e os desejos dos consumidores e procurar satisfazê-los.

Nesse cenário, o marketing ainda era encarado como uma inovação que alguns queriam impor às empresas; era dispendioso e pouco conhecido. Com o passar do tempo, as empresas notaram que algumas campanhas publicitárias funcionavam e os departamentos de marketing foram proliferando nas empresas. O marketing, aos poucos, era encarado como uma filosofia necessária.

3.1.4 Filosofia do conceito de marketing

A partir de 1950, eram crescentes os ganhos de produtividade na indústria, principalmente nos Estados Unidos e na Europa; a inovação dos departamentos de marketing já surtia algum efeito. Entretanto, havia uma queda importante da renda da maioria da população, ainda como reflexo da crise de 1929 e da Segunda Guerra Mundial.

Essa crise fez com que os estudiosos sobre vendas, que na sua maioria eram engenheiros que se dedicavam à administração das vendas, pensassem em uma nova filosofia do pós-guerra e aplicassem as novas tendências do marketing, que acabava de surgir. Entretanto, o marketing era encarado apenas como mais um departamento dentro da empresa.

A filosofia do departamento de marketing visava apenas satisfazer às necessidades e aos desejos dos clientes e, como conseqüência, estaria satisfazendo aos anseios de lucro das empresas. Dessa forma, estava sendo criado o chamado *conceito de marketing* – uma filosofia mais abrangente de atender ao consumidor da época.

Assim, Sandhusen (1998, p. 15) destaca que:

> *O chamado Conceito de Marketing difere dos anteriores de várias maneiras significativas:*
>
> *1) Define a missão da empresa em termos dos benefícios e das satisfações que oferece, em vez de em termos dos produtos que faz e vende.*
>
> *2) Enfatiza a comunicação bilateral para identificar as necessidades do cliente e depois desenvolve e põe produtos no mercado para satisfazer a essas necessidades. A ênfase na comunicação unilateral para persuadir as pessoas a comprarem produtos já fabricados ficou no passado.*
>
> *3) Enfatiza o planejamento tanto em longo prazo quanto em curto prazo, para obtenção de lucros ao satisfazer as necessidades do cliente; o foco exclusivo no planejamento em curto prazo para alcançar os objetivos do volume de vendas ficou no passado.*
>
> *4) Enfatiza uma total integração do sistema de todos os departamentos para alcançar as metas de lucros; o foco exclusivo nos esforços dos departamentos individuais e da força de vendas ficou no passado. De fato o marketing tem sido um dos fatores de maior integração sistêmica das organizações; com a aplicação do conceito moderno de marketing, as empresas necessariamente precisam ter um sistema de comunicação eficiente, tanto para o seu público interno, como para seus clientes, fornecedores e demais públicos. Nesse sentido as rápidas e constantes mudanças no campo da informática muito colaboram para o pleno desenvolvimento do marketing.*

Por outro lado, o autor brasileiro Marcos Cobra (1992, p. 33) destaca esse e outros aspectos, citando Levitt:

> *Segundo Theodore Levitt, há um contraste entre a administração orientada por vendas e a orientada por marketing:*
>
> *Quando o foco é vendas, objetiva-se satisfazer às necessidades do vendedor; em Marketing objetiva-se satisfazer às necessidades do consumidor/comprador.*

A admirável construção dessa frase define, claramente, a diferença existente entre a filosofia de um vendedor e a filosofia de um profissional de marketing.

Uma empresa que tenha um departamento de marketing bem estruturado deve possuir integração e boa rede de comunicação interna e externa, como fatores preponderantes para poder ter um banco de dados atualizado e útil. Um dos mais importantes sistemas de informação colocado à disposição do profissional de marketing é o Sistema de Informação de Marketing (SIM).

Na realidade o SIM está diretamente ligado aos sistemas de informação da empresa, por meio da alimentação eficiente de dados.

A pesquisa de mercado, com seus resultados, faz parte importante do SIM. Por outro lado, vendedores, representantes e profissionais que atuam diretamente com os clientes são responsáveis por importante parte dos *inputs* do sistema de informação de marketing.

Sem um sistema de informação atualizado, o marketing perde um dos seus principais sustentáculos, que é a informação correta.

A pesquisa de mercado tem importância vital para as empresas e é uma das ferramentas que tem como objetivo prover a empresa de informações atualizadas e prever as futuras tendências.

Nesse sentido, a pesquisa de mercado assume uma importância tão significativa dentro do marketing que, na maioria dos casos, contratam-se empresas especializadas para elaborar uma pesquisa mercadológica.

A pesquisa de mercado tem sido usada de maneira cada vez mais intensa por empresas, empresários e até políticos.

Por sua grande importância como um dos suportes do marketing, a pesquisa de mercado merece um capítulo à parte que, devido ao escopo deste trabalho, não pôde ser realizado.

3.1.5 Principais diferenças entre a filosofia de vendas e a de marketing

A frase de Theodoro Levitt citada anteriormente por si só já seria capaz de separar o grande fosso que existe entre a filosofia de vendas e a filosofia de marketing. Entretanto vamos citar algumas dessas diferenças no quadro a seguir, para que o leitor tenha maior fixação.

3.1.6 Filosofia do marketing global

A última década do século XX foi marcada por grandes transformações; a bipolarização política acabou, não há mais a guerra fria, os mercados aproximaram-se de forma nunca antes imaginada. A filosofia do marketing global surgiu depois que a maioria das empresas americanas se internacionalizou e passou a ser chamada multinacional; em uma evolução natural, as empresas multinacionais passaram a ser orientadas como empresas globais, devido à sua atuação em vários países, desenvolvendo produtos que poderiam ser comprados por consumidores de diferentes partes do planeta.

VENDAS	MARKETING
As vendas são encaradas como forma de cumprir cotas. Existe forte pressão para descontos e bonificações. O lucro passa a ser secundário.	O marketing planeja o lucro dentro de determinado volume de vendas.
Existe pouca atenção para a venda de produtos com melhores lucros. A venda é linear e não existe a atenção para fazê-la a clientes que tenham a possibilidade de pagar preços mais caros do que os normais.	Vender um conjunto de produtos mais rentáveis para atingir um volume global com margens de rentabilidade maiores para as empresas e seus acionistas.
Os adeptos da filosofia de vendas pensam apenas no imediato em vez de pensar no futuro. Produtos e clientes apenas constituem-se em fonte de receitas.	A atenção é voltada para uma análise mais apurada do mercado, utilizam-se os conceitos de venda a longo prazo e o do PFOA (potencialidades, fragilidades, oportunidades e ameaças).
Em geral, os vendedores estão preocupados apenas com comissões e gratificações.	Os profissionais de marketing, ao contrário, estão preocupados com o desenvolvimento de estratégias que possibilitem maiores ganhos a longo prazo e melhor participação da empresa no mercado.
Não existe nenhum tipo de preocupação com planos ou estratégias, somente com ações imediatas.	Conceitos de atuação em segmentos específicos e nichos de mercado são utilizados para buscar maior rentabilidade para a empresa.
Os vendedores apenas se preocupam com os preços da concorrência.	Os profissionais atuam como negociadores, procurando demonstrar as vantagens da compra de seus produtos. Pensam estrategicamente.

Eis algumas das características do marketing global:

- Grande tendência na liberdade de comércio em âmbito mundial.
- Padronização de produtos, idéias e mercados.
- Estamos praticando o marketing global?
- O que é preciso fazer para ser global? Quando uma empresa se torna global?

Existe grande diferença entre uma empresa pensar globalmente e ser global. Ser global significa estar presente em grande parte dos países do mundo. Agir e pensar globalmente é uma filosofia que tem por objetivo atender a necessidades e desejos dos clientes de todo o globo.

Vejamos o que nos ensinava Kotler (1998, p. 435), na última década do século XX:

> *Os anos 90 assinalaram a primeira vez em que as empresas de todo o mundo tiveram de pensar em termos globais. O tempo e a distância diminuíram rapidamente com o advento das comunicações e transportes mais eficientes e dos fluxos financeiros. Produtos desenvolvidos em um país encontram grande aceitação em outros.*

Na verdade, muitas empresas já desenvolvem atividades internacionais há décadas. A Coca-Cola, a IBM, a Kodak, a Nestlé, a Shell, a Bayer, a Toshiba, a Sony e outras empresas de grande porte são conhecidas da maioria dos consumidores de todo o mundo. Mas atualmente a concorrência global vem se intensificando. Empresas estrangeiras expandem-se agressivamente em novos mercados internacionais, pois em muitos casos os mercados internos já não oferecem oportunidades tão ricas e estimulantes. Nesse ponto, a empresa, que já tinha importante presença internacional, torna-se global não só porque está presente em grande parte do mundo, como principalmente porque tem uma filosofia de atendimento das necessidades dos clientes de quase toda parte do mundo.

Mas uma pequena empresa do Brasil, da Índia ou da Suíça, que nunca exportou, não pode se tornar global como em um passe de mágica. Além disso, muitas empresas domésticas que jamais pensaram em ter concorrentes estrangeiros, de repente, encontraram no próprio "quintal" as conhecidas empresas globalizadas.

Empresas que não se internacionalizam, que pensam não ser seguro expandir para o mercado internacional, na maioria das vezes, não só perdem a chance de entrar em mercados rentáveis e interessantes como também se arriscam a perder seu mercado interno, ficam atrofiadas ou, parafraseando Theodore Levitt, tornam-se míopes de mercado.

De fato, o mundo ficou pequeno e as distâncias foram encurtadas com o barateamento dos custos de transporte, os quais já não são barreiras eficientes para que o "ataque" de concorrentes situados do outro lado do mundo seja efetivado. Antigamente, exportar mercadorias como geladeiras, fogões etc. era caro devido ao grande volume físico desses eletrodomésticos e costumava-se dizer que "se exportava ar"; hoje, esses produtos são exportados desmontados, diminuindo, assim, o custo do transporte internacional; verifica-se freqüentemente a concorrência internacional das chamadas empresas fabricantes da linha branca, competindo de igual para igual com seus concorrentes distantes.

A exportação de carros e outros produtos também foi viabilizada com os famosos navios "Ro-Ro" (*Roll-on Roll-off*) e ainda pelo sistema CKD (*Completely Knocked Down*): que viajam desmontados e são montados no destino.

Dessa forma, a globalização da economia fez com que as empresas tivessem de praticar o marketing global, muitas vezes padronizado e linear. Essa padronização diminui custos e aumenta a competitividade.

Em contrapartida ao mercado global e padronizado, surge o mercado diferenciado, que deve ser explorado com competência por empresas locais.

Enquanto as empresas globais buscam cada vez mais produtividade, redução de custos e lucros proporcionalmente menores em cada unidade produzida, surge a oportunidade mercadológica de exploração de segmentos pequenos e lucrativos, que somente as empresas locais e com eficácia mercadológica, altamente comprometidas com os seus consumidores, podem identificar e explorar – os chamados nichos de mercado.

3.2 Empresa Global

Mas, afinal, o que significa ser uma empresa global? Como e de onde ela surgiu?

Evidentemente, o próprio nome sugere ser aquela que atua em âmbito mundial, buscando vantagens decorrentes da própria globalização da economia.

Entretanto é fundamental saber que, para uma empresa ser global e, portanto, atuar em vários mercados do mundo, antes de tudo, como comentamos anteriormente, precisa se internacionalizar, ter necessariamente experiências e participação efetiva em mercados internacionais – logo, precisa praticar a exportação e a importação.

Na realidade, uma empresa global seria aquela que opera em vários países. Seria. É a evolução natural das empresas multinacionais que no passado formaram as empresas internacionais. Assim, teoricamente, as empresas internacionais (que atuavam em mais de dois países) evoluíram para empresas multinacionais (que atuavam em vários países do mundo) e, finalmente, para empresas globais, que atuam na maioria dos países. Alguns autores ainda colocam que, para uma empresa ser global, além de ter presença em vários mercados mundiais, deve atuar nesses diversos países com relativa padronização de produtos, como forma de adquirir vantagem competitiva.

Portanto, é necessário e importante saber distinguir uma empresa internacional de uma empresa multinacional e esta de uma empresa com atuação global.

O mercado editorial brasileiro tem recebido, nos últimos anos, uma quantidade importante de obras, principalmente de origem americana, que tratam e confundem o marketing internacional com o marketing global. Essas obras defendem a teoria do marketing global sem levar em conta que, antes de ser global, uma empresa deve ser internacional. Ainda existe um agravante: todas as teorias são formuladas a partir de modelos e experiências de empresas tipicamente americanas e com bastante experiência nos mercados internacionais.

Ora, para uma empresa americana, européia, japonesa ou coreana, que já possui considerável presença em importantes mercados do mundo, é relativamente fácil transformar-se de internacional ou multinacional para empresa global.

Nesse aspecto, temos a intenção de passar ao leitor uma visão da realidade brasileira e latino-americana do comportamento das empresas no mercado internacional. Sejamos realistas: quantas empresas de origem brasileira podem ser consideradas globais?

Nosso grande desafio, atualmente, não é transformar uma empresa brasileira em empresa global, como se isso fosse possível; antes, necessitamos aprender como transformar uma empresa regional, ou nacional, que aqui foi criada e que começou como um pequeno negócio, em uma empresa internacional, para depois podermos alcançar o mercado global.

Ainda contamos com pouca massa crítica na área de comércio internacional. As empresas instaladas no Brasil tratam o mercado internacional, na maioria dos casos, como uma saída para as crises do mercado interno. Nosso comércio exterior é ainda muito burocratizado e fragmentado na sua gestão. Vários órgãos interferem de maneira negativa e burocrática nas exportações e importações, apesar da existência do Sicomex, um dos melhores e mais avançados sistemas eletrônicos de comércio exterior do mundo.

Quais seriam os passos e as atitudes necessárias para transformar uma empresa de pequeno ou médio porte em uma empresa internacional?

É isso que pretendemos discutir ao longo deste livro; entretanto é necessário alertar o leitor sobre grande diferença entre uma empresa global e uma empresa nacional ou mesmo uma empresa internacional.

Muitos autores defendem e incentivam a filosofia do marketing global, esquecendo-se de que, para ser global, é necessário cumprir etapas, e a primeira delas é iniciar a empresa na atividade exportadora.

Uma empresa internacionaliza-se quando atua em mercados internacionais, importando mas, principalmente, exportando.

Lembra-se da famosa expressão "empresa multinacional"? Uma empresa desse tipo, como o próprio nome indica, é a que tem presença em vários mercados internacionais. Alguns autores modificaram a abordagem e criaram o conceito de empresas transnacionais.

Empresa multinacional, de acordo com o conceito popular e mais difundido, é a que, além de ser internacionalizada, opera em múltiplos países. As empresas multinacionais obtiveram bastante notoriedade entre as décadas de 1960 e 1990, quando, para alguns analistas nacionalistas, eram as grandes vilãs dos problemas de diversos países subdesenvolvidos.

Hoje, a grande culpada pela maioria dos problemas que está ocorrendo em alguns países é justamente a globalização e, por tabela, as empresas globalizadas. Portanto, apenas foi mudado o foco das críticas das empresas multinacionais para as empresas globais.

De fato, em alguns casos, os males da globalização passam a ser de grande importância para determinadas economias. Em alguns países, uma empresa global é tão poderosa em termos de faturamento, atuando muitas vezes como monopólio, que pode abalar a economia desse país.

Exemplo disso são a indústria de química fina e a indústria farmacêutica, que foram incorporadas uma à outra, de modo a atuarem de forma monopolizadora, gerando grandes prejuízos para a sociedade, ao vender remédios a preços extorsivos em muitos mercados.

Por outro lado, podemos teorizar, dizendo que a diferença fundamental entre a empresa multinacional e a globalizada é que aquela opera em vários países, mantendo diferentes formas de atuação nos mercados, agindo de acordo com as necessidades locais, procurando tirar maior proveito da produção local como um todo, buscando explorar as vantagens absolutas e comparativas que cada país possui, mas, fundamentalmente, vê cada mercado de acordo com as características próprias, respeitando as diferenças entre eles.

Em seu livro *Princípios de Marketing Global*, Keegan e Green (1999) fazem a explanação de sua teoria de marketing global com um enfoque interessante. Para explicar as orientações entre empresas internacionais, multinacionais e globais, teorizam sobre as orientações ou gestão administrativas, dividindo as empresas com atuação no mercado internacional como empresas etnocêntricas, policêntricas, regiocêntricas e geocêntricas.

De acordo com o conceito de empresas do tipo etnocêntrico, as operações de comércio exterior são vistas como secundárias para a empresa fabricante exportadora. São originadas em países que se consideram superiores e só enxergam o mercado internacional como semelhança ao mercado doméstico original. As estratégias, o marketing e os produtos são os mesmos comercializados no país de origem e o máximo que se permitem são pequenas alterações. É um exemplo típico de empresas que fabricam produtos testados e aprovados em seus mercados internos, mas que devem servir para qualquer mercado.

Empresas do tipo policêntricas são as que atuam de forma oposta à descrita anteriormente: cada empresa subsidiária ou filial deve desenvolver suas estratégias de marketing de acordo com as condições do local em que estão inseridas. Daí o termo policêntricas – com vários centros de decisão. Os produtos também podem ser um tanto diferentes, o que não se estende a toda a linha. Os autores mencionados defendem a idéia de que essas são as chamadas empresas tipicamente multinacionais.

Nas empresas do tipo regiocêntricas, a gestão é feita por regiões como, por exemplo, a do Mercosul ou da América Latina. Como esse tipo de gestão vê as regiões como singulares e, portanto, parecidas, desenvolvem estratégias únicas para todo o local escolhido. Normalmente a sede da decisão regional, e não a principal, fica em um dos países mais importantes da região. A gestão não tem autoridade para tomar atitudes mais ousadas sem consultar e submeter os projetos à matriz.

Citando um exemplo típico, a gestão da Ford para a América do Sul tem sede em São Paulo e seu vice-presidente para a América do Sul é o presidente da Ford do Brasil. As decisões, digamos, menos importantes, podem ser tomadas aqui. As decisões de maior vulto são tomadas em Dieburn (Estados Unidos), sede da Ford mundial.

A empresa do tipo geocêntrica é um misto da etnocêntrica e da policêntrica. Na sua gestão, o mundo é visto tanto com semelhanças como com diferenças em relação a países e mercados. Empresas com esse enfoque de gestão, segundo os autores, procuram desenvolver estratégias globais, com capacidade de responder a necessidades e desejos locais. Talvez esse tipo de gestão seja a mais completa e possa ser sintetizada como: pensar globalmente e agir localmente.

Cada mercado tem suas características; fazer marketing é tratar pessoas desiguais desigualmente. O ideal seria o marketing feito um a um; mas digamos que isso é impossível, embora seja o ideal de todo profissional da área.

Voltando ao foco das empresas globalizadas, na realidade, elas aprimoraram a forma de atuação das multinacionais. O que aconteceu foi que a grande maioria das empresas multinacionais se transformou em empresas globais. De que forma?

As empresas globais aproveitaram da onda de abertura econômica que se instalou pelo mundo com a política do liberalismo econômico das décadas de

1980 e 1990 e do processo de formação de blocos econômicos. Buscaram fabricar em diversos países partes e peças de determinado produto final, montando-o em vários países. Com essa visão de fabricar e montar aonde for mais conveniente e barato, as empresas globais vislumbram os vários mercados internacionais como um só, procurando tirar o máximo proveito do conceito de produtividade e de economia de escala e das vantagens comparativas, formulado, por David Ricardo, em 1818.

Na realidade, as empresas multinacionais fabricavam produtos distintos (alguns semelhantes) em diversos países. As globalizadas fabricam o mesmo produto em vários países, com partes e peças de origens diversas.

Para ilustrar esse raciocínio, Kotler e Armstrong (1998, p. 435) assim definem empresa global:

> *É aquela que, operando em mais de um país, obtém vantagens de marketing, de produção, de pesquisa e desenvolvimento e financeiras que não são disponíveis aos concorrentes domésticos. A empresa global vê o mundo como um único mercado – minimiza a importância de fronteiras nacionais e levanta capital, materiais e componentes originais, fabricando e comercializando os seus produtos em qualquer lugar onde possa fazer um bom trabalho. Por exemplo, a cabine do 'caminhão Mundial' da Ford é feita na Europa, e o chassis, na América do Norte. O caminhão é montado no Brasil e importado pelos Estados Unidos para ser vendido.*

Portanto, as empresas globais ganham vantagens planejando, operando e coordenando suas atividades em uma base mundial.

Percebe-se aí a importância crescente do marketing, que passa a ser muito mais do que uma simples aplicação globalizada. Na realidade, os grandes desafios impostos pela globalização da economia fazem com que o executivo de marketing tenha de buscar novas e diferenciadas aplicações do marketing global, usando cada vez mais astúcia e estratégia como forma de implementá-lo. Assim surge o marketing global e ao mesmo tempo estratégico.

Por outro lado, é preciso tirar proveito das falhas de cobertura mercadológica que as empresas globais deixam passar; aí surge a grande oportunidade para as pequenas e médias empresas de atuarem com um marketing diferenciado e em sintonia com os consumidores locais.

É preciso, portanto, inovar, diferenciar, tanto no marketing global como no marketing de nichos. Também, é necessário destacar que, dentro da evolução natural de encarar a filosofia do marketing, foram surgindo naturalmente outras facetas e outras abordagens: o marketing global de um lado, o segmentado e estratégico, de outro.

Mas qual seria a filosofia do marketing global e estratégico ao mesmo tempo? Vamos ver no próximo tópico.

3.3 Marketing Global *versus* Marketing Estratégico

Como dissemos, a disciplina de marketing é universal e seus conceitos podem ser aplicados em qualquer parte do mundo, evidentemente guardadas as devidas especificações locais. A globalização da economia transformou o mundo em uma verdadeira aldeia "pequena" e ao mesmo tempo interligada; as economias dos países cada vez mais estão conectadas e interdependentes umas das outras; as vantagens e as desvantagens da globalização chegam aos nossos lares de forma rápida e de certa forma incontroláveis.

Desse modo, é necessário que as empresas adotem uma política de marketing que seja ao mesmo tempo global e estratégica; uma filosofia ampla, que vise não só às vantagens apresentadas atualmente, como também à estratégica global e do futuro. Na realidade, o grande desafio do profissional de marketing de hoje situa-se em uma dicotomia entre o marketing globalizado e o marketing de nichos.

Conforme comentado anteriormente, para uma empresa atuar em um mercado globalizado, deve estar preparada, começando pela internacionalização, para depois evoluir naturalmente. Por isso a exportação é o primeiro e mais importante passo antes da internacionalização e da globalização.

Cabe aos governos criar políticas de comércio exterior condizentes com suas peculiaridades e incentivar as empresas a assumirem cada vez mais uma presença competitiva e participativa do mercado internacional.

Baseados nessa filosofia, transcrevemos o que nos ensinam Kotler e Armstrong (1998, p. 435):

> *Todos os governos realizam um programa de estímulo à exportação. A Dinamarca paga mais da metade do salário dos consultores de marketing para ajudar empresas dinamarquesas de pequeno e médio portes a começarem a exportar. Muitos países vão além disso, e subsidiam suas empresas, garantindo os custos preferenciais de terra e energia - chegam até mesmo a fornecer dinheiro diretamente para que elas possam cobrar preços mais baixos do que os concorrentes estrangeiros.*

Se esse tipo de ajuda ou subsídio para as empresas existe em grande parte do mundo, o marketing do futuro tende a ser global e estratégico. Global porque tem sido praticado por empresas globais, em mercados cada vez mais globalizados e estratégicos, pois cada vez mais os países estão se preocupando com suas pequenas e médias empresas, aplicando ferramentas estratégicas para incentivar suas exportações e aprimorar seu marketing, visando melhorar seu desempenho internacional e buscando mais divisas internacionais.

Se todos os governos realizam programas de estímulos à exportação e todos os países, na medida do possível, querem substituir suas importações por produtos locais, de que forma um país como o Brasil pode aumentar sua inserção no comércio internacional e exportar mais?

A resposta a essa pergunta seria: competitividade, qualidade, preço e profissionalismo, tendo em vista que o mercado internacional deve se configurar cada vez mais competitivo e acirrado.

Como um aviso para as empresas acomodadas e sem nenhuma intenção de buscar novos desafios, Kotler e Armstrong (1998, p. 436) comentam:

> *Como as empresas de todo o mundo estão se globalizando com grande velocidade, as empresas puramente domésticas pertencentes a setores globais têm de agir depressa para não perderem sua vez. Isto não significa que empresas de pequeno e médio portes devam operar em uma dezena de países para serem bem-sucedidas, mas podem pôr em prática uma estratégia de nichos globais.*

O mundo está se tornando menor e toda empresa, grande ou pequena, que opera em setores globais deve procurar conhecer e estabelecer seus mercados em níveis mundiais.

Os autores defendem a idéia de que uma empresa deve atuar em dois segmentos distintos, dependendo das circunstâncias e do meio ambiente em que está inserida:

- de forma global, usando a já tradicional estratégia de atuar em vários mercados globais; ou
- de forma que explore uma estratégia de marketing de nichos globais.

Fazendo essa colocação importante, tanto e principalmente para as pequenas e médias empresas, como também para este trabalho, alertamos que as empresas brasileiras, desde as pequenas e médias até as de grande porte, devem repensar sua forma de atuação para não necessariamente operarem de modo indiscriminado em vários mercados globais, a fim de serem competitivas e alcançarem o desenvolvimento, mas pensar na exportação e nos mercados externos globalizados como uma forma estratégica de melhorar sua competitividade.

Nesse aspecto, o tamanho da empresa não deve nem pode ser encarado como fator limitador para a sua atuação em mercados internacionais. Para adquirir competitividade e experiência, é preciso participar ativamente de mercados competitivos e disputados; é necessário praticar a teoria da curva da experiência, buscando atingir eficácia e competitividade.

Crianças também competem! Adultos da terceira idade também têm suas competições. As empresas devem seguir este rumo: competir é uma forma de estar se aprimorando e preparando-se para o mercado.

3.4 Elementos Fundamentais do Mix de Marketing

O marketing, como toda ciência, necessita de sistematizações para ser mais bem estudado e aplicado. Com o objetivo de sistematizar seu estudo, foram criadas algumas metodologias para melhor analisá-lo e entendê-lo. Os quatro Ps e os quatro As formam, entre outras sistematizações, assim como o PFOA – potencialidades, fragilidades, oportunidades e ameaças –, um conjunto importante de ferramentas de análise no estudo das chamadas variáveis controláveis do marketing.

3.4.1 Os quatro Ps

Os chamados quatro Ps (Produto, Preço, Propaganda/Promoção e Ponto de distribuição) foram sistematizados por E. J. McCarthy e definidos como as variáveis controláveis do mix ou do composto de marketing.

Essa classificação se deveu ao fato de a empresa e seus executivos poderem controlar essas variáveis, vendendo o produto que desejarem, ao preço por eles fixado, fazendo ou não propaganda e promoção e colocando o produto à venda em pontos escolhidos, ou seja, vendendo para quem desejarem. Nada impede que uma empresa possa praticar determinados preços, fazer determinadas promoções, distribuir em lojas exclusivas e lançar ou não seus produtos em determinados mercados; por isso são chamadas de variáveis controláveis.

Evidentemente, em uma sociedade moderna e competitiva como a vivida atualmente, existe um limite imposto pelo próprio mercado. Por exemplo, uma empresa está livre para fixar seus preços e nada impede que formule sua política de preços de forma independente e do modo mais conveniente. Mas, na realidade, a concorrência e o próprio consumidor atuam como regulador de preços.

3.4.2 O quinto P

A idéia do quinto P surgiu da importância e da mobilidade que o marketing oferece. Com o passar do tempo, alguns autores e professores comprovaram a tese de que o marketing é uma disciplina rica e dinâmica. Assim, foram aprimorando e acrescentando mais conceitos e sistematização para o seu estudo e daí surgiu a idéia de adicionar um quinto P para completar o mix de marketing: o *plus*, representado pela pós-venda, o algo mais que a empresa oferece, seja uma extensão de garantia, seja pelo "SAC" (Serviço de Atendimento ao Consumidor), entre outros serviços incorporados aos produtos. De fato, temos notado que cada vez é mais freqüente um serviço ou um "algo mais" vir agregado a um produto.

Exemplo típico disso é a prestação de serviços que passou a ser oferecida com outros serviços agregados; assim, quando você faz um seguro de automóveis na Porto Seguro, por exemplo, "recebe" de acessórios um serviço de chaveiro, socorro 24 horas e até encanador e eletricista para a sua casa. Evidentemente esse serviço embutido dentro de outro tem um custo pelo qual, na realidade, você talvez já esteja pagando.

Os cinco Ps, juntamente com os quatro Os e os quatro As, formam a estrutura básica do estudo do marketing. Esses cinco Ps podem ser definidos como um novo composto de marketing, e cada P, na verdade, engloba uma série de outros elementos que devem ser considerados como sua parte integrante, conforme é explicado na figura a seguir.

3.4.3 O novo composto do mix de marketing

A incorporação do quinto P forma o que batizamos de o novo composto de marketing, já explicitado na Figura 3.1.

Segundo defende a maioria dos autores e estudiosos de marketing, uma empresa só tem sucesso se aplicar com sinergia e coerência os elementos fundamentais do mix de marketing; nesse contexto, não devemos comercializar um produto popular com a utilização de um preço não-condizente com esse público ou usando alguma forma de propaganda de elite para ele.

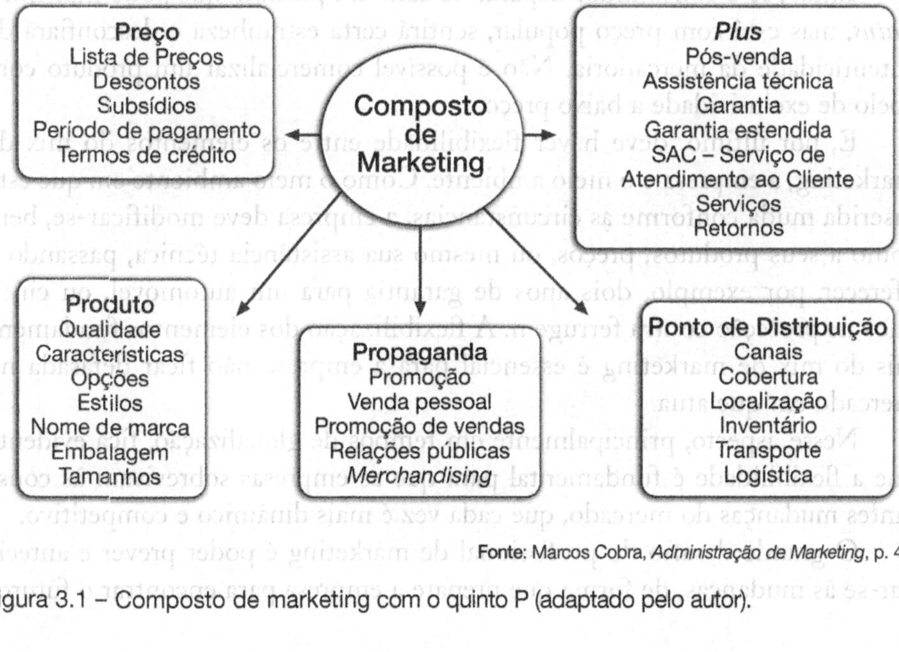

Fonte: Marcos Cobra, *Administração de Marketing*, p. 43.

Figura 3.1 – Composto de marketing com o quinto P (adaptado pelo autor).

A coerência entre os elementos fundamentais do mix de marketing tem de estar bastante clara; um produto com qualidade superior e que transmite certa dose de *status* como, por exemplo, uma caneta da marca Mont Blanc, jamais pode ser vendido em uma banca de camelô no centro da cidade nem ser anunciado em um jornal popular.

A coerência entre os elementos fundamentais do mix de marketing passa a ser fundamental para que a empresa disponha de uma administração de marketing eficiente.

Dessa forma, preço, distribuição, qualidade e a propaganda têm de seguir a mesma filosofia, de acordo com o posicionamento dos produtos no mercado e na mente do consumidor.

Além disso, também deve haver coerência entre os elementos do mix de marketing e os objetivos que a empresa deve conseguir. Assim, se uma empresa quer produzir e comercializar produtos com apelos mercadológicos de massa e obter lucros pelas quantidades vendidas, não deve fazer uma distribuição seletiva, e sim massiva.

Por exemplo, um produto com distribuição limitada, como um veículo da marca Audi, não deve ser promovido nem anunciado em um veículo de comunicação de apelo popular; por conseqüência, não podemos esperar que esse automóvel tenha um "consumo" popular, primeiro, porque o objetivo da empresa é fazer um automóvel que seja quase exclusivo e, por isso, seu preço mais elevado inibe ou quase o impede de ser comercializado de forma massiva.

Então, se o consumidor deparar-se com um produto que pode transmitir *status*, mas está com preço popular, sentirá certa estranheza e desconfiará da autenticidade da mercadoria. Não é possível comercializar um produto com apelo de exclusividade a baixo preço.

E, por último, deve haver flexibilidade entre os elementos do mix de marketing, a empresa e o meio ambiente. Como o meio ambiente em que está inserida muda conforme as circunstâncias, a empresa deve modificar-se, bem como a seus produtos, preços, ou mesmo sua assistência técnica, passando a oferecer, por exemplo, dois anos de garantia para um automóvel, ou cinco anos de proteção contra ferrugem. A flexibilização dos elementos fundamentais do mix de marketing é essencial para a empresa não ficar defasada no mercado em que atua.

Nesse aspecto, principalmente em tempos de globalização, fica evidente que a flexibilidade é fundamental para que as empresas sobrevivam às constantes mudanças do mercado, que cada vez é mais dinâmico e competitivo.

O grande desafio do profissional de marketing é poder prever e antecipar-se às mudanças, de forma que prepare a empresa para encontrar o futuro.

Quando o mercado muda, é necessário que a empresa flexibilize seu mix de marketing e também mude.

Podemos resumir simplesmente uma pregação do professor Raimar Richers, feita em seu livro *Surfando nas Ondas do Mercado* (1997, p. 25): "A empresa deve surfar nas ondas do mercado".

Surfar significa acompanhar o mercado, estar por cima das ondas do mar revolto que ele é, estar atualizado. Uma empresa e um profissional de marketing devem sempre estar "por cima das ondas do mercado".

Cabe ao profissional de marketing fazer com que os elementos fundamentais do mix de marketing – os cinco Ps – tenham coerência entre si. Ao mesmo tempo, a empresa, dentro desse foco, deve transmitir aos seus colaboradores a necessidade de todos terem uma visão sistêmica dos diversos departamentos ou divisões da empresa, para haver sincronia entre os objetivos estratégicos e os objetivos operacionais de cada setor.

Não pode haver dissociação entre os elementos fundamentais do mix de marketing e a visão sistêmica que a empresa deve ter de si mesma.

A visão sistêmica é o modo pelo qual as pessoas que trabalham em uma mesma empresa consideram-na como um todo, quando há uma visão de conjunto. Desse modo, a importância está na empresa inteira e não nos seus departamentos ou divisões.

A Figura 3.2 retrata os elementos fundamentais do mix de marketing e a visão sistêmica da empresa.

Segundo Cobra (1991, p. 41), existe uma interação entre uma organização e o meio ambiente interno e externo no qual está inserida, ou seja, o composto de marketing que são os quatro Ps e os quatro As.

3.5 Os Quatro As

Os quatro As, seguindo o exemplo dos quatro Ps, foram sistematizados pelo professor suíço, naturalizado brasileiro, Raimar Richers, um dos pioneiros no ensino de marketing no Brasil, na Fundação Getúlio Vargas, São Paulo, da qual é professor-fundador e onde atua até hoje.

Os chamados quatro As (análise, avaliação, adaptação e ativação) são, na verdade, ferramentas propostas para o entendimento da interação do marketing com seu meio ambiente. O profissional de marketing deve atuar para analisar e avaliar o mercado e suas implicações para a empresa, adaptar e ativar os produtos que eventualmente seus clientes precisem, satisfazendo a seus desejos e necessidades.

As variáveis controláveis do mix de marketing – os cinco Ps – contracenam com as variáveis de mercado, as chamadas variáveis incontroláveis, formando o meio ambiente de marketing, que é dividido em micro e macroambiente, conforme a Figura 3.2.

Integração entre os elementos fundamentais do mix de marketing e a empresa como um sistema

Deve existir coerência entre os elementos do mix de marketing da empresa
É necessário que exista coerência entre os elementos do mix de marketing e os objetivos da empresa
É importante que haja perfeita flexibilidade do mix de marketing quanto à dinâmica do ambiente, do mercado e da empresa
É importante saber que os vários departamentos de uma empresa devem ter atuação sistêmica

Figura 3.2 – Coerência entre os elementos do mix de marketing de uma empresa e a visão sistêmica.

3.6 Variáveis Controláveis e Incontroláveis do Marketing

Os precursores do marketing sistematizaram o que se convencionou chamar de variáveis controláveis e variáveis incontroláveis do meio ambiente de marketing ou do seu mix.

Nos próximos itens, vamos tratar apenas de forma superficial esses dois assuntos, uma vez que os livros clássicos de marketing (*vide* bibliografia) tratam-nos de forma bastante apropriada, e o leitor pode consultá-los a qualquer momento.

3.6.1 Variáveis controláveis

São aquelas sobre as quais uma empresa tem absoluto controle; são os cinco Ps, também chamados de elementos fundamentais do mix de marketing. Em qualquer circunstância, as empresas podem modificar seus produtos, aumentar ou diminuir preços, fazer ou não propaganda e promoção, modificar a estratégia de distribuição como, por exemplo, por meio de lojas exclusivas ou lojas multimarcas.

No quinto P, o *plus* (o "algo mais"), a empresa também pode, a qualquer momento, modificar sua oferta de serviços, sem ter de dar satisfações prévias. É bem verdade que, embora essas variáveis sejam controláveis, muitas vezes a empresa não deve alterar preços, devido a seu posicionamento no mercado ou mesmo à concorrência. Mas, nesse caso, ela pode, por exemplo, retirar seu produto do mercado por não concordar com os preços praticados pelos concorrentes. Mas é uma decisão só sua, perfeitamente controlada por ela.

Então, recordando, as variáveis controláveis são:

- Produto.
- Preço.
- Propaganda/Promoção.
- Ponto de Distribuição.
- *Plus*.

3.6.2 Variáveis incontroláveis

São as não-passíveis de controle pela empresa; são as variáveis externas, que não dependem da empresa e que geralmente, para serem modificadas em parte ou no todo, é necessário que a empresa disponha de muitos recursos. Por exemplo, a empresa pode modificar determinado comportamento dos consumidores de uma região ou país mas, para isso, despenderá, por exemplo, bastante verba em publicidade.

Para que o leitor tenha facilidade no seu aprendizado, dividimos as variáveis incontroláveis em dois tipos: as macro e as microambientais.

O macro e o microambiente de marketing são assim denominados devido a sua relativa proximidade com a empresa (microambiente) e a sua relativa distância (macroambiente).

3.6.2.1 Macroambientais: são as variáveis incontroláveis que se situam mais distantes da empresa:

- Ambiente demográfico.
- Ambiente econômico.
- Ambiente natural.
- Ambiente tecnológico.
- Ambiente político/governamental.
- Ambiente cultural.
- Ambiente social.

3.6.2.2 Microambientais: são as variáveis incontroláveis que se situam mais próximas da empresa:

- Fornecedores.
- Concorrentes.
- Intermediários.
- Agentes.
- Clientes.
- Consumidores.
- Comportamento do comprador/consumidor.
- Fatores culturais.
- Fatores sociais.
- Fatores psicológicos.
- Fatores pessoais.

A Figura 3.3 representa o meio ambiente de marketing e seus respectivos subambientes: macro e micro.

Por outro lado, os elementos fundamentais do mix de marketing, na realidade, sofrem influências de vários fatores internos e externos, conforme descrito na Figura 3.4.

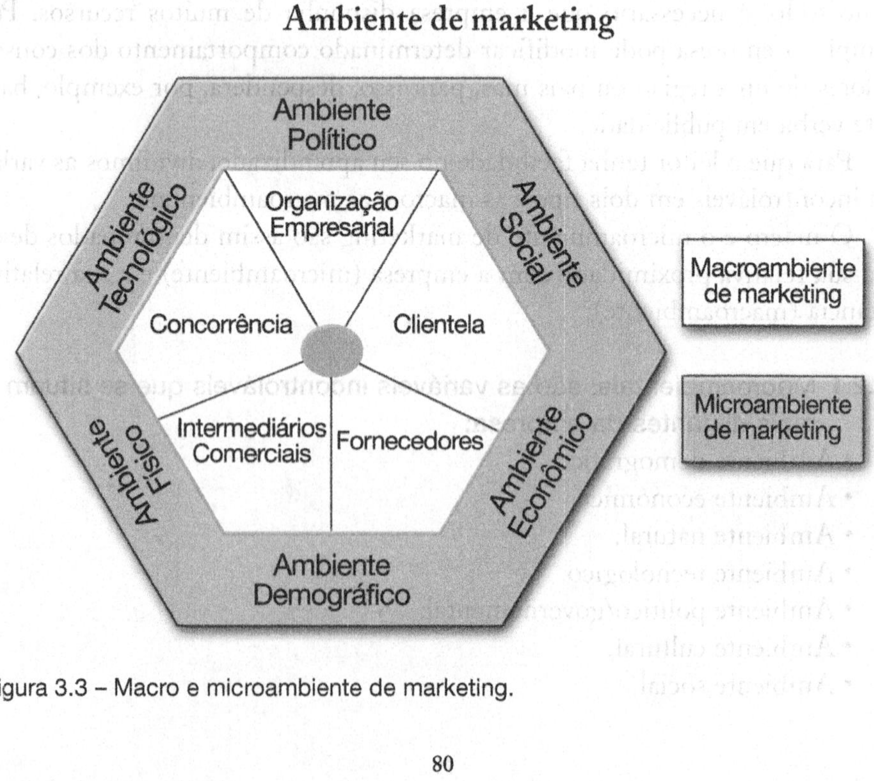

Figura 3.3 – Macro e microambiente de marketing.

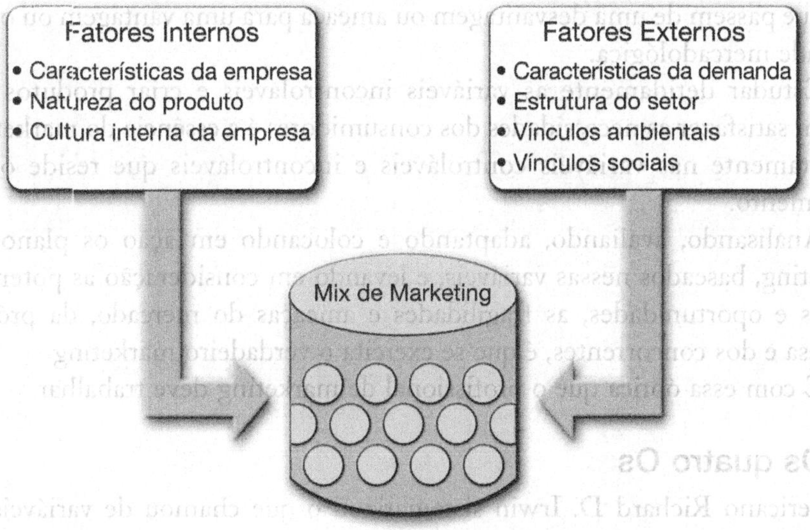

Figura 3.4 – Influências internas e externas do mix de marketing.

Nos fatores internos, temos a própria organização, com sua cultura empresarial, suas virtudes, seus defeitos, seu tipo de gestão, inclusive os seus funcionários, os quais, por mais que pretendamos controlar, na realidade fazem parte das variáveis incontroláveis.

Já nos fatores externos, que modificam os elementos fundamentais do mix de marketing, destacamos o mercado e todos os seus componentes, tais como: consumidores e suas características de compra, fornecedores, distribuidores, a comunidade e demais vínculos do meio ambiente em que a empresa está inserida.

As chamadas variáveis incontroláveis do mix de marketing são assim sistematizadas porque as empresas não conseguem controlá-las. O máximo que conseguem, com muito esforço mercadológico e financeiro, é influenciá-las.

Algumas dessas variáveis são: o mercado – formado por concorrentes, clientes e distribuidores –, o governo, as leis, o clima, usos e costumes, a religião, a demografia, a geografia, entre outras.

Por mais que uma empresa tente, não consegue contornar a maioria dos obstáculos que forma as variáveis incontroláveis. Ela não consegue mudar o modo de agir do consumidor, apenas consegue influenciá-lo, mas ainda assim com muito esforço. O consumidor, como costuma dizer Marcos Cobra, é uma verdadeira caixa-preta, pois nunca sabemos como se comportará em determinadas circunstâncias.

Essas variáveis incontroláveis, na realidade, formam o grande desafio do profissional de marketing, em relação ao fato de ter de contorná-las ou fazer com que passem de uma desvantagem ou ameaça para uma vantagem ou oportunidade mercadológica.

Estudar detidamente as variáveis incontroláveis e criar produtos que possam satisfazer às necessidades dos consumidores é a essência do marketing. É exatamente nas variáveis controláveis e incontroláveis que reside o seu fundamento.

Analisando, avaliando, adaptando e colocando em ação os planos de marketing, baseados nessas variáveis, e levando em consideração as potencialidades e oportunidades, as fragilidades e ameaças do mercado, da própria empresa e dos concorrentes, é que se exercita o verdadeiro marketing.

É com essa óptica que o profissional de marketing deve trabalhar.

3.7 Os quatro Os

O americano Richard D. Irwin sistematizou o que chamou de variáveis do mercado – os quatro Os – delineados a seguir:

1) Objeto	Quem compra?
2) Objetivos	Por que compra?
3) Organização	Quem compra?
4) Operação	Como compra?

Com a evolução do mercado e conseqüentemente a do marketing, o profissional necessitou obter novas ferramentas que o pudessem ajudar na tarefa de compreender as mudanças do mercado e dos hábitos de compra do consumidor. Dessa forma, tornou-se fundamental saber: quem compra, por que compra, quem compra e como compra.

Essa sistematização tornou possível analisar com mais profundidade e sob outra óptica o consumidor, que muitas vezes compra determinado produto apenas para satisfazer a necessidades ou desejos de seu filho, por exemplo.

Muitas vezes, como consumidores, não decidimos o que devemos comprar; adquirimos um produto porque nossas esposas o consideram mais bonito ou simplesmente vamos a uma lanchonete (que detestamos) por um só motivo: nossos filhos gostam.

Nem sempre o consumidor que está comprando encontra-se de fato convencido ou plenamente satisfeito da utilidade do produto; por isso, é necessário saber também por que, quem e de que forma compram. Só assim entenderemos melhor a caixa-preta, ou seja, o mecanismo de compra do consumidor.

3.8 Plano de Marketing

O plano de marketing constitui-se na linha mestra que as empresas e os executivos de marketing devem se basear. Além disso, deve estar em sintonia com os objetivos gerais da empresa e, portanto, em sinergia com seu planejamento estratégico. O plano de marketing tem como função principal nortear a trajetória mercadológica da empresa.

Segundo Semenik e Bamossy (1996, p. 61), o plano de marketing:

> *É o documento que orienta os esforços de marketing de uma empresa. A implementação das atividades de marketing deve ser precedida de um plano de marketing bem-desenvolvido. Há uma variedade de formatos apropriados para um bom plano de marketing. O importante é que esse plano focalize os esforços de marketing da empresa num mercado-alvo bem definido e que considere os efeitos do meio externo.*

Ou ainda, segundo Westwood (1992, p. 13), o plano de marketing é:

> *O documento que formula um plano para comercializar produtos e serviços. (...) Um plano de marketing tem estrutura formal, mas pode ser usado como um documento formal ou informal que tem grande flexibilidade. Ele pode ser usado para:*
>
> - *Preparar o argumento para introduzir um novo produto.*
> - *Renovar a abordagem de marketing para os produtos existentes.*
> - *Agrupar um plano de marketing departamental, divisional ou empresarial a ser incluído no plano comercial ou corporativo da companhia.*

Pode referir-se a um mercado regional, nacional ou mundial.

Por essas colocações, pode-se entender a importância do plano de marketing para uma empresa. Muitos empresários, ao verem seus negócios declinarem, tentam iniciar ações de marketing de maneira desconexa e não-planejada, em uma tentativa de melhorar o desempenho de suas empresas.

Toda ação de marketing requer um esforço conjugado e planejado, que possa delinear a melhor forma de usar as ferramentas disponibilizadas, sem se esquecer do macro e do microambiente mercadológico no qual a empresa está envolvida. Outro fator fundamental nas ações de marketing é a análise global da situação da empresa, suas disponibilidades financeiras e os possíveis retornos sobre os investimentos a serem feitos em marketing e o retorno que trarão à empresa.

Assim, é comum empresas desenvolverem ações desordenadas de marketing, sem um planejamento global e específico, que não surtem os efeitos desejados.

É necessária uma análise criteriosa das potencialidades, fragilidades, oportunidades e ameaças – o chamado PFOA –, para traçar estratégias compatíveis com a empresa, sua cultura, posição de mercado e meio ambiente e, principalmente, levar em conta seus recursos disponíveis, tais como: financeiros, tecnológicos, humanos, capacidade instalada, entre muitos outros.

Kotler (1996, p. 106) comenta que um plano de marketing representa parte importante da estratégia de uma empresa, chegando a ser uma ferramenta indispensável, em nossos dias, para que uma empresa sobreviva.

A estratégia representa as amplas forças de marketing para atingir os objetivos do negócio. Cada elemento da estratégia de marketing deve ser elaborado para responder às perguntas:

- *O que será feito?*
- *Quando será feito?*
- *Quem fará?*
- *Quanto custará?*

Com essa colocação de Kotler, percebe-se a importância que um plano de marketing deve ter na estrutura da empresa, contemplando sobretudo sua realidade específica e tendo em vista o meio ambiente em que está inserida.

Um plano de marketing não pode ser uma peça de ficção nem uma receita de bolo, pronta para ser utilizada em várias empresas; ele tem de ser específico e de acordo com a realidade de cada empresa. Assim, ao elaborar um plano de marketing, o executivo não pode prever um investimento em propaganda ou aumento da sua capacidade de produção, sem se certificar de que a empresa pode ou não suportar esses gastos.

Por outro lado, a simples elaboração de um plano de marketing não pode ser considerada uma fórmula mágica que sanará todos os males da empresa. O plano de marketing é, de certa forma, também um processo que evoluiu de acordo com a empresa e com a própria cultura da sua implantação. Assim, em um primeiro momento, ele pode até ser precário, mas vai evoluindo sempre, na medida em que é utilizado e adaptado às necessidades e à realidade da empresa.

É fundamental que o plano de marketing seja testado quanto à sua compatibilidade e realidade da empresa. Além disso, é preciso implementá-lo e verificar se está sendo criteriosamente seguido conforme o planejado. Muitas empresas fazem belos planos de marketing, mas, na hora de implementá-los, não o fazem de acordo com o previsto, deixando a impressão de que o plano não funcionou. Na realidade, o plano de marketing não pode ser uma peça de ficção; precisa ser implementado e, se necessário, corrigido ou atualizado.

Comentando o processo de implementação de um plano de marketing, Kotler (1996, p. 632) destaca: "Implementação de marketing é o processo que transforma planos de marketing em ações específicas e assegura a execução dessas ações de modo a realizar os objetivos estabelecidos pelos planos".

Sabemos que, de forma genérica, o brasileiro não é muito afeito a planejamentos.

Entretanto é preciso vencer mais essa barreira da cultura brasileira: necessitamos de planejamento! É importante que toda empresa tenha seu plano de marketing pensado, formalizado e por escrito. O porte de uma empresa não invalida essa orientação. Toda empresa, seja micro, pequena, média ou grande, tem necessidade de um plano de marketing elaborado por profissionais competentes. Não tente "dar um jeitinho", contratando um profissional que possa ajudá-lo nesse mister.

3.9 Os Vários Tipos de Marketing

O leitor muito provavelmente já ouviu falar em diversos tipos de marketing, que nada mais são aplicações específicas do marketing para cada área, segmento ou nichos de mercado.

Assim, durante a evolução do estudo do marketing, surgiram especialidades que foram sendo estudadas e sistematizadas a partir dos conceitos básicos. Podem ser destacados, por exemplo, os seguintes tipos de marketing: para turismo, políticos, caráter pessoal, para empresas educacionais, do terceiro setor, públicas e muitas outras. Isso reflete a dinâmica e a riqueza que a disciplina adquiriu ao longo do tempo.

Dentre os vários tipos de marketing, além dos já citados, destacamos os seguintes:

3.9.1 Marketing industrial

Estuda, em particular, as formas de comercialização dos bens e serviços produzidos, que serão comercializados ou vendidos para empresas transformadoras, sejam industriais, comerciais, sejam agrícolas ou governamentais.

3.9.2 Marketing de varejo

Estuda, em particular, as formas de comercialização dos bens e serviços produzidos, que serão comercializados ou vendidos para empresas varejistas, que posteriormente vendem direto aos consumidores. Assim, estuda as lojas de varejo.

Entretanto, na maioria das vezes e em função da sua aplicabilidade mais comum, é confundido com o marketing de consumo, que estuda as formas de comercialização dos produtos para a venda ao consumidor. No marketing de consumo, o principal ponto de partida é identificar o comportamento do consumidor como comprador ou usuário final do produto ou serviço.

Em virtude de o consumidor ser o tipo de cliente mais diversificado, mutante, numeroso e constituir-se em importante alvo para o marketing, o marketing de consumo é o mais difundido e estudado.

3.9.3 Marketing de consumo

Como vimos no tópico anterior, o marketing de consumo é voltado ao estudo do consumidor, identificando seus desejos e necessidades. É um dos ramos do marketing mais estudado e difundido no qual se aplica a ferramenta mais importante: a pesquisa de mercado, cujo objetivo é saber a tendência, os desejos e as necessidades do comprador.

No marketing internacional, deve ser dada atenção especial à disciplina Comportamento do Consumidor e à pesquisa de mercado.

3.9.4 Marketing de serviços

O marketing de serviços estuda, em particular, as formas de comercialização dos serviços em geral. Além de estudar o serviço de forma separada (como um produto), o marketing de serviço preocupa-se cada vez mais em proporcionar algo mais a um produto, mudando seu conteúdo e agregando-lhe valores. Assim, quando a fábrica de automóveis estende a garantia do veículo, está praticando o marketing de serviços, agregando maior valor e confiabilidade ao produto.

3.9.5 Marketing internacional

Marketing internacional estuda a melhor forma de atingir, desenvolver e consolidar as posições de uma empresa exportadora nos mercados no exterior.

O profissional de marketing é o elemento capaz de buscar o usuário ou consumidor de seus produtos nos mais remotos lugares, fazendo com que o produto que deseja ou precisa esteja no lugar certo, na hora certa, com o preço certo e com a qualidade e quantidade certas.

Na era da globalização da economia e das ações de marketing, cada vez mais devemos intensificar.

A busca do consumidor onde quer que ele esteja!

Portanto, justifica-se que:

Não só no mercado interno está a saída para os nossos problemas de venda; é preciso buscar o cliente em outros mercados, onde quer que ele esteja.

Dessa forma, a exportação e a utilização do marketing internacional são uma saída estratégica e, em muitos casos, até operacional para empresas que necessitam sobreviver em um mundo globalizado, competitivo, repleto de mudanças.

A principal diferença entre marketing e marketing internacional é a sua aplicabilidade prática, que deve ser alvo de estudos aprofundados, desenvolvendo estratégias específicas para cada mercado. No comércio exterior, devemos tratar com muito mais ênfase os desiguais desigualmente. No Capítulo 7, trataremos com detalhes os aspectos do marketing internacional e suas aplicações.

Reflexões

1. *Comente a frase de Marcos Cobra: "Marketing é mais do que uma forma de sentir o mercado e adaptar produtos ou serviços – é um compromisso com a busca da qualidade de vida das pessoas (...)".*
2. *Discuta a possibilidade de implantação de um plano de marketing na sua empresa.*
3. *Discuta as diferenças de filosofia de gestão entre um gerente comercial e um gerente de marketing.*

Capítulo 4

Estratégia e Marketing Estratégico

Objetivo Criar para o leitor uma visão clara de estratégia e marketing estratégico, desmistificando a idéia de que estratégia e marketing estratégico são técnicas difíceis de ser aplicadas. O leitor, após a leitura deste capítulo, deverá ter uma idéia clara de como poder aplicar conceitos de estratégia e de marketing estratégico no seu dia-a-dia, tanto nas empresas como eventualmente em sua vida pessoal.

Palavras-Chave Estratégia, Estratégia Empresarial, Estratégias Internacionais, Planejamento Estratégico, Potencialidades, Fragilidades, Oportunidades e Ameaças, Marketing Estratégico, Marketing de Guerra.

O conceito e a aplicação da estratégia, na verdade, têm sido apresentados para a maioria dos leitores como uma técnica que poucos podem praticar, um luxo para as empresas.

Na realidade, o conceito de estratégia está intimamente ligado ao ser humano: todo indivíduo que se depara com determinado problema em determinada situação, emergencial ou não, acaba, sem querer e sem saber, praticando a estratégia, pois busca caminhos alternativos.

Exemplificando, quando você está dirigindo seu veículo em um trânsito intenso e estressante, a primeira idéia que lhe vem à cabeça é buscar uma alternativa de saída para amenizar o tempo gasto no trânsito e chegar mais rápido ao seu destino; nesse momento, mesmo que não saiba, está exercitando princípios elementares da estratégia, ou seja, você está buscando caminhos alternativos para seu problema imediato de locomoção.

A estratégia, portanto, nada mais é do que buscar caminhos alternativos, de preferência previamente delineados, visando enfrentar desafios conhecidos ou até esperados para determinada situação; se você conseguir antecipadamente traçar caminhos alternativos para as possíveis dificuldades, pode enfrentá-las de maneira mais racional. Então, você está praticando a estratégia. Para isso, precisa ter o maior número possível de informações sobre as prováveis situações que podem ocorrer.

É claro que o conceito de estratégia é bastante amplo e muitas vezes complexo, principalmente quando se trata de determinar o caminho a ser seguido por uma empresa, tendo em vista um acirrado cenário de competição e concorrência.

Nesse momento, a estratégia torna-se complexa e muitas vezes fundamental para a sobrevivência de uma empresa e requer grande número de informações do mercado, dos concorrentes, dos consumidores etc.

Grande parte dos estudos realizados sobre estratégia e modelos de estratégia recai sobre os conceitos e práticas utilizados pelos militares nas guerras, desde a antiga Grécia até os dias atuais. Em um ambiente competitivo como o que vivemos, as empresas buscam saídas para seus problemas corriqueiros, usando a estratégia empresarial como aprimoramento do seu modelo de negócio.

Desse prisma, vamos discutir a estratégia e conseqüentemente a gestão ou administração estratégica e, posteriormente, adicionar ao conceito de marketing o de estratégico, formando o marketing estratégico.

Começamos, pois, a focar um dos mais tradicionais e importantes autores na área de estratégia, Ansoff (Ansoff e MC Donnell, 1992), que define o que é uma administração estratégica e uma estratégia.

A administração estratégica é um enfoque sistemático a uma responsabilidade importante e cada vez mais essencial da administração geral: posicionar e relacionar a empresa a seu ambiente de modo que garanta seu sucesso continuado e a coloque a salvo de eventuais surpresas.

...

Um processo de gestão do relacionamento de uma empresa com o seu ambiente compreende planejamento estratégico, planejamento de potencialidades e gestão de mudanças.

Na realidade da gestão empresarial, a estratégia e a administração estratégica têm sido confundidas como sinônimos. Na realidade, a estratégia é um plano ou um conjunto de ações que visa colocar a empresa em um lugar de destaque ou dar a ela uma série de ferramentas administrativas para que possa atuar com vantagens em relação às mudanças do meio ambiente em que está inserida. Nesse caso, a estratégia tenta prever o futuro por meio de análises de cenários e tendências, levando também em conta uma análise retrospectiva do passado.

Já a administração estratégica é uma filosofia de gestão que tem como base a própria estratégia.

A seguir, tentando situá-la no tempo e no espaço em que foi desenvolvida, vamos detalhar a estratégia. Assim, começamos com a sua perspectiva histórica.

4.1 Perspectiva Histórica

A maioria dos estudiosos da estratégia faz-lhe uma associação direta aos militares. Segundo alguns autores, a primeira ação estratégica foi a empreendida pelos gregos, na história do "cavalo de Tróia", na Grécia Antiga. A partir daí, a expressão estratégia passou a ser utilizada. É o ofício do guerreiro. Os comandantes têm de ordenar e os soldados saberem seguir o seu caminho. Mas não há guerreiro no mundo de hoje que compreenda verdadeiramente o caminho da estratégia (Miyamoto Musashi. *Um Livro de Cinco Anéis*. Ediouro, 1984).

Portanto, a estratégia, que vem do grego *strategos*, significa a arte de guerrear. Por isso, ainda hoje está intimamente ligada aos militares, que foram os primeiros a estudar e fazer uso dela para atingirem seus objetivos de guerra. De tanto ser divulgada e difundida, foi se tornando um conceito muito subjetivo e aplicável em qualquer situação ou atividade.

O que podemos observar é que o conceito da estratégia já foi aplicado há bastante tempo, embora seu conceito empresarial seja relativamente recente, como vamos verificar no decorrer deste capítulo.

Em verdade, o que temos visto é que a estratégia, cada vez mais, faz parte do nosso dia-a-dia, sendo aplicada em várias áreas, como forma de se atingir os objetivos propostos, quer na empresa, quer no campo profissional de cada indivíduo.

Como uma síntese de estratégia, pode ser citada uma frase muito célebre, de um pensador não menos célebre, que foi Aristóteles: "Nenhum vento é bom para quem não sabe para onde ir".

Estratégia, portanto, pode ser simplesmente definida da seguinte forma: *é como chegar em um lugar determinado. É como fazer para se chegar a um objetivo.*

Ansoff et al. (1990, p. 46) comentam que os planejamentos estratégicos, aplicados nas empresas, surgiram nos Estados Unidos, a partir de meados dos anos 50, quando muitas empresas americanas começaram a sentir alguns problemas de mercado (falta de vendas) e tinham dificuldades para saná-los.

As técnicas administrativas disponíveis na ocasião – planejamento em longo prazo e controle financeiro – já não atendiam às necessidades dessas empresas, no sentido de aumentarem suas vendas e melhorarem sua lucratividade.

Já para Pankaj Ghemawat (2000, p. 16-17), os antecedentes da estratégia são um pouco mais antigos e remontam à construção das ferrovias depois de 1850, que tornou possível pela primeira vez a formação de mercados de massa. Em 1895, começaram a emergir as grandes empresas verticalmente integradas, tanto na Europa como nos Estados Unidos. Na época, a necessidade de pensar estrategicamente, de forma explícita, foi sendo articulada pelos gestores dessas empresas.

Alfred Sloan, o executivo principal da General Motors, de 1923 a 1946, criou uma estratégia bem-sucedida baseada nas forças e fraquezas identificadas da maior concorrente de sua empresa, a Ford Motor Company, e colocou-a no papel depois de aposentado. Na década de 1930, Chester Barnard, alto executivo da New Jersey Bel, afirmou que os gerentes deviam prestar muita atenção aos fatores estratégicos que dependem de ações pessoais ou organizacionais.

Por outro lado, o final da Segunda Grande Guerra, conforme Ghemawat, proporcionou forte estímulo ao pensamento estratégico militar, transferido para a parte empresarial por tornar crítico o problema de alocação de recursos, escassos na economia e nas empresas em geral.

Na época, para algumas empresas, a demanda de mercado começou a diminuir e com ela as receitas, não sendo possível revigorá-las com as técnicas de marketing incipientes até então utilizadas.

Para outras, a demanda diminuiu em virtude da grande variedade de produtos substitutos oferecidos aos consumidores, sobretudo os de novas tecnologias, que já começavam a ser implementadas de forma mais vigorosa.

Outras tiveram seus mercados ameaçados em função da agressividade dos produtos importados, que chegavam com preços mais competitivos e com maiores variedades, em razão do processo mais acentuado da globalização.

Na realidade, as técnicas de planejamento a longo prazo pareciam insuficientes para solucionar os sintomas apresentados. De acordo com essa perspectiva histórica, os executivos dessas empresas intensificaram a busca de soluções alternativas.

Paralelamente, um contingente de grandes consultores preocupou-se em buscar novas técnicas administrativas capazes de eliminar os sintomas perturbadores das empresas. Da discussão dos problemas e troca de experiência, resultou o que se conhece por administração estratégica.

No âmbito das organizações, Ansoff e McDonnell (1993, p. 70) definem a estratégia como "(...) um conjunto de regras de tomada de decisão para orientação do comportamento de uma organização".

Ou ainda para Ansoff (1997, p. 87),

> *(...) A noção de estratégia tem sido objeto de reconhecimento cada vez mais freqüente nas obras sobre administração. Numerosos trabalhos têm surgido em relação à estratégia de linhas de produtos, estratégia de marketing, estratégia de diversificação e estratégia de empresas. Esse interesse resultou do reconhecimento de que uma empresa deve ter um campo de atuação bem definido e uma orientação de crescimento, e que os objetivos por si sós não atendam a essa necessidade, sendo exigidas regras de decisão adicionais para que a empresa possa ter um crescimento ordenado e com lucros. Essas regras de decisão e diretrizes foram definidas em termos amplos como estratégia, ou algumas vezes, como o conceito de campo de atuação da empresa.*

Para efeito deste trabalho, usaremos o conceito de estratégia aplicado às organizações ou empresas. Assim, ao praticarmos a estratégia nas organizações, estaremos operando uma administração estratégica, por meio da estratégia empresarial.

Dessa forma, podemos assim definir estratégia aplicada às empresas:

4.2 Estratégia Empresarial

São cursos de ações que prevêem alternativas, com vista a garantir que as empresas alcancem seus objetivos organizacionais. Formular estratégias é então projetar e selecionar estratégias que levem à realização dos objetivos organizacionais.

Para formular apropriadamente a estratégia organizacional, os administradores devem compreender profundamente as diversas abordagens para a formulação estratégica, tais como: análise das questões críticas, análise dos pontos fortes e fracos, das oportunidades e ameaças, além de cenários e tendências.

Estratégia é um conjunto de ações administrativas, perfeitamente sistematizadas, que, pelo uso de ferramentas adequadas, visa traçar caminhos alternativos, viabilizando atingir metas e objetivos, utilizando meios e recursos disponíveis.

> É um conjunto de idéias, de caminhos e principalmente de processos de gestão a serem seguidos, inclusive com aternativas que visam aumentar as possibilidades de sucesso de uma empresa para chegar aos seus objetivos organizacionais.

Segundo Chiavenato (1993, p. 595): "Em termos empresariais, podemos definir a estratégia como a 'mobilização' de todos os recursos da empresa no âmbito global, visando atingir objetivos em longo prazo".

Buraaell e Gale (1987, p. 18) assim definem estratégia empresarial:

> *(...) um conjunto de políticas e decisões-chave adotadas pela administração e que exercem impactos importantes sobre o desempenho financeiro. Essas políticas e decisões normalmente envolvem aplicações significativas de recursos e não são facilmente reversíveis.*

Assim, a estratégia deve levar em conta os objetivos a serem atingidos, mas fundamentalmente as condições gerais disponíveis na empresa e no meio ambiente em que ela está inserida.

Por outro lado, Oliveira (1991, p. 25) cita uma frase de Mêncio, dizendo: "Os homens devem mostrar-se decididos quanto ao que não farão; só deste modo serão capazes de agir com vigor quanto ao que devam fazer".

Ou seja, para implementar uma estratégia correta, muitas vezes é necessário pagar por alguns erros cometidos durante o início do processo do planejamento estratégico.

A decisão do que fazer e do que não fazer é parte integrante de uma estratégia. E aí é que reside a grande dúvida dos administradores. Em muitos casos, é importante saber o que é possível fazer, mas é muito mais importante saber o que não se deve fazer na administração de uma empresa.

Na realidade, a estratégia aplicada à administração, segundo comenta Oliveira (1991, p.28), é a forma pela qual a empresa se ajusta ao meio ambiente em que atua, o qual normalmente está sujeito a grandes mutações, fazendo com que seus executivos proponham correções de rumo para a empresa, considerando justamente essas mutações do mercado para garantir melhores condições de enfrentar as turbulências.

Baseados em uma visão estritamente organizacional, Fischmann e Almeida (1995, p. 25) assim definem administração estratégica: "É o processo de tornar a organização capaz (capacitação) de integrar as decisões administrativas e operacionais com as estratégias, procurando dar ao mesmo tempo maior eficiência e eficácia à organização".

Como foi dito, estratégias são caminhos perfeitamente delineados para se chegar a um objetivo. Assim, a estratégia é uma maneira de se alcançar um objetivo, ao passo que o objetivo é onde se pretende chegar.

Recorde que a estratégia é semelhante a um jogo de xadrez, no qual cada participante tem várias alternativas de jogadas, que podem variar de acordo com as do adversário. A estratégia empresarial tem como "jogadas" as ações dos concorrentes e as mudanças no meio ambiente em geral. Em se tratando de estratégia empresarial, toda ação corresponde normalmente a uma reação de seus concorrentes.

Portanto, a estratégia empresarial não difere dos conceitos apresentados anteriormente. É um conjunto de decisões integradas e sistêmicas que normalmente envolve toda a empresa; na maioria dos casos, é formulada pela alta administração da empresa.

Existe uma crença entre a maioria dos empresários de que a estratégia não deve ser divulgada, e sim guardada a sete chaves. É claro que alguns aspectos da estratégia, como o lançamento de um produto, não podem ser divulgados, pois os concorrentes vão se preparar e contra-atacar com outros lançamentos. Também é verdade que, hoje, com a velocidade e qualidade das informações, quase nada é segredo, pelo menos por muito tempo.

A estratégia costuma ser associada a uma possibilidade de se obter uma vantagem competitiva, mas deve-se lembrar de que uma vantagem se torna competitiva quando os concorrentes não conseguem imitá-la a longo prazo.

Por isso, devemos ter consciência de que o detalhamento das estratégias não pode ser divulgado por causa do aspecto surpresa, mas a estratégia genérica da empresa deve ser de conhecimento pelo menos da alta gerência. Assim, a estratégia empresarial deve ser difundida para o maior número possível de colaboradores, tendo como intenção informar os caminhos que a empresa deve seguir.

Nesse sentido, reafirmamos que é falso acreditar que a estratégia deva ser um segredo bem guardado; se ela é um conjunto de caminhos delineados para a empresa chegar a um objetivo, é necessário que esses caminhos sejam do conhecimento de seus colaboradores, para que possam saber e entender como alcançar o objetivo.

É preciso saber para onde ir e como fazer para chegar. É necessário prever as mudanças no meio ambiente em que a empresa está inserida. Estratégia é prever e antecipar as mudanças do mercado, a fim de evitar que a empresa fique defasada.

É necessário analisar o ambiente em que a empresa atua, interpretando-o e compreendendo-o, para definir objetivos compatíveis com a realidade da empresa.

Entretanto somente compreender o ambiente externo não é suficiente; é preciso haver coerência e articulação entre os objetivos a serem alcançados e a estrutura da empresa, analisando-lhe as necessidades e principalmente os recursos disponíveis, tanto materiais como humanos, para alcançar os objetivos.

A estratégia baseia-se em informações, cenários e tendências. Quanto mais e melhores em termos de qualidade forem as informações, melhor será a capacidade de os executivos formularem estratégias corretas e competitivas.

Segundo Hamel e Prahalad (1995, p. 123),

> *O futuro não precisa ser apenas imaginado, precisa ser construído: daí o termo arquitetura estratégica.*
>
> *Um arquiteto precisa ser capaz de sonhar com coisas que ainda não foram criadas – uma catedral que hoje é apenas um terreno empoeirado, ou uma elegante ponte sobre um abismo que ainda não foi atravessado. Mas o arquiteto também precisa ser capaz de gerar uma planta que mostre como transformar o sonho em realidade.*
>
> *O arquiteto é um sonhador e um planejador. O arquiteto casa arte com engenharia estrutural.*

Para planejar, é preciso usar a analogia do arquiteto ou do engenheiro, tentar antever e prever o futuro, mas, sobretudo, é preciso dar o primeiro passo, pois não adianta planejar sem implementar.

Todos vivemos pensando no futuro! Todos vivemos pensando em realizar alguns sonhos! Todos vivemos de esperança!

Todos planejamos fazer algo, desde montar o próprio negócio até "passar de ano". Se todos planejamos algo, as empresas em que trabalhamos também precisam de planejamento.

Hamel e Prahalad (1995, p. 127), comparando a arquitetura com a estratégia, definem:

> *Uma arquitetura estratégica define* o que precisamos fazer certo agora para interceptar o futuro. *Uma arquitetura estratégica é o vínculo essencial entre o hoje e o amanhã, entre o curto e o longo prazo. Mostra à organização que competências ela precisa começar a desenvolver* agora, *que novos grupos de clientes precisa começar a entender* agora, *que novos canais deveria estar explorando* agora *para interceptar o futuro.*
>
> *A arquitetura estratégica é um plano amplo para abordar a oportunidade.*

4.3 Surgimento e Análise do PFOA

O surgimento do SWOT (Potencialidades, Fragilidades, Oportunidades e Ameaças – PFOA), na academia, remonta aos anos 60, período em que as grandes escolas americanas de administração começaram a focalizar a combinação de potencialidades e fragilidades, comparadas com oportunidades e ameaças que as empresas podiam enfrentar nos seus respectivos mercados. Mas somente em 1973, em Harvard, durante uma conferência sobre negócios, o conceito de SWOT foi estudado em conjunto com a matriz BCG (Boston Consulting Group, da cidade de Boston). A partir dessa ocasião o conceito de estratégia começou a ser mais bem difundido entre empresários e acadêmicos, utilizando-se as análises do PFOA e da matriz BCG como forma de identificar o desempenho de produtos e de empresas, incluindo também conceitos de retorno sobre o investimento (RSI).

É preciso alertar o leitor de que cada mercado e cada empresa apresentavam um PFOA distintos, de acordo com o setor e a natureza de seu negócio.

Na década de 1960 também proliferaram algumas consultorias, organizadas por acadêmicos que difundiram as técnicas do PFOA; a Boston Consulting Group foi uma das mais importantes e até hoje a matriz BCG é bastante utilizada não só no meio acadêmico como no meio empresarial.

O planejamento estratégico pressupõe a coleta de dados e sua posterior análise e principalmente do meio ambiente em que a empresa está inserida. Pressupõe, portanto, um trabalho de busca do passado para encontrar o futuro. Para a formulação de uma estratégia, é necessário ter bem claros a missão, a visão e os objetivos da organização.

É necessário que um administrador ou executivo de uma empresa, ao formular a estratégia empresarial, leve em conta o PFOA, ou seja, as potencialidades, as fragilidades, as oportunidades e as ameaças que a empresa têm em relação ao mercado e ao meio ambiente em que atua. As potencialidades devem ser maximizadas, exploradas ao máximo, assim como as oportunidades têm de ser muito bem aproveitadas. O PFOA nada mais é do que uma coleta criteriosa de dados e posterior análise dos aspectos da empresa e do mercado envolvidos.

Por outro lado, é muito importante também não só ter conhecimento das fragilidades e das ameaças de cada empresa, como também tentar eliminar essas fragilidades e afastar as ameaças.

Não raro, na maioria das empresas, as fragilidades são conhecidas em todos os níveis hierárquicos, mas os executivos da empresa, por uma questão de cultura empresarial, muitas vezes não têm vontade política de enfrentá-las, sendo muito comum esse tipo de comportamento nas empresas familiares ou paternalistas. Todos na empresa sabem as fragilidades que ela apresenta e, em função dessas fragilidades, enfrenta ameaças de seus concorrentes. Mas não existe ninguém com determinação e coragem na empresa para mudar esse *status quo*, e o caminho é um só, em médio prazo: o insucesso!

No Brasil, podemos citar vários exemplos de estratégias empresariais que não deram certo por uma formulação equivocada, partindo evidentemente de pressupostos equivocados. Ou mesmo por essas estratégias não terem sido acompanhadas e eventualmente corrigidas no seu percurso.

O exemplo da grande disputa que está acontecendo no mercado automobilístico brasileiro pode ser citado como um possível *benchmarking* de como fazer ou não e aplicar ou não uma estratégia empresarial. Para exemplificar, temos um caso do final do século passado, no qual a mais antiga montadora de automóveis instalada no Brasil, a Ford, estava sendo ameaçada em seu *market share* por um empresa que há apenas quatro anos estava fabricando seus produtos no país (Renault). Os principais escalões da empresa sabiam das dificuldades, das fragilidades e das ameaças que vinham afetando a Ford, mas, por uma série de motivos desconhecidos às estratégias, as ações implementadas não davam certo.

O lançamento do novo Fiesta e do EcoSport e a aparição na mídia do presidente da empresa como garoto-propaganda deram outra dimensão ao mercado da Ford, aos seus distribuidores e colaboradores. A Ford retomou grande parte de seu *market share* perdido, quando se associou à Volkswagen; a empresa atualmente parece estar totalmente revigorada.

Mas, no passado recente, não foi o que aconteceu: em 1986, a Ford associou-se à Volkswagen (o que foi uma estratégia) e nasceu a Auto Latina. No Brasil, a participação era secundária e na Argentina a participação era principal. Resultado: a Auto Latina foi desfeita em 1995; quando se integrou à Auto Latina, a Ford detinha cerca de 24% de *market share* e acabou saindo com cerca de 11%. Parece que a empresa, na época, apostava mais no mercado argentino do que no brasileiro, tendo em vista também a implantação do Mercosul. Mas sua estratégia, pelo visto, não deu certo.

Embora seja a mais antiga indústria automobilística instalada no Brasil (criada em abril de 1919, com capital inicial de US$ 25 mil, vindos da filial Argentina), a Ford deixou de se preocupar e investir no lançamento de novos produtos fabricados no mercado brasileiro e priorizou o mercado argentino até o final da década de 1990. Felizmente, como comentamos, nos últimos cinco anos, a nova administração no Brasil e na América Latina conseguiu um feito fantástico com o lançamento do novo Fiesta e do EcoSport: recuperou a posição de mercado quase ameaçada por outros novos *players* e deu a seus parceiros e clientes nova dimensão e visão da Ford no Brasil.

Ainda comentando as estratégias aplicadas por empresas, lembram-se do automóvel Corcel? Pois o modelo Corcel não era um projeto da Ford, mas, originalmente, da Willys-Overland, comprada pela Ford pouco antes do seu lançamento, em 1968. Lembram-se do famoso Jeep? A Ford Motor Company do Brasil, ao comprar a Willys, adquiriu o direito de uso da marca (pelo menos no Brasil), uma das mais famosas linhas de automóveis fora-de-estrada do mundo – Jeep. Entretanto a empresa perdeu esse direito no Brasil, pois descontinuou o uso da marca, que voltou para a Chrysler depois de um litígio judicial.

No caso da Auto Latina, a Ford priorizou um mercado de 36 milhões (a Argentina na época), em detrimento de um de 170 milhões! Seria um erro de estratégia? Hoje a Ford mundial está em pleno processo de reformulação, o maior dos 100 anos de sua existência, processo comandado por William Clay Ford (Bill). No Brasil, ela se tornou outra empresa, com moral e garra, que disputa mercado com bons produtos.

Por outro lado, ainda dentro da análise estratégica do mercado automobilístico, podemos analisar outro *player*: a Fiat, com apenas 25 anos de Brasil, superou, em 2001, a Volkswagen, que detinha há 42 anos a liderança do mercado.

O que tem faltado para uma empresa e o que tem sobrado para outra? Estratégia? Audácia? Coragem? Planejamento? Ou modelo de gestão?

Se uma empresa, embora saiba de seus problemas principais, não os elimina nem minimiza (fragilidades e ameaças), eles se tornam cada vez maiores e passam a desestabilizar a empresa.

Ao formular a estratégia, é preciso ter visão do futuro; não basta uma extrapolação de dados do passado; é necessário saber antecipar-se, inovando, criando novos conceitos, novas aplicações e, sobretudo, buscando novos consumidores.

A respeito da visão empresarial, Hamel e Prahalad (1995) sentenciam: "Não acreditamos que uma empresa possa ter sucesso sem uma visão articulada das oportunidades e dos desafios de amanhã".

Por outro lado, a formulação de uma estratégia leva em conta uma série de fatores locais, setoriais, nacionais e mundiais, que devem ser analisados de forma desapaixonada.

Em relação à estratégia empresarial, por exemplo, para se ter uma noção clara e a mais objetiva possível dos destinos da empresa, podemos lançar mão das perguntas básicas formuladas por Peter Drucker, que definem as etapas e as providências que uma empresa deve tomar para praticar uma estratégia:

1. Onde estamos...	... o que somos?
2. Onde queremos chegar...	... o que desejamos vir a ser?
3. O que é preciso fazer para chegar lá?	

Para se praticar estratégia é fundamental pensar no futuro, construindo-o a partir do presente, sem esquecer de baseá-lo no passado!

4.4 Desenvolvimento de Estratégias Internacionais

Atualmente, não basta ter apenas uma estratégia nacional ou regional; toda empresa deve pensar grande, o que significa pensar em mercados distantes. Uma empresa de porte instalada no Brasil, com um mercado potencial de 170 milhões de habitantes, deve estar planejando sua inserção no mercado internacional, pois o cenário das guerras para conquista e manutenção de mercados mudou de campo; antes, as empresas que exportavam travavam verdadeiras batalhas nos mercados internacionais, em termos de preço, prazos de entrega, seriedade e capacidade de produção e principalmente a falta de conhecimento que o país detinha acerca do exterior.

Atualmente, a guerra é também travada em nosso território: as empresas internacionais almejam vender em todos os países, e aqui vêm nos combater. Antes, a nossa luta era local; agora, passou a ser global!

Então a estratégia nacional ou local já não garante a sobrevivência e o crescimento da empresa por muito tempo.

A melhor maneira de ser competitivo no seu mercado é ser competitivo no mercado internacional. No Brasil, devido ao grande potencial do mercado interno, certa dose de comodidade empresarial, dificuldades burocráticas para acesso ao mercado internacional e falta de política de comércio exterior, a maioria das empresas preferiu, ao longo dos últimos 40 anos, atuar no mercado interno, sem se preocupar em buscar mercados internacionais como opções de desenvolvimento e competitividade de seus negócios.

Antes do final do século, algumas empresas internacionais tinham uma espécie de pacto de divisão de mercado, como as empresas automobilísticas francesas e italianas, que não se instalavam no mercado brasileiro, ou o caso da Rhodia, que ficou durante muitos anos só no mercado brasileiro, enquanto a DuPont ficava com o mercado argentino. Essa trégua terminou, há algum tempo, e agora cada empresa quer conquistar maiores fatias na participação de mercado em vários países.

Essa guerra, portanto, ficou mais forte e desleal. As empresas globalizadas buscam cada vez mais produtividade com baixo custo operacional, para oferecerem produtos cada vez mais acessíveis, ampliando seu mercado potencial.

As empresas exportadoras com objetivos estratégicos no Brasil são uma minoria. A grande maioria das empresas instaladas no Brasil busca a exportação como alternativa emergencial para as crises do mercado interno, usando o efeito sanfona – crescem e encolhem suas vendas para o exterior, ao sabor das ondas.

Assim, quando, por algum motivo, as vendas no mercado interno caem, essas empresas voltam-se para o mercado internacional como forma salvadora de seus problemas imediatos, esquecendo-se de que no comércio internacional é preciso seriedade, persistência e, sobretudo, constância para se conquistar mercados.

Dessa forma, buscar saídas imediatas na exportação não é nem nunca será uma solução viável, muito menos estratégica; é uma atitude de desespero!

A alternativa de trabalho com o mercado internacional requer uma série de requisitos básicos que vamos estudar nos próximos capítulos.

Muito se tem falado sobre a exportação como forma estratégica de desenvolvimento, permanência e até sobrevivência no mercado nacional, mas pouco tem sido realizado.

A exportação não é fruto de uma oportunidade, e sim uma decisão consciente e madura de atingir mercados alternativos como forma de preservar a competitividade da empresa também no mercado interno. Em relação a isso, temos inúmeros exemplos de empresas que sucumbiram perante os concorrentes, por absoluta falta de visão empresarial.

A Internet revolucionou o mundo em termos de acesso de informações. Ela permite uma eficiente comunicação com quase todos os lugares do mundo, possibilitando a expansão dos negócios e principalmente da informação. Quase tudo pode ser feito pela Internet, desde um simples bate-papo até a inscrição em um curso universitário.

Com a Internet, a relação *business-to-business* foi totalmente dinamizada; as inovações são rapidamente absorvidas e difundidas internacionalmente, da mesma forma que um vírus da Internet.

Com a globalização da economia e o conseqüente encurtamento relativo das distâncias entre mercados produtores e consumidores, a internacionalização de uma empresa passa a ter conotações estratégicas. Não se pode conceber que empresas de médio e grande porte não vejam no mercado internacional a possibilidade de aumentarem suas perspectivas de crescimento sustentável.

Hoje, excepcionais ferramentas de comunicação estão à disposição de todos e, em questões de segundos, nossa mensagem está chegando ao nosso cliente potencial.

Segundo Hitt et al. (2003, p. 313):

> *(...) a Internet agora permite uma rápida e eficiente comunicação e coordenação de unidades e operações de base global. Ela também facilita relações* business-to-business *(B2B) – por exemplo, entre fornecedores e clientes – e aumenta a velocidade com que as inovações são difundidas internacionalmente.*

Está claro que a arena internacional pode representar para as empresas tanto oportunidades como ameaças em nível nacional e internacional.

Uma estratégia internacional é representada por uma empresa que foca seus negócios em um mercado alternativo (o internacional), no qual residem as novas oportunidades potenciais.

No aspecto de uma estratégia internacional, é preciso que as empresas, em seus mercados-alvo, tenham em mente os aspectos do ciclo de vida dos produtos.

É necessário saber, antes de entrar em um mercado internacional, em que estágio do ciclo de vida do produto encontra-se a mercadoria a ser comercializada naquele país. Se eventualmente o produto está em uma fase de declínio, ou mesmo de saturação, não vale a pena investir naquele mercado.

Para Hitt et al. (2003, p. 317):

Uma estratégia internacional refere-se à venda de produtos em mercados fora do mercado doméstico de uma firma. Uma das razões para implementar uma estratégia internacional (em vez de uma estratégia focalizada no mercado doméstico) é que os mercados internacionais produzem novas oportunidades potenciais (...)

4.4.1 Estratégias das nações

O Brasil ainda conta com uma série de deficiências na formulação de uma política de comércio exterior e relações internacionais. Só recentemente o País tem dado mais importância ao comércio internacional. Não existe nenhuma ação coordenada do governo para implantação de uma estratégia de internacionalização para as empresas instaladas no Brasil. Apenas em 2004 o governo apontou algumas pequenas e isoladas iniciativas, como o programa Radar Comercial, por exemplo, que tem por objetivo dar ao empresário nacional maiores facilidades de acesso a dados de clientes potenciais no exterior. Mas, na realidade, não existe um modelo de comércio exterior planejado e muito menos uma estratégia da nação para obter sucesso nas suas relações com o resto do mundo.

Na realidade, embora saibamos que o comércio internacional é feito por empresas e não por países, é necessário que as nações formulem políticas adequadas de comércio exterior, junto com políticas industriais, cambiais e demais políticas macroeconômicas, além da diplomática, que possam dar suporte e substância ao seu comércio exterior.

Temos de ter em mente, por exemplo, que produtos exportados com alto valor agregado, como aviões, são fundamentais para o desenvolvimento, criação de renda e postos de trabalho para um país. O Brasil teve resultados positivos em 2003/2004 na sua balança comercial graças aos produtos do agronegócio, que normalmente têm baixo valor agregado. Assim, é mais importante exportar produtos acabados e com alta tecnologia do que *commodities* agrícolas.

Essa tem de ser a visão dos governantes e políticos e deve ser transmitida claramente para os empresários. Exportarmos uma tonelada de soja, por exemplo, é muito mais trabalhoso e agrega muito menos valor, do que um avião Super-Tucano ou um EBM 190 da Embraer.

Em vez de exportarmos toneladas de soja bruta, temos de exportar produtos industrializados de soja, mesmo que seja necessário, como de fato normalmente é, adaptarmos e submetermos os produtos alimentícios aos paladares e análises dos mercados a serem atingidos.

Em relação a isso, as nações devem formular suas estratégias de conquista de novos e rentáveis mercados, explorando a capacidade da indústria e incentivando a exportação de produtos com alto valor agregado.

Buscar parcerias com outros países, que eventualmente detenham tecnologias, também tem de ser uma preocupação constante.

A estratégia das nações passa também por escolas, universidades, e infraestrutura rodoviária, ferroviária, de portos e aeroportos etc.

Um dos exemplos mais importantes, em relação à estratégia de uma nação, é o da Coréia do Sul e Taiwan, entre outros, chamados tigres asiáticos, que investiram em sua base para tornarem-se plataformas exportadoras. Mais recentemente temos notado a agressividade da China no comércio internacional, fincado, é verdade, no baixo nível de salário de seus trabalhadores; mas, com certeza, a China deve ser um dos grandes no comércio internacional, no final desta década.

Cabe ressaltar que, como empresários, não devemos esperar por providências governamentais para podermos exportar. Na maioria das vezes, os governos só tomam providências depois que empresas e associações de empresas pressionam e iniciam seus negócios no exterior.

O conceito de estratégia das nações em relação ao comércio internacional conta, por exemplo, com duas obras originais, bastante abrangentes: a primeira, de Michael Porter, *The Competitive Advantage of Nations* (1990), e a segunda, *The Marketing of Nations: a strategic approach to building national wealth*, de Kotler et al. (1997), que infelizmente têm sido pouco lidas pelas autoridades brasileiras.

Baseados em algumas premissas defendidas pelos autores citados, precisamos formular estratégias articuladas, analisar o PFOA da nação. Mas também precisamos agir com honestidade, perseverança e profissionalismo, entre outros atributos.

Não se pode admitir, por exemplo, que, devido a negligências de alguns exportadores, uma ação mercadológica de venda de produto agrícola, como no caso da soja exportada para a China em meados de 2004, fosse recusada pelo governo chinês por estar contaminada por grãos com fungicidas. Sabemos que, para exportar produtos agrícolas e, portanto, um produto primário, não existe segredo. A produção e a exportação de produtos agrícolas é uma das operações mais simples possível em termos de logística ou mesmo de produção. O Brasil é fundamentalmente ainda um grande exportador de produtos agrícolas.

O que ocorreu foi que parte do carregamento de soja foi misturado com sementes tratadas com fungicidas, que as tornam de cor avermelhada e, portanto, de fácil identificação.

A *Folha de S.Paulo*, de 16/6/2004, p. B-4, relata:

> *(...) se a soja for misturada à semente pelo produtor, seria por basicamente um motivo: ele não pode reaproveitar as sementes que sobraram de uma safra para a outra – que perderam o poder de germinação – e o produtor perderia todo o dinheiro investido naquelas sementes – que são mais caras que o grão. Ao misturá-las ao grão vendido, evita-se a perda total do investimento.*

Alguns exportadores inescrupulosos, ou no mínimo *descuidados*, colocaram junto com o carregamento sementes que estavam preparadas para o plantio e as que sobraram do plantio da safra passada. Resultado: no intuito de ganhar alguns dólares a mais e não perder a soja originalmente tratada para ser semente, incluíram-nas no carregamento normal. Nesse caso, o país teve de renegociar os contratos e o presidente da república precisou telefonar para o primeiro ministro chinês para tentar evitar um mal-estar maior e tentar salvar a imagem do Brasil. No total, 23 empresas foram proibidas pelo governo brasileiro de exportar soja para a China.

A partir desse incidente, os exportadores têm de pagar uma inspeção prévia (antes do embarque), para cumprir a nova determinação do governo de só admitir uma semente por quilo de soja exportado. De acordo com declarações do ministro da agricultura, o impacto desse incidente nas exportações para a China será relevante: cerca de US$ 1 bilhão.

No exterior, esse tipo de atitude deixa bastante comprometida a imagem do Brasil como exportador. Provavelmente anos de negociações podem ser destruídos com um simples problema de credibilidade, derivado da ganância e "esperteza" de alguns exportadores que comprometeram as investidas diplomáticas e comerciais do Brasil com seu maior parceiro comercial brasileiro na Ásia.

Definitivamente essa não é uma boa estratégia e o fato demonstra que não é boa técnica de marketing internacional, mas o que poderíamos chamar de marketing reverso – fazer marketing ao contrário.

O país não pode ficar à mercê de umas poucas empresas que não cumprem com as suas obrigações mínimas; por isso é que necessitamos, por exemplo, de um ministério do comércio exterior para, entre outras coisas, ser capaz de regulamentar e, se necessário, banir do cadastro de exportadores empresas que praticam ações semelhantes a essa anteriormente narrada. Infelizmente a atuação desastrosa de alguns pseudo-exportadores pode comprometer o trabalho de muitos.

4.4.2 Estratégias empresariais

A expansão das atividades internacionais tem sido, para várias empresas de países desenvolvidos e mais recentemente para empresas de países em desenvolvimento, a verdadeira salvação em termos de conquista e ampliação de mercados e margens de lucro. Finalmente, constatamos que também as empresas brasileiras ou instaladas no Brasil descobriram a duras penas que a exportação e a conquista de mercados internacionais podem ser alternativas importantes para a manutenção do seu negócio, inclusive no próprio mercado nacional.

Abrindo espaço para comentar a falta de visão para um negócio e apenas para ilustrar uma possibilidade de expansão no mercado nacional, por exemplo, pudemos presenciar a evolução e depois a involução de um pequeno negócio de supermercados com cinco lojas, na zona leste de São Paulo. Na década de 1980, o negócio evoluiu até a configuração de cinco lojas, mas, no final da década de 1990, já havia encolhido para duas. Questionei o proprietário sobre quais teriam sido as razões para a involução. O dono, um senhor que já era avô, contou-nos que, por falta de sucessão nos negócios da família, deixou de comprar e abrir várias lojas localizadas na região e próximo a ela, tais como em *shoppings* e outros pontos comerciais importantes. Hoje, o supermercado ainda tem um bom porte, mas conta só com uma única loja e, pelo relato desse senhor, uma rede nacional de supermercados e hipermercados acabou "tomando conta!" da microrregião em que ele atuava, tornando-se um grande concorrente para o seu negócio.

Provavelmente, daqui a mais alguns anos esse negócio não existirá mais, pois as grandes cadeias de supermercados sufocarão um pequeno empreendimento como esse.

Essa história real pode e deve estar acontecendo em várias partes do Brasil. Por analogia, é importante salientar que uma empresa de médio ou grande porte no País precisa pensar em sair de seu "mundinho" e buscar novas formas de crescer por meio de associações, fusões, *joint-ventures*, ou mesmo por meio de cooperativas, consórcios de compra, buscando formas alternativas de crescimento.

O mercado internacional deve ser uma alternativa a ser pensada e utilizada.

De 1973 a 1978, tive o prazer de trabalhar em uma grande cadeia de lojas que possuía importante quantidade de filiais, por quase todo o país.

As empresas eram divididas, por questões acionárias, em quatro diferentes empresas, com sedes em Recife, Fortaleza, Rio de Janeiro e São Paulo. A administração de São Paulo vislumbrou, na década de 1970, uma possibilidade de diversificação dos negócios e utilizou de recursos do antigo Fundo de Investimento do Nordeste (Finor). Construiu, com esses recursos, um belíssimo hotel no Nordeste, até hoje um dos mais conceituados e badalados e, ao que consta, é um empreendimento bastante rentável e interessante.

Com essa mesma visão de diversificar e modernizar-se, a empresa tentou modificar a forma antiga de apresentação de suas lojas de varejo, inaugurando um novo e arrojado estilo de loja em Curitiba. O sucesso desse novo conceito para a empresa foi um grande incentivo para que ela resolvesse expandir seus negócios para o mercado internacional o que era, de certa maneira, uma forma de consolidar essa nova fase na sua vida, contando com um novo estilo de loja implantado em Curitiba. A empresa inaugurou uma loja em Santiago do Chile, que inicialmente foi um sucesso de vendas e arrojo, dentro do conceito de comércio da cidade e do próprio país, o qual, na época, contava com lojas ainda bastante antigas quanto ao aspecto visual, vitrines e mix de produtos. O Magazine Muricy repetia em Santiago do Chile o seu conceito de vanguarda e ousadia apresentado em Curitiba.

Depois de alguns anos de sucesso, a primeira e única loja internacional do grupo Lundgren foi negociada para um grupo local que controlava o "Almacenes Paris". Acabava aí uma história de sucesso internacional de um grupo empresarial brasileiro com grande participação no varejo.

Dentro dessa pequena análise do varejo, outro exemplo que podemos citar é o da cadeia de lojas Wal*Mart que, em 1992, depois de anos de sucesso somente nos Estados Unidos, decidiu formar um empreendimento conjunto com a Cifra S.A., a maior cadeia de varejo do México. Iniciava-se assim para muitos analistas americanos e para um grupo importante de sucessores de Sam Walton, na gestão da empresa, tardiamente as suas operações internacionais. No final de 1994, a empresa operava 63 lojas nas áreas da Cidade do México, Monterrey e Guadalajara. Em 1994, adquiriu 122 lojas no Canadá e em 1995 inaugurou lojas no Brasil e na Argentina, mais tarde na China e Indonésia, e posteriormente Europa. Hoje é uma das maiores empresas do mundo, repassando aos seus consumidores as reduções de preços que consegue de seus fornecedores.

Seu modelo de gestão está influenciando o mundo. Sua filosofia de comprar barato e pagar salários abaixo do mercado tem sido analisada por historiadores, antropólogos e economistas americanos que acreditam que a empresa se tornou um fenômeno.

Temos um exemplo de uma cadeia de lojas de varejo que, apesar da grande força no mercado norte-americano, só se internacionalizou na década de 1990, ao contrário de muitas empresas americanas que, na década de 1960, eram consideradas multinacionais devido à presença em vários mercados mundiais. No momento, pensamos que sua decisão foi acertada, pois é uma das maiores empresas da aldeia global.

Por outro lado, o exemplo da Wal*Mart nos leva a pensar que nem sempre as grandes empresas americanas e somente elas têm se tornado internacionais ou mesmo globalizadas antes, por exemplo, de empresas brasileiras. A badalada Wal*Mart demorou 20 anos para se internacionalizar, se a compararmos com o grupo Lundgren, citado anteriormente.

Em uma análise simples, podemos concluir que o grupo brasileiro foi mais proativo e teve maior visão dos negócios internacionais, já na década de 1970, do que o grupo americano, que só "acordou" em 1992.

Com esses e mais alguns exemplos, podemos conceituar que: as estratégias empresariais focadas no mercado internacional são aquelas pelas quais as empresas buscam planejar e implementar formas de conquistar mercados internacionais.

O mercado internacional deve ser um objetivo a ser alcançado por toda média e grande empresa brasileira. Façamos empreendimentos conjuntos com sócios locais; devemos buscar oportunidades de expansão dos nossos negócios.

Segundo Hitt et al. (2003, p. 320),

> *Dadas às motivações tradicionais e emergentes para expandir-se para mercados internacionais, as firmas podem obter quatro benefícios básicos da diversificação internacional:*
>
> - *Maior tamanho do mercado.*
> - *Maiores retornos para grandes investimentos de capital ou para investimentos em novos produtos e processos.*
> - *Maiores economias de escala, escopo ou aprendizagem.*
> - *Uma vantagem competitiva através da localização (por exemplo, acesso à mão-de-obra de baixo custo, recursos críticos ou clientes).*

De fato, a diversificação dos mercados pode possibilitar boas oportunidades de:

- Ampliar nossa possibilidade de enfrentar crises no mercado interno.
- Ampliar a possibilidade de obtenção de custos marginais de produção menor.
- Reduzir riscos de inadimplência local para que a maioria das exportações possa ser feita por meio de cartas de crédito ou com seguros internacionais mais baratos.
- Possibilitar às empresas acesso a crédito, com juros mais competitivos, por meio do ACC (Adiantamento sobre Contrato de Câmbio) ou ainda por meio de empréstimos externos lastreados em exportações.
- Ampliar a possibilidade de agregar valor à marca.

Podemos concluir que a aplicação de estratégias empresariais, visão e capacidade de vislumbrar cenários passam a ser algumas das ferramentas indispensáveis para que as empresas obtenham sucesso empresarial.

Para isso, a gestão tem de ser proativa, não somente reativa. Muitas vezes o executivo solitário não consegue propor aos seus pares de diretoria essa visão de diversificação e de expansão seja nacional, regional, seja internacional, a tempo de salvar a empresa de um futuro tenebroso.

Em termos de modelo de gestão, podemos dizer que existem dois tipos de empresários:

- o empresário moderno e
- o ex-empresário.

Ou ainda, em termos de gestão ou modo de ação de empresas, podemos citar três tipos diferentes de gestão:

- empresas que, sendo proativas, fazem as coisas acontecerem;
- empresas que, sendo reativas, perguntam o que está acontecendo;
- empresas inertes, que perguntam o que aconteceu.

São três os tipos de modelo de gestão que podem fazer a grande diferença. O primeiro inova, modifica, busca novas alternativas de mercado. O segundo normalmente desconfia de que algo novo está acontecendo e consegue, às vezes, copiar e acompanhar o mercado. E o terceiro grupo de empresas é constituído daquelas cujo mercado mudou completamente, seus produtos ficaram obsoletos e, na última hora, seus executivos tentam desesperadamente saber o que aconteceu.

O fato é que o mercado e as condições mudaram e a empresa ficou parada no tempo e no espaço. Muitos são os exemplos desse tipo de modelo de gestão, que levaram várias empresas do Brasil a serem alijadas do mercado, muitas com marcas famosas como Matarazzo, Mappin e Mesbla, só para citar algumas. Não deixe que sua empresa seja alijada do mercado; formule estratégias, faça alianças e, sobretudo, tente inovar sempre. Pense estrategicamente. Pense em construir o futuro. E o futuro se constrói planejando.

No diagrama a seguir, teorizamos as etapas e as ferramentas para a execução de um pensamento estratégico, visando construir uma estratégia empresarial baseada no mercado (plano de marketing estratégico).

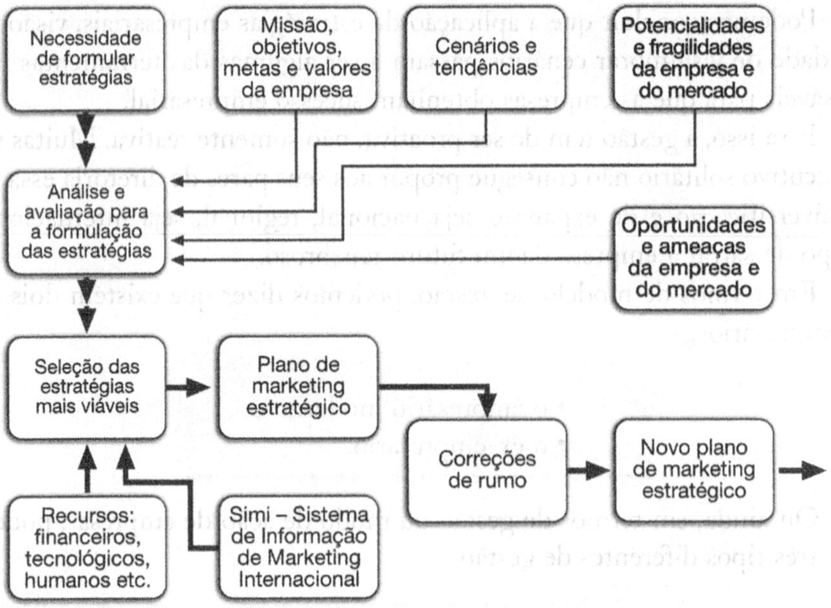

Figura 4.1 – Diagrama do pensamento estratégico que é auto-alimentado.

4.5 Planejamento e Desenvolvimento Estratégicos

O planejamento estratégico não pode ser confundido com previsão, projeção, plano ou resolução de problemas; é elaborado para prever e prover, tendo como objetivo básico a não-incidência de problemas na empresa. Assim, o planejamento estratégico visa minimizar, se não eliminar, as possibilidades de ocorrer problemas na empresa.

Fundamentalmente ligado à estratégia, o planejamento estratégico, aqui colocado no conceito da empresa, permite organizar e ordenar as propostas estratégicas para atingir objetivos propostos ou reverter alguns resultados não muito favoráveis. É claro que do planejamento estratégico depende o desenvolvimento estratégico de pessoas, empresas, países etc.

Como vimos anteriormente, e vale a pena repetir, o planejamento estratégico, segundo Peter Drucker, consiste em basicamente responder às seguintes perguntas:

1. Onde estamos...	... o que somos?
2. Onde queremos chegar...	... o que desejamos vir a ser?
3. O que é preciso fazer para chegar lá?	

Na realidade, o planejamento estratégico (PE) é a explicitação da estratégia e deve prever e antecipar as mudanças, a fim de evitar surpresas. Portanto, o PE tem como meta fundamental o desenvolvimento estratégico, utilizando-se da estratégia.

Os militares usam a frase bastante conhecida: Prever é prover! – uma das máximas da intendência.

4.6 Estratégias Empresariais Aplicadas ao Comércio Internacional

Estratégia empresarial é a definição de uma linha geral para o desenvolvimento das atividades da empresa, e por isso, diz respeito a decisões de suma importância, quase sempre válidas a longo prazo.

Na estratégia empresarial (EE), é preciso fundamentalmente prever e antecipar as mudanças no mercado, a fim de evitar que a empresa fique defasada.

Claro... é preciso saber para onde ir.

A estratégia empresarial é uma ferramenta potencialmente muito poderosa, que capacita a alta direção da empresa a lidar com as constantes mudanças que ocorrem no meio ambiente em que a empresa está inserida.

As empresas devem formular estratégias para poderem competir no mercado tanto nacional como internacional; a melhor maneira de uma empresa ser competitiva no mercado nacional é ser competitiva no mercado internacional.

Muitos empresários brasileiros reclamam, e com razão, da falta de política de comércio exterior, de política comercial, infra-estrutura e do "custo Brasil"; mas tudo isso deve ser contornado, de certa maneira, para que a empresa seja competitiva.

Segundo Michael Porter (1993, p. 43):

As empresas, não as nações, competem em mercados internacionais.

Devemos compreender como essas empresas criam e mantêm a vantagem competitiva, a fim de explicar qual o papel desempenhado pela nação nesse processo. Na moderna competição internacional, as empresas não precisam confinar-se em seu país.

Baseando-nos em Porter, podemos afirmar, mais de 14 anos depois de escrita uma de suas obras mais famosas, "que as empresas não precisam confinar-se em seu país, devem sair das fronteiras destes a fim de conquistar novos e promissores mercados".

A definição e a implantação de uma estratégia empresarial deve partir do planejamento estratégico, que pode ser até dispendioso e bastante complexo quando da implantação, mas, uma vez formulado, sua manutenção por meio de um pensamento e de uma filosofia estratégica torna-se mais fácil e jamais deve ser abandonada, por mais que surjam dificuldades.

De maneira genérica, se analisarmos as empresas que sucumbiram às constantes mudanças do mercado, veremos grande percentual delas o fez pela ausência de planejamento estratégico e de uma administração estratégica.

Por outro lado, devemos ter em mente que a estratégia empresarial e a estratégia mercadológica estão intimamente ligadas pela análise dos cincos Ps.

Alguns autores têm inovado em sua análise crítica do mercado, chegando a criar algumas figuras comparativas bastante interessantes, como nos livros *Em busca da empresa quântica*, *Surfando nas ondas do mercado*, *Competindo pelo futuro* etc., o que demonstra a riqueza da estratégia, da administração estratégica e do marketing estratégico.

Nesse aspecto, cada vez mais, em uma economia globalizada, é necessário prever e interceptar o futuro, sair na frente, com vantagens competitivas atraentes, conquistando novos consumidores, em novos mercados.

A empresa moderna tem a obrigação de sair da estafante rotina do dia-a-dia e buscar novas idéias. A forma mais fácil de fazê-lo é competir em novos mercados que, quanto mais difíceis de serem conquistados, mais estimulantes se nos apresentam.

Sabe-se que o comércio internacional é difícil e altamente profissionalizado, mas essas dificuldades servem para estimular a empresa a competir, e por isso mesmo devem ser buscadas como uma forma de auto-aprendizado. O mundo, historicamente, tem evoluído quando passa por grandes dificuldades. A estratégia empresarial deve ser formulada para prever as dificuldades que a empresa possa encontrar e fazê-la passar por elas com menos traumas possíveis.

A melhor forma de enfrentar dificuldades do mercado é estar preparado para elas e ter a possibilidade de mercados alternativos. Quanto a isso, estratégias empresariais aplicadas ao comércio internacional são como uma arquitetura estratégica, que deve ser construída passo a passo, com objetivos precisos, de acordo com a capacidade operacional da empresa.

Propositadamente mencionamos e discutimos alguns conceitos bastante inter-relacionados, como estratégias, planejamento e planejamento estratégico, que, na realidade, têm um inter-relacionamento muito grande e acabam sendo utilizados por muitas pessoas com o mesmo sentido, embora sejam conceitualmente diferentes.

Podemos dizer que estratégia significa prever e antecipar decisões de suma importância para indivíduos, empresas ou mesmo países. A estratégia deve ser construída com base nos recursos disponíveis, nos prováveis cenários e nas ferramentas, sem perder de vista o meio ambiente em que estamos inseridos. Administração estratégica tem como objetivo manter uma empresa, uma organização, como um conjunto apropriadamente integrado a seu meio ambiente mercadológico e, portanto, é uma evolução da aplicação de uma estratégia.

Focando em estratégias internacionais que uma empresa pode desenvolver, podemos citar o modelo desenvolvido por Hitt et al. (2003, p. 325-34), segundo o qual as estratégias internacionais podem ser divididas em:

4.6.1 Estratégia internacional de nível de unidade de negócios

Subdividida em:

- Estratégia internacional de diferenciação.
- Estratégia internacional de focalização.
- Estratégia internacional de liderança em custos.
- Diferenciação integrada.

4.6.1.1 Estratégia internacional de diferenciação

Baseia-se no modelo de Michel Porter, no qual o estrategista descreve os fatores que podem proporcionar vantagens competitivas para as empresas instaladas em determinados países. Assim, a agroindústria brasileira tem se mostrado competitiva, aplicando os recursos abundantes e baratos que o Brasil possui, que são mão-de-obra, terras e recursos naturais, para ser um grande exportador de produtos agrícolas, mas que contam com uma desvantagem: têm baixo valor agregado. A Alemanha, por exemplo, além de uma indústria química forte, desenvolveu um modelo: contar com centenas de feiras e congressos mundiais. A Espanha e a França recebem mais de 50 milhões de turistas por ano, o que lhes confere uma entrada de divisas bastante considerável.

4.6.1.2 Estratégia internacional de focalização

A Embraco, a WEG e a Tupi. As duas primeiras desenvolveram um modelo de negócio pelo qual a Embraco se tornou uma das maiores fabricantes de compressores do mundo, e a WEG, a maior empresa de motores elétricos da América Latina. Já a Tupi firmou-se como grande empresa na área de peças fundidas, todas baseadas em outrora pequenas cidades do Estado de Santa Catarina. As empresas podem estar focadas em pequenos nichos de mercado. Alguns bancos internacionais direcionam seus produtos em clientes exclusivos. Alguns países também focam seus negócios em pessoas interessadas em viver neles, desde que tenham bastante dinheiro para investimentos. É o caso típico de Mônaco, onde os principais pilotos de Fórmula 1 têm suas residências oficiais.

4.6.1.3 Estratégia internacional de liderança em custos

Empresas acabam instalando fábricas em alguns países onde a mão-de-obra é farta e barata, como a China, Paquistão, Índia, entre outros, ou ainda em países cujos custos de instalação e manutenção sejam baratos, com subsídios governamentais. Nesse caso, podemos citar a Intel, na Costa Rica, onde a importância da indústria de processadores é tão grandiosa, que chega a ponto de a Costa Rica manter duas contabilidades para calcular seu PIB: uma incluindo os dados da Intel e outra sem os dados dela. A busca constante de reduzir custos por meio da produção em escala e de outros fatores, como acima descritos, tem sido um dos fatores determinantes da globalização da economia. É comum encontrarmos qualquer tipo de máquinas, como copiadoras ou mesmo um automóvel ou um avião, cujas partes e peças são fabricadas em mais de uma dezena de países diferentes, tudo com o objetivo de reduzir custos.

4.6.1.4 Estratégia internacional – diferenciação integrada

Empresas que buscam a diferenciação como forma de agregar valor ao produto e, conseqüentemente, sair da vala comum da comparação de preços têm tido grande sucesso no mercado internacional. Não existe fórmula secreta para encontrar uma diferenciação. Cada empresa pode desenvolver em seus produtos alguma espécie de diferenciação, que, contudo, tem de ser percebida e valorizada pelo consumidor. Por outro lado, a perfeita integração de uma empresa no seu processo produtivo também pode levá-la a obter uma vantagem comparativa diferenciada; toda empresa deve ter uma visão sistêmica e integrada do seu processo produtivo e administrativo/gestão.

4.6.2 Estratégias internacionais de nível corporativo

Subdivididas em:

- Estratégia multidoméstica.
- Estratégia global.
- Estratégia transnacional.

4.6.2.1 Estratégia multidoméstica

É similar ao modelo defendido por Keegan e Green (1999) e comentado anteriormente, segundo o qual as decisões estratégicas são concentradas nas respectivas matrizes e as decisões operacionais são descentralizadas para a unidade de negócio de cada país, com o objetivo de fazer uma gestão que tenha características locais. Segundo Hitt et al. (2003, p. 331), "uma estratégia multidoméstica concentra-se na competição dentro de cada país. Ela supõe que os mercados diferem e, portanto, são segmentados por fronteiras nacionais". Cada país tem sua multifacetada economia e, portanto, devemos encarar os negócios de exportação também de forma multifacetada. Assim, alguns produtos da Fiat ofertados no mercado argentino não são os mesmos ofertados no Brasil. Esse tipo de estratégia faz valer a máxima: "Pensar globalmente e agir localmente". Assim, cada empresa deve adaptar o seu produto, muitas vezes desenvolvido em termos e para mercados globais, de acordo com a cultura, religião, usos e costumes da população local. Vale também a máxima do marketing que diz: tratar os desiguais desigualmente.

4.6.2.2 Estratégia global

De maneira inversa à estratégia multidoméstica, a estratégia utilizada por uma empresa global tenta padronizar seus produtos da melhor forma possível. Assim, um produto feito nos Estados Unidos, ou na Coréia do Sul, deve ser o mesmo e pode ser vendido em qualquer parte do mundo. Essas empresas que atuam globalmente e têm produtos globais, normalmente, contam com uma espécie de monopólio nos padrões de uso; exemplo disso são os telefones celulares, os videocassetes, os DVDs. Nesse caso, a estratégia de empresas globalizadas, como Motorola, Sony, HP, IBM, Intel, dentre muitas outras, é fundamentalmente focada em economia de escala, oferecendo oportunidade de utilizar certas inovações em todos os países onde atuam, porque esses mercados, para esses tipos de produtos, aceitam uma padronização, o que, digamos, facilita a vida do consumidor. Imagine o leitor se tivéssemos no mundo 10 ou 12 padrões diferentes de filmadoras, computadores, tomadas de energia, de telefones etc. A Ford Motor Company implantou uma estratégia global em meados da década de 1990, tentando colocar no mercado mundial um produto (Mondeo) que era fabricado nos Estados Unidos e Europa com as mesmas características; não deu certo.

4.6.2.3 Estratégia transnacional

Sempre considerando uma empresa com presença em vários países do mundo, a estratégia transnacional procura uma eficiência em âmbito global, combinada com uma responsabilidade da execução da estratégia em nível local. Podemos dizer que seria a aplicação do antigo conceito de empresa multinacional, pelo qual havia uma operação local, mas com subordinação total à matriz. Essa estratégia parece mais indicada para a maioria das empresas com presença global. Mas, antes de tudo, é preciso lembrar que uma empresa só tem presença global, quando transitou por várias etapas da internacionalização, começando como simples exportadora.

O mercado internacional é fonte inesgotável de ensinamentos e é usado até como sobrevivência da empresa no mercado interno.

Devemos, portanto, aplicar a estratégia empresarial como forma de atingir objetivos estratégicos, também no mercado internacional, inclusive como forma de preservar o mercado nacional.

Em termos de mercado internacional, por exemplo, a TAM comprou uma empresa paraguaia de aviação, a Lapsa (antiga Líneas Aéreas Paraguaias), que proporcionou à TAM sua entrada no mercado internacional, pois a empresa encampada já possuía linhas internacionais para o Paraguai, Uruguai, Argentina, Chile, Estados Unidos e Espanha.

Embora naquela época fosse uma empresa regional, a TAM possuía planos estratégicos de ser uma grande empresa de aviação e para isso não lhe faltou competência, pois ganhou o prêmio de melhor empresa de transporte aéreo regional do mundo, em 1995. Quem já viajou pela TAM sabe como ela estrategicamente atua com o objetivo de crescer.

Esse é um exemplo que tipifica muito bem uma estratégia internacional, aplicada com objetivos estratégicos, pois a Lapsa era uma das últimas pequenas empresas disponíveis na América Latina que não fora comprada por outro grupo maior.

Antes, nesse mesmo setor, a Vasp havia comprado o Looyd Aéreo Boliviano e a Ecuatoriana de Aviación. Mais tarde, foi obrigada a desfazer-se delas, devido à crise financeira que se instalou na empresa no final dos anos 90. Já a Varig comprou uma participação importante na Pluna do Uruguai. Todas essas aquisições têm objetivo estratégico. A tentativa de fusão da Varig com a TAM também tinha um objetivo estratégico, além de eliminar certas deficiências dos dois parceiros.

Mais recentemente, a Antarctica e a Brahma se uniram por meio da Ambev, que tem comprado várias cervejarias, principalmente na América Latina, e foi comprada pela cervejaria belga Interbreu.

A estratégia é fundamentalmente melhor quanto mais quantidade e qualidade de informações forem agrupadas. Não podemos nos esquecer de que, ao formular uma estratégia, o que estamos fazendo é tentar interceptar o futuro!

4.6.3 Estratégias generalistas

Os estrategistas generalistas classificam as estratégias de acordo com a sua aplicabilidade imediata, tais como:

- Estratégias financeiras.
- Estratégias de produção.
- Estratégias tecnoeconômicas do produto.
- Estratégias de autolimitação.
- Estratégias de marketing.

Sabemos que nenhuma lista, por mais completa que seja, pode abranger todas as espécies de estratégias voltadas para a melhor competitividade da empresa. Entretanto acreditamos que, como o objetivo de toda empresa é conquistar e manter o cliente e atender às exigências do mercado como única forma de sobreviver, as estratégias empresariais, embora enfocando outras áreas, têm como objetivo fundamental a estratégia mercadológica.

A maioria das estratégias mercadológicas aplicadas por empresas nacionais, internacionais ou globalizadas é dividida em três grandes tipos: defensivas ou de manutenção; desenvolvimento; e ataque.

No caso da associação Varig/TAM, pode ser dito que era uma estratégia de associação com o objetivo defensivo de eliminar as dificuldades de ambas as empresas, principalmente as financeiras de uma que seria a oportunidade de a outra poder contar com uma rede maior de linhas aéreas nacional e internacional depois da associação.

No caso, o custo da tentativa de associação foi muito alto para as duas empresas. A TAM deixou de investir em sua marca; a Varig, por meio de seus principais acionistas (os funcionários reunidos na Fundação Rubem Berta), deu grandes voltas em termos de gestores, atrapalhando o provável saneamento financeiro da empresa. Finalmente, depois de grandes discussões e pagamentos de ambas as partes de caros relatórios de consultorias econômicas, financeiras etc., as empresas resolveram apenas continuar compartilhando vôos como tentativa de diminuição de custos e melhor aproveitamento das estruturas físicas.

4.6.4 Estratégias defensivas

Uma empresa só se deve utilizar de estratégias defensivas em momentos delicados de sua gestão ou quando a turbulência de mercado é muito grande e ela não conseguiria se manter no mercado, caso utilizasse estratégias mais eficazes.

As estratégias defensivas são aquelas utilizadas pelas empresas como forma de manter sua posição relativa no mercado. É o caso de empresas que em determinado momento não dispõem de recursos financeiros para investir em outros tipos de estratégia e querem manter sua posição relativa no mercado perante os concorrentes. Normalmente a utilização desse tipo de estratégia é feito para não haver maiores riscos para a empresa; mas a defensiva por si só já é um risco que deve ser bem calculado e pensado.

As estratégias defensivas são uma das últimas opções que uma empresa pode fazer para não ser colocada para trás; o ideal seria, é claro, que toda empresa sempre pudesse se utilizar de estratégias de desenvolvimento, por exemplo.

As estratégias defensivas podem ser resumidas em:

- *Concentração* – a organização concentra-se em uma única linha de negócios. Obtém vantagem competitiva por meio do conhecimento especializado e eficiente.
- *Melhorar a imagem da empresa* – a empresa tenta melhorar a imagem perante o seu público-alvo.
- *Melhorar a qualidade e a confiabilidade do produto/serviço.*
- *Superar as falhas do serviço.*
- *Qualificar melhor nossa mão-de-obra.*
- *Concentrar esforços em mercados estratégicos.*
- *Concentrar esforços em mercados conquistados.*
- *Procurar manter posição de mercado* market share.

4.6.5 Estratégias de desenvolvimento

As estratégias de desenvolvimento devem ser sempre utilizadas pelas empresas. Existe uma máxima que diz: "a melhor defesa é o ataque!". Dessa forma, a empresa deve estar sempre preparada para desenvolver novos e diferenciados produtos e serviços, como meio de não parar no tempo e no espaço. A pesquisa e desenvolvimento de novos produtos e mercados é a melhor maneira de se manter competitivo e participando ativamente do mercado no qual a empresa está inserida.

As estratégias de desenvolvimento requerem das empresas alto grau de comprometimento com pesquisa e desenvolvimento de novos produtos e mercados, nacionais e internacionais. Um orçamento equilibrado e bem definido para aplicar em P&D (pesquisa e desenvolvimento) é fundamental para uma empresa que decide aplicar esse tipo de estratégia.

É necessária também a aplicação de recursos em propaganda e promoção como forma de manter os produtos em evidência e fazer com que os novos lançamentos com potencial tornem-se produtos de sucesso. As empresas de modo geral sempre devem pesquisar novos produtos, utilizando-se de uma das mais importantes ferramentas da administração estratégica, que é a matriz ciclo de vida do produto, desenvolvida por volta de 1969 pela empresa Boston Consulting Group, que ficou mundialmente conhecida como Matriz BCG.

Algumas das estratégias de desenvolvimento são:

- Aumentar a variedade de produtos/serviços oferecidos.
- Aumentar a variedade de características extras (opções) oferecidas pelo produto ou serviço.
- Encontrar e desenvolver diferentes utilidades para o produto/serviço.
- Desenvolver novos produtos/serviços.

- Segmentar os mercados, por exemplo, internacionalizando-se.
- Diversificar em produtos.

4.6.6 Estratégias de ataque

Como as estratégias de desenvolvimento, as estratégias de ataque também são recomendadas para as empresas para que se preservem e se mantenham sempre focadas com o mercado e com seu público-alvo. As estratégias de ataque também requerem constante grau de investimento em novos produtos, propaganda e promoção. Essas estratégias de ataque são direcionadas, normalmente, para os concorrentes, a fim de lhes "roubar" participação de mercado. As estratégias de ataque requerem um planejamento de mídia bastante apurado e é preciso estar atento, pois os concorrentes certamente reagirão.

As empresas que optarem por estratégias de ataque podem subdividir suas estratégias em ataque frontal e do tipo guerrilha.

No ataque frontal, a empresa vai atacar de forma central os pontos fracos dos concorrentes. No ataque tipo guerrilha, a empresa utiliza a tática de "comer pelas bordas", ou seja, atacar os pontos fracos do concorrente utilizando as "bordas" do mercado.

Assim, se tenho uma cadeia de supermercados muito fortemente instalada em um grande centro como São Paulo, a empresa que vai atacar começa a se fortalecer em mercados paralelos e nas cercanias da cidade, tornando-se forte, para depois, eventualmente, atacar o grande centro.

Algumas cadeias de lojas de varejo usam com muita propriedade esse tipo de estratégia, que pode ser:

- Mudar política de preços.
- Usar novos e revolucionários canais de venda.
- Encontrar novos distribuidores do seu produto/serviço.
- Redimensionar a força de vendas.
- Atacar mercados não-tradicionais e fora do foco de atuação do maior concorrente.

As estratégias de ataque devem ser formuladas contando que os concorrentes, logicamente, irão se mobilizar e podem até empreender ações, em conjunto, com o objetivo de neutralizar as ações da empresa que está atacando.

Como qualquer estratégia, as estratégias de ataque devem ser formuladas com base em um amplo e completo estudo sobre o mercado e os concorrentes.

Não podemos nos esquecer de que toda ação corresponde a uma reação contrária de igual intensidade.

4.7 Usando o Marketing de Guerra

O marketing de guerra, título que ficou famoso em todo o mundo com o livro de título homônimo, faz importante analogia entre o conceito militar de guerra e a guerra do marketing.

O conceito difundido pelos autores define alguns passos importantes na verdadeira guerra que é travada dia-a-dia pelos *players* do mercado mundial, na qual nem sempre a virtude é de quem é mais competente ou mais forte; a ética não existe e a moral ficou esquecida. A globalização da economia fez com que os concorrentes do mercado mundial, seja em qualquer segmento, travem uma guerra suja, sem limites, na qual até a espionagem internacional é praticada pelas grandes potências mundiais e suas empresas. Nos últimos anos, tivemos exemplos de batalhas entre a Embraer e Bombardier, nas quais o Canadá usou todos os métodos possíveis para retaliar e anular a capacidade e a competitividade da empresa brasileira, acusando o Brasil de subsídios, quando, na verdade, a OMC reconheceu que foi o Canadá que proporcionou maior volume de subsídios à Bombardier.

O marketing internacional transformou-se em uma verdadeira guerra. A agricultura brasileira sofre com subsídios dados por países da União Européia. O aço brasileiro mais competitivo é taxado pelos Estados Unidos; o suco de laranja brasileiro sofre fortes restrições para entrar no Japão por ser mais barato do que o de outros parceiros estratégicos desse país.

A maioria dos produtos brasileiros exportados tem baixo valor agregado. Em contrapartida, somos obrigados a importar produtos de alta tecnologia com alto valor agregado e, por conseguinte, bastante caros. Quantas toneladas de soja precisamos exportar para comprar um processador de computador?

Precisamos de fato que nossas empresas e o próprio País utilizem-se dos conceitos de marketing de guerra para romper com essas disparidades e dar a oportunidade de as empresas brasileiras poderem competir no mercado mundial, mesmo com as armadilhas colocadas pelos países industrializados. É preciso que nossa diplomacia, como vem fazendo nos últimos anos, seja dura e soberana ao negociar acordos e tratados internacionais. É preciso garantir às nossas gerações futuras melhor qualidade de vida.

Com todas as dificuldades de barreiras alfandegárias e não-alfandegárias, o Brasil ainda consegue feitos memoráveis em termos de comércio internacional, e temos, por exemplo, vários setores que conquistaram posições bastante importantes no cenário mundial, tais como:

- Liderança mundial das vendas de suco de laranja.
- Uma dos cinco maiores exportações de calçados.
- Líder mundial na produção e exportação no mercado de frangos.
- Líder mundial na produção e exportação de soja.

- Líder mundial na produção e exportação de carne bovina.
- Vice-líder mundial na produção e exportação de carne suína.
- Um dos dez maiores exportadores de frutas.
- Rede Globo, uma das maiores redes de comunicação do mundo.
- Maior parque industrial da América Latina.
- Possui a quarta maior empresa fabricante de aviões do mundo, a Embraer.

Esses são alguns dos exemplos de como um país pode desenvolver, por meio de suas empresas, algumas competências importantes no comércio internacional.

Nesse aspecto, Raimar Richers (1997) destaca que: "Na economia global, países podem provocar ondas em função de suas vantagens comparativas".

O Brasil possui e ainda pode desenvolver muitas vantagens comparativas, basta focar em determinados segmentos em que se destaca como o mais competitivo.

Os Tigres Asiáticos, e agora a China, devem seu desenvolvimento à capacidade de produzir produtos com qualidade e com preços baixos; suas vantagens comparativas têm como base o baixo custo da mão-de-obra local.

Eles são os grandes detentores, no momento, da maior reserva cambial do mundo em dólares, e pode-se dizer que a China é quem está mantendo o dólar americano nos níveis atuais em relação a outras moedas, devido ao grande montante de reservas entesourado.

A China nos últimos anos e os Tigres Asiáticos em um passado mais recente aproveitaram-se das suas vantagens comparativas para alavancar seu crescimento. Infelizmente o Brasil, nos últimos quatro anos, apesar de produzir e exportar quantidades recordes de produtos agropecuários, não conseguiu alavancar seu crescimento, devido provavelmente a dois fatores: baixo valor agregado dos produtos exportados e falta de investimentos que viabilizassem menor custo da produção.

Dessa forma, podemos concluir este tópico afirmando que o Brasil tem no comércio internacional seu futuro promissor. O que precisamos é um pouco mais de aplicação de estratégias bem-sucedidas, focadas no desenvolvimento do mercado internacional, sem deixar de lado o nacional. Em 2003, se não fossem as exportações, teríamos amargado um decréscimo no PIB maior do que os 0,2% obtidos.

4.8 Custo de Aplicação

Qualquer movimento que uma empresa precise fazer, necessariamente implicará custos – qualquer ação requer gastos. Não existe uma fórmula mágica que faça uma empresa caminhar sem investir em novas tecnologias, campanhas publicitárias, formas de gestão etc.

O planejamento estratégico deve definir o volume de recursos disponíveis para cada projeto, ou seja, cada empresa deve determinar antecipadamente e de acordo com a sua realidade empresarial e do seu mercado o volume de gastos a ser aplicado, depois, é claro, de analisar detidamente todas as implicações e principalmente as variáveis de seu mercado competitivo: o nosso conhecido PFOA (potencialidades, fragilidades, oportunidades e ameaças).

Toda e qualquer empresa tem a possibilidade de analisar esses quatro importantes conjuntos de variáveis. Quanto mais apuradas e completas forem essas análises do PFOA, menor será a margem de erro na formulação de sua estratégia.

Na realidade, a análise do PFOA é mais simples do que aparenta. Nós, que trabalhamos em uma empresa, temos consciência do que ela sabe fazer bem, da qualidade dos produtos que fabrica e da qualidade da sua mão-de-obra (potencialidades), assim como sabemos em que nossos concorrentes são melhores, bem como nossas limitações ou deficiências, por exemplo, na distribuição (fragilidades), e que elas podem ser exploradas pelos nossos concorrentes (ameaças). Também sabemos em que momento nossa empresa deve fazer determinadas ações para conquistar maiores fatias de mercado (oportunidades). Portanto, a análise e as providências para solucionar o PFOA não consistem em dificuldade intransponível. É necessário investir em soluções e gestões diferenciadas, que podem perfeitamente ser planejadas e divididas em etapas.

4.9 Empresas Familiares: Como Sobreviver?

Sabemos que poucas empresas nascem grandes. A maioria das empresas inicia sua atuação como microempresas, depois evolui para empresas familiares. Como exemplo disso, podemos citar inúmeras empresas globalizadas, que na realidade nasceram pequenas, como Ford, GMC e IBM, entre tantas outras.

Assim, criar uma micro ou pequena empresa não é uma questão problemática; o problema é o seu crescimento sustentável e planejado.

A grande dificuldade da pequena empresa, principalmente se tratando de uma empresa familiar, é evoluir. Seja pequena, média ou grande, ela tem vícios que podem levá-la ao insucesso. Sua sobrevivência em um ambiente tão competitivo, como o que hoje observamos, depende da capacidade dos gestores em abdicar de seus conceitos pessoais e implantar uma administração profissional.

O fato de ser membro de uma família que controla acionariamente uma empresa não quer dizer que isso seja o suficiente para administrá-la.

Na realidade, não existem modelos de gestão capazes de transformar uma pequena ou média empresa em uma empresa globalizada. Mas, definitivamente, o tamanho não pode ser obstáculo para uma empresa com modelo de gestão moderno, ajustado às condições de mercado. Não existe receita de bolo para fazer uma empresa familiar crescer, ou até mesmo sobreviver, que não seja a profissionalização e a delegação de poderes!

Tendo em vista essa visão do futuro da empresa familiar, solicitamos ao leitor que, como forma de provar essa afirmação, coloque em uma folha de papel alguns exemplos de empresas, familiares ou não, que conhece e que em sua opinião não conseguirão sobreviver por muito tempo. Consulte essa lista dentro de 6 meses, 1 ou 2 anos e você ficará surpreso!

4.10 Alice no País das Maravilhas!

Todos conhecemos a famosa história *Alice no país das maravilhas*, contada por nossos avós e pais quando éramos crianças.

Pois bem, queremos colocá-la para vocês de maneira diferente, com o objetivo de identificar como o conceito de estratégia é importante e deve ser aplicado não só na sua vida pessoal e profissional, como também na sua empresa.

Certo dia, Alice, acostumada a andar pela floresta, resolveu explorar-lhe nova área e pegou uma trilha pela qual nunca andara. Depois de algumas horas caminhando, deparou com uma bifurcação no centro da qual estava um gato sentado. Sem saber para que lado ir, ela perguntou ao gato:

"Por favor, você pode me dizer que caminho devo seguir a partir daqui?"

"Na verdade, isso depende muito de onde você quer chegar", respondeu o gato.

"Bem, eu não me importo muito com isso, pois estou apenas passeando pela floresta", disse Alice.

"Então não faz a menor diferença por onde você vá!", respondeu o gato.

(adaptação livre de obra de Lewis Carol)

Moral da história: a dimensão e a importância de se estabelecer um objetivo e uma estratégia para chegar a ele, é fundamental. Sem sabermos aonde queremos chegar, dificilmente podemos traçar um caminho para atingir esse objetivo.

Na realidade, o caminho a ser traçado para chegar ao objetivo definido passa a ser nossa estratégia.

Planejar faz parte de um processo natural que todos devemos formalmente perseguir.

Nesse momento propomos uma pausa, e responda:

- Quantas vezes você trilhou caminhos sem saber aonde queria chegar?
- E, se você tivesse pensado onde queria chegar e planejado suas ações, não teria mais sucesso?
- Será que o planejamento estratégico não seria importante para você conseguir objetivos não alcançados?

Antes de Napoleão, estratégia significava a arte e a ciência de conduzir forças militares para derrotar o inimigo ou abrandar os resultados da derrota.

Você certamente um dia acompanhou ou jogou uma partida de xadrez. Nas jogadas cada um dos competidores imagina e estuda várias alternativas para fazê-las, muitas vezes premeditadamente. Essas jogadas podem variar, dependendo das do adversário e, por analogia, podem ser comparadas com a estratégia empresarial, ou seja, a cada lance ou atitude de um concorrente em relação à empresa tem de haver uma "jogada diferente" para neutralizar a da empresa concorrente. Assim, a estratégia empresarial tem como "jogadas" as ações dos concorrentes e as mudanças no meio ambiente em geral. Em se tratando de estratégia empresarial, a toda ação corresponde, normalmente, uma reação de seus concorrentes.

No Brasil, empresas exportadoras que tenham objetivos estratégicos são uma minoria. A grande maioria das empresas instaladas no Brasil busca a exportação como alternativa emergencial para as crises do mercado interno, valendo-se do efeito sanfona, crescendo e encolhendo suas vendas para o exterior, ao sabor das ondas do mercado interno, ou de um conjunto de outras circunstâncias. A exportação não é encarada como atividade regular.

Assim, quando por algum motivo as vendas no mercado interno caem, essas empresas voltam-se para o mercado internacional como forma salvadora de seus problemas imediatos, esquecendo-se de que no comércio internacional é preciso seriedade, persistência e, sobretudo, constância para se conquistar mercados.

Dessa forma, buscar saídas imediatas na exportação não é nem nunca será uma solução viável, muito menos estratégica.

A alternativa de trabalho com o mercado internacional requer uma série de requisitos básicos que vamos estudar nos próximos capítulos.

Muito se tem falado sobre a exportação como forma estratégica de desenvolvimento, permanência e até sobrevivência no mercado nacional, mas pouco tem sido realizado.

A exportação não é fruto de uma oportunidade, e sim uma decisão consciente e madura de atingir mercados alternativos como forma de preservar a competitividade da empresa também no mercado interno. Nesse sentido, temos inúmeros exemplos de empresas que sucumbiram perante os concorrentes por absoluta falta de visão empresarial.

4.11 Marketing Estratégico

Anteriormente, abordamos os temas de marketing e de estratégia. Agora, vamos introduzir uma abordagem que mescla os conceitos anteriormente discutidos, constituindo-se no marketing estratégico.

O marketing estratégico mostra sua importância dentro do conceito mais amplo e abrangente que uma empresa pode e deve adotar para prever e prover novos rumos, de acordo com as mudanças no meio ambiente em que está inserida.

Dentre outros recursos, iremos focar o conceito de marketing estratégico desenvolvido por Kotler, que abarca o conceito conhecido pela sigla SAP que fundamenta, com outros conceitos, essa filosofia.

O conceito tradicional do marketing alterou-se profundamente nas últimas décadas, passando a ser mais abrangente e inter-relacionado com outros, dentre os quais a estratégia, ocupando espaço cada vez maior no processo de gestão organizacional das empresas focadas nas alterações que acontecem no meio ambiente mercadológico.

Podemos afirmar que os aspectos discutidos anteriormente em marketing e em estratégia permitem que, para se definir marketing estratégico, basta "somar" à definição de marketing a filosofia da estratégia. Dessa forma, surge o conceito de marketing estratégico.

Os esforços na sistematização do marketing e na realidade da própria evolução dos seus conceitos e aplicações levaram os executivos e estudiosos de marketing a pensarem em um marketing estratégico. Essa evolução aconteceu devido às várias e constantes mudanças que ocorrem no meio ambiente em que se encontram as empresas – cada vez mais em uma competição acirrada e estonteante.

Na verdade, com a sofisticação dos mercados e da concorrência, as formas e os momentos de como aplicar as técnicas de marketing, somados à busca constante de obtenção de vantagens competitivas, acabaram por desenvolver e sistematizar o conceito e aplicações do marketing estratégico.

Assim, a adoção de um marketing "ativo" e em constante mudança, aliado a uma administração estratégica pelas empresas, acabou por proporcionar um campo específico, que é o marketing estratégico.

Podemos, então, defini-lo como a união das atitudes e conceitos mercadológicos, somados à filosofia da estratégia, tendo como resultado dar à empresa um processo de gestão diferenciado para atingir seus objetivos organizacionais.

Com essa visão, Francese e Pirto afirmam que:

> *No mercado altamente competitivo de hoje, o conceito de planejamento estratégico deve ser expandido de maneira a incluir áreas como recursos humanos e atendimento ao cliente. Funcionários produtivos e clientes satisfeitos podem proporcionar as vantagens competitivas que fazem a diferença entre o apenas equilibrar receitas e despesas e o crescimento robusto.*

Contribuindo com essa visão, Toledo e Silva (1992, p. 185) salientam que o marketing, sob o enfoque estratégico, constitui importante ferramenta para o desenvolvimento de respostas efetivas, não apenas da área de marketing, como também de toda a empresa, a determinada ameaça ou oportunidade ambiental e de mercado, em situações em que a empresa esteja buscando vantagens competitivas. Portanto, as estratégias de marketing são componentes da estratégia global da empresa, justificando a necessidade de uma atenção crescente ao pensamento estratégico de marketing.

Assim como a palavra "estratégia" incorporou-se definitivamente no vocabulário corrente da administração, a expressão "marketing estratégico" também foi incorporada no marketing.

Ansoff (1977, p. 87) destaca que, na literatura sobre administração, existem números significativos de trabalhos referindo-se à "estratégia de linha de produtos", "estratégia de marketing", "estratégia de diversificação" e "estratégia empresarial", dentre outros.

Para Ansoff, o uso mais freqüente do termo estratégia resulta do:

> *(...) reconhecimento de que uma empresa deve ter um campo de atuação bem definido e uma orientação de crescimento, e que os objetivos por si só não atendem a essa necessidade, sendo exigidas regras de decisão adicionais para que a empresa possa ter um crescimento ordenado e com lucros. Essas regras de decisão e diretrizes foram definidas em termos amplos como estratégia, ou algumas vezes, como o conceito do campo de atuação da empresa.*

Kotler (1996) estabelece a importância das ferramentas com as que o marketing moderno, tem contribuído para a formulação de estratégias de marketing.

O conceito de marketing atual acabou por adquirir uma presença importante como uma filosofia de gestão empresarial. Essa nova postura desafia os conceitos anteriores, nos quais o marketing era mais restrito. Na década de 1950, seus pontos centrais tornaram-se mais sólidos; nesse momento, o marketing começou a se desenvolver com mais força e vigor.

Na década de 1990, o conceito de marketing assumiu a chave para que as empresas atingissem suas metas e objetivos organizacionais. Assim, passou de simples técnica para um conjunto de ferramentas capaz de determinar as necessidades e os desejos dos consumidores dos mercados-alvo e lhes oferecer produtos e serviços para a satisfação dessas necessidades e muito além dos seus desejos – passou a incentivar e "sacudir" o consumidor para que esses desejos se tornassem realidade e que as ofertas apresentadas pelas empresas fossem feitas de forma mais eficaz do que as empresas concorrentes.

O marketing passou a ter nesse momento uma conotação estratégica, mesclando seus conceitos com os de estratégia.

O conceito de marketing fundamenta-se em quatro pilares principais: mercado-alvo, necessidades dos consumidores, marketing coordenado e rentabilidade, mostrados na Figura 4.2.

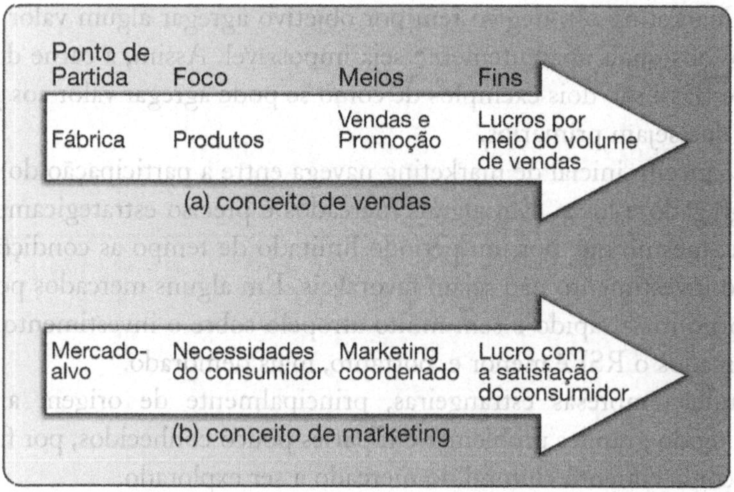

Fonte: Kotler (1996, p. 34).

Figura 4.2 – Contrastes entre os conceitos de vendas e marketing.

Portanto, a prática desses quatro pilares na administração do marketing confere-lhe uma característica estratégica. O executivo, ao assumir um compromisso com essas quatro vertentes, na verdade está dando ao marketing um enfoque estratégico.

A adoção, por parte das empresas, da filosofia de marketing estratégico tem importância fundamental no que diz respeito à capacidade de desenvolver melhoria de posições de mercado da empresa vista como um todo. As decisões sobre formulação e implementação da estratégia envolvem a análise e a interpretação de grande número de informações que fazem parte integrante do Sistema de Informação de Marketing (SIM); dessa forma, o marketing foi se incorporando à estratégia.

O marketing estratégico, segundo Philip Kotler (1996), "É o conjunto de decisões tomadas por uma organização no sentido de compatibilizar as necessidade dos mercados, o ambiente de negócios e os objetivos da empresa".

O marketing estratégico tem a função de implementar na cultura organizacional das empresas uma gestão que faça acontecer! Uma empresa não pode ficar parada, esperando que algo aconteça e, depois de ser atropelada no mercado, se perguntar, atônita: o que aconteceu?

O profissional de marketing tem de estar "antenado" em relação às mudanças que ocorrem no meio ambiente em que a empresa atua, pois nem sempre as empresas as percebem a tempo. Segundo Kotler (1999), "O panorama econômico está sendo moldado por duas forças poderosas – *tecnologia e globalização*".

O marketing estratégico tem por objetivo agregar algum valor mesmo a produtos aos quais aparentemente seja impossível. Assim, a carne das marcas Wessel e Bassi são dois exemplos de como se pode agregar valor aos produtos, mesmo que sejam primários.

O conceito inicial de marketing navega entre a participação do mercado, valor agregado e lucro. Em alguns mercados é preciso estrategicamente estar presente, mesmo que por um período limitado de tempo as condições de retorno do investimento não sejam favoráveis. Em alguns mercados pode-se ter um retorno mais rápido e sem muito atropelo sobre o investimento. Em outros mercados o RSI é menor e, portanto, mais demorado.

Muitas empresas estrangeiras, principalmente de origem americana, acabam tendo grandes problemas em países pouco conhecidos, por falta absoluta de conhecimento cultural do mercado a ser explorado.

Em se tratando de mercados internacionais a serem explorados, as estratégias dos países, formulando acordos comerciais, bilaterais ou multilaterais, passam a ter importância fundamental no desenvolvimento do comércio empresarial entre os países signatários. As empresas desses países podem desenvolver associações estratégicas para produção e comercialização de produtos em dois países, no caso de um acordo bilateral, ou em vários, no caso de um acordo multilateral.

Kotler (1996, p. 35) afirma que, em relação ao mercado-alvo:

> *Nenhuma empresa pode operar em todos os mercados e satisfazer a todas as necessidades. Nem mesmo pode fazer um bom trabalho dentro de um mercado muito amplo. Mesmo a poderosa IBM não pode oferecer a melhor solução para todas as necessidades de processamento de informação.*

Com relação às necessidades dos consumidores, sentencia: "Uma empresa pode definir seu mercado-alvo, mas falhar em conhecer plenamente as necessidades dos consumidores".

Assim, é preciso ter uma estratégia de marketing coordenada e de acordo com cada mercado a ser atingido. Não podemos também imaginar, mesmo em uma empresa global, que ela possa atingir e satisfazer a todas as necessidades de seus consumidores. Não é possível atuar perfeitamente bem, em todos os mercados ao mesmo tempo, e satisfazer a desejos e necessidades de seus mais variados tipos de clientes em todo o mundo. Nesse sentido é que surgem oportunidades de mercado em alguns segmentos nos quais empresas regionais ou locais possam atuar com sucesso.

A Embraer estabeleceu acordo com uma empresa na China, devido principalmente ao princípio de que não é possível estar atento a tudo o que acontece em todos os mercados e o asiático é bastante diferente dos mercados conhecidos no ocidente. Nesse caso, a associação com empresas locais passa a ser uma estratégia de marketing que tem por objetivos facilitar a comercialização e eventualmente diminuir ou mesmo eliminar as barreiras alfandegárias e não-alfandegárias existentes, entender a cultura local e fazer da China uma base de exportação para países da área.

A ampliação do conceito de marketing, incorporando conceitos de estratégia, passa a ser fundamental, nesse mundo globalizado e competitivo, em que as vantagens competitivas passam a ter fundamental importância.

A figura a seguir fornece uma idéia da ampliação do conceito de marketing, tornando-se marketing estratégico.

Todas essas dimensões passam a fazer parte da análise diária do executivo de marketing no sentido de implementar o marketing estratégico.

O conceito de marketing estratégico, como demonstra a Figura 4.3, assume novas visões e novas análises, como a participação no mercado (*market share*), a possibilidade de agregar valor a um produto, a ampliação do mercado (que está ligado ao conceito de *market share*) e, como conseqüência, o aumento da demanda, entre outras.

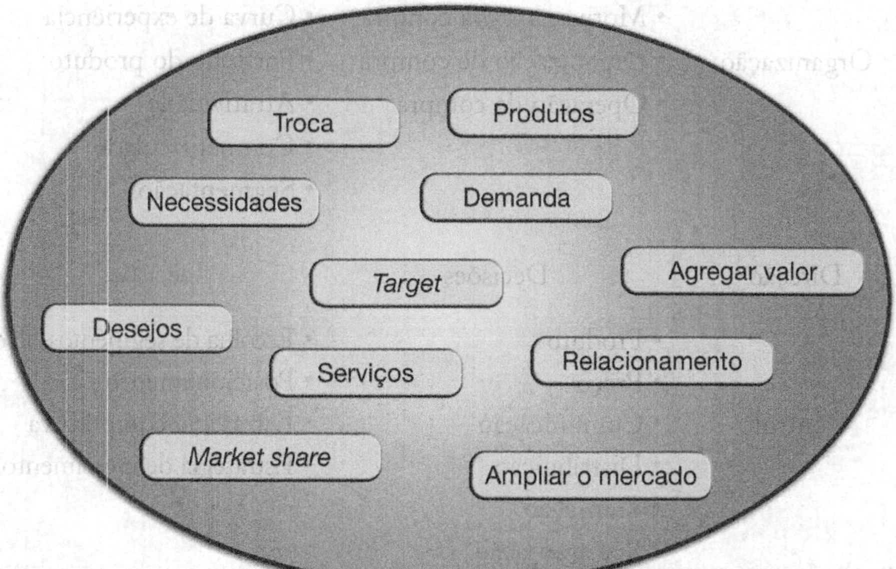

Figura 4.3 – Ampliação do conceito de marketing, resultando no marketing estratégico.

4.12 Características do Marketing Estratégico

O conceito de marketing, como já vimos, sofreu modificações que o tornaram mais abrangente e completo durante os últimos anos.

O marketing passou a ocupar um papel cada vez mais importante em quase todas atividades empresariais e até humanas. Nesse sentido, já se usa o termo "marketing pessoal" como forma de identificar uma ação pensada e estruturada para promover determinada pessoa.

O marketing foi adquirindo dimensões não imaginadas há 40 anos. Qualquer processo gerencial moderno tem de ter a presença marcante de um profissional de marketing, bem longe daquele conceito inicial de que o marketing era somente feito pela agência de propaganda e confundia-se com ela.

Processo Administrativo	Atividades Gerenciais	
	Tático-operacionais	Estratégicas
Planejamento	Análise (mercadorias atuais)	Análise de oportunidades
Organização	• Delineamento de mercado • Motivação para compra • Organização de compra • Operação de compra	• Ciclo de vida do produto • Curva de experiência • Portfólio do produto • Atratividade • Competitividade • Segmentação
Direção	Decisões	Decisões
Controle	• Produto • Preço • Comunicação • Distribuição • Transação • Pós-transação	• Escolha de segmentos-alvo • Posicionamento • Estratégia competitiva • Estratégia de crescimento

Fonte: Geraldo L. Toledo (1994, p. 41).

Quadro 4.1 – Dimensões da gestão de marketing.

Hoje, mais do que nunca, o marketing passou a ter um posicionamento importante na alta administração das grandes, médias e pequenas empresas e cada vez mais passou a se preocupar em como prever e prover a empresa de recursos suficientes para satisfazer às suas necessidades de crescimento e as de lucros para seus acionistas, além do bem-estar de seus clientes e funcionários.

Em relação a isso, o marketing passou de uma esfera operacional, que apenas se preocupava em vender determinados produtos, para uma atitude estratégica, prevendo o que fazer corretamente agora, para chegar a interceptar o futuro. Prever o futuro para saber o que o consumidor do ano 2010 pode necessitar proporciona, por meio da inovação e antecipação, a participação de mercado, o retorno de investimentos e lucros consistentes e duradouros.

A filosofia de marketing estratégico está sempre preocupada com o futuro, desenvolvendo produtos adequados para o consumidor de amanhã.

Dessa óptica, comentando a dimensão gerencial e estratégica do marketing, Toledo e Silva (1992) apresenta no quadro a seguir as principais atividades da gestão do marketing, dividindo-as em tático-operacionais e estratégicas.

O marketing estratégico pode ser diferenciado do marketing tradicional ou funcional, pois apresenta certas características próprias que são:

4.12.1 Ênfase nas ações de longo prazo

As ações e decisões do marketing estratégico têm normalmente implicações a longo prazo, da mesma forma que a administração estratégica. As mudanças no meio ambiente são mais prováveis de acontecer a longo prazo. Dessa forma, existe uma grande ligação entre o marketing estratégico e o ambiente mercadológico e, nesse caso, o foco a ser coberto é de longo prazo.

Analisar o meio ambiente requer certa dose de "inteligência, astúcia, além de sensibilidade mercadológica", característica que diferencia o marketing operacional do marketing estratégico.

4.12.2 Informações empresariais

As decisões do marketing estratégico recebem informações da empresa em três aspectos principais:

- cultura da empresa (estilo de administração e de liderança, usos e costumes, filosofia de administração) que, com o passar do tempo, acaba arraigando-se de forma que passe a afetar o desempenho da organização;
- informações do mercado e do setor de atuação da empresa;
- informações e dados históricos da empresa.

Essas e outras informações gerenciais podem ser cruzadas com a análise de PFDA, no sentido de complementar as análises de informações empresariais.

4.12.3 Papéis diferenciados para diferentes produtos e/ou mercados

No marketing tradicional, a premissa fundamental era a de que todos os produtos devem obter no mercado a maior rentabilidade possível.

O marketing estratégico parte do princípio de que produtos diferentes têm papéis diferenciados a serem cumpridos no mercado.

Dessa forma, a empresa, utilizando-se do marketing estratégico, pode ter um ou outro produto que não necessariamente tenha de obter a maior rentabilidade possível no mercado. Muitas vezes é conveniente estrategicamente que um produto até tenha, por períodos controlados, prejuízo operacional, desde que o objetivo estratégico seja manter posição no mercado ou não permitir a entrada de um concorrente.

Nesse caso, é conveniente que a empresa utilize a matriz BCG como forma de análise dos produtos no mercado, pois é possível saber quais produtos demandam recurso e quais o oferecem.

4.12.4 Nível organizacional

Os conceitos e as atividades do marketing estratégico são direcionados, principalmente, no nível das unidades de negócio; portanto o desempenho das unidades estratégicas de negócios representa informações de grande importância na confecção da estratégia da organização como um todo, tendo em vista, por exemplo, uma corporação em que cada unidade de negócio deve seguir uma estratégia voltada ao atendimento das necessidades e desejos de seu cliente setorial, sem se distanciar da estratégia da corporação.

Isso também se aplica a empresas que não pertencem a nenhuma corporação, sejam pequenas, médias ou grandes. As atividades do marketing estratégico devem obedecer aos conceitos de cada tipo de negócio, mantendo um nível razoável de organização e de informações gerenciais, capaz de proporcionar elementos para uma análise mais estratégica do que operacional.

O nível organizacional e de gestão de uma empresa não dependem de seu tamanho. A pequena empresa deve desenvolver uma sistemática capaz de fornecer informações gerenciais aos seus proprietários.

4.12.5 Interdependência com finanças

O processo de decisão do marketing estratégico está intimamente relacionado com as finanças da organização. Algumas tendências mais recentes recomendam, principalmente, a participação conjunta e integrada do marketing e das finanças na formulação das estratégias, embora, na realidade, a formulação da estratégia deva envolver toda a organização. Nesse sentido, o retorno sobre investimento – RSI – e o fluxo de caixa da organização, além da formulação básica do ponto de equilíbrio – BEP –, estão intimamente ligados à participação dos produtos no mercado.

Voltando aos aspectos gerais do marketing estratégico, Kotler recomenda que o ponto central do marketing estratégico atual pode ser descrito como "o marketing SAP", ou seja, a segmentação, o alvo e o posicionamento da empresa perante o mercado.

De fato, temos presenciado, tanto no mercado nacional como principalmente no mercado internacional, uma crescente importância dos aspectos de segmentação os quais definem cada vez mais o sucesso de um lançamento de um produto no mercado.

Aposentados com mais de 65 anos, jovens solteiros e bem-sucedidos, descasados, amantes da pesca e do ecoturismo são segmentos importantes que devem ser analisados.

Por outro lado, o posicionamento de um produto perante seu público-alvo tem sido o responsável pelo sucesso ou insucesso de uma grande leva de produtos. Recentemente a Chrysler voltou ao Brasil e seu produto principal, Dodge Dakota, foi mal posicionado em termos de preço e de mercado, talvez porque inicialmente contava com muitos insumos importados. O fracasso foi grande, as vendas foram simplesmente ridículas. Em menos de cinco anos, a empresa construiu sua fábrica no Paraná, iniciou a produção de um só produto – uma camionete com cabina simples, no estilo americano, muito grande e aparentando ser bruta e com "cara de brava". Às vésperas de lançar seu modelo com cabina dupla, que talvez seria mais interessante para o público brasileiro, anunciou sua saída do país, fechando suas instalações de montagem de veículos pela segunda vez em sua história no Brasil.

O outro ponto do SAP seria o *alvo,* ou seja, o *mercado-alvo*, que se constitui nos consumidores que comprarão nossos produtos. É preciso conhecer o pensamento desses clientes em relação à nossa empresa e aos produtos que lhes oferecemos, para podermos satisfazer a suas necessidades e desejos.

Tendo em vista a evolução crescente do ambiente de competitividade entre as empresas, as estratégias de marketing, divididas em "estratégias de marketing de massa" e "estratégias de marketing de sortimento" (variedade de produtos), mostraram-se inadequadas em decorrência de os mercados de massa estarem se dividindo em milhares de minimercados, tendo em vista os vários grupos com estilos de vida diferentes.

A questão da variedade de produto, com muitos similares, tem causado certa preocupação e confusão nos consumidores que não sabem aproveitar muito bem as utilidades advindas dessa grande variedade.

Por exemplo, determinado consumidor compra um videocassete com várias funções e programações que possibilitam gravar até 15 dias e em vários canais ao mesmo tempo; além disso, possui quatro cabeças para gravação e quatro para reprodução, com parada de imagem quadro a quadro etc.

Perguntamos: quantas vezes o consumidor utilizou esses atributos e quanto a mais pagou por isso? Provavelmente pagou alguns dólares a mais e nunca se utilizou de todos esses recursos e muito provavelmente nem saiba fazer a programação do aparelho para usá-lo com todas as funções por ele oferecidas.

O marketing estratégico na realidade é formado por várias vertentes que chegam a ser quase uma filosofia; quanto a isso, Rampazzo (1998, p. 116-117) cita Toledo e Silva:

> *O marketing estratégico congrega um conjunto de decisões que combinam harmonicamente as dimensões funcional, administrativa e filosófica do marketing.*
>
> *Trata-se de uma postura de ação administrativa e de um processo que, a partir da definição da missão e do escopo da empresa, procura identificar os públicos que serão o foco central do esforço de marketing, desenvolver um composto de marketing que garanta a adequação da oferta às expectativas dos benefícios procurados por esse público, de modo a promover a rentabilidade do negócio em longo prazo e explorar as oportunidades de mercado pelo aproveitamento de vantagens competitivas.*

Dessa forma, a implantação de um sistema de marketing estratégico em uma empresa requer, antes de tudo, a vontade política de implantação de uma filosofia de marketing por meio de um plano, somado a uma visão de futuro, com base em análises de cenários e tendências gerais e setoriais.

Em alguns casos, pode acontecer de a economia de um país, como a do Brasil, por exemplo, não crescer de acordo com o desejado e não ser capaz de proporcionar um desenvolvimento sustentado. Entretanto o setor em que determinada empresa está inserida é um setor de alto desenvolvimento, como o de tecnologia da informação ou mesmo a telefonia celular. Nesse caso, é preciso separar os cenários e as tendências do Brasil e analisá-los.

4.13 Necessidades do Marketing Estratégico

Fica cada vez mais evidente que, com as constantes mudanças nos cenários e no meio ambiente de marketing, existe uma demanda bastante acentuada para a elaboração de um plano de marketing que contemple, ao mesmo tempo, o marketing e a estratégia, formando assim um plano de marketing estratégico.

Assim, as empresas devem elaborar e implementar um plano de marketing estratégico que, devido às atuais condições competitivas do mercado, passa a ser fundamental para todo tipo de empresas.

Joan-G. Espinosa Guarneiro,* consultor espanhol de gestão empresarial, menciona os seguintes tipos de empresas como as que mais necessitam da formulação de um plano de marketing estratégico:

a) Empresas em situações econômicas bastante comprometidas.

b) Empresas em situação de estancamento ou com escassos recursos econômicos e técnicos para fazer frente às situações do mercado.

c) Empresas situadas, em termos de mercado, em zona cômoda, mas com problemas de crescimento, seja por falta de capacidade interna, seja por falta de competência. Empresas com medo de enfrentar o futuro e com muita insegurança.

d) Empresas bem situadas, agressivas, que querem avançar em termos de participação de mercado e que contam com certa base de recursos tecnológicos e econômicos, mas que desconhecem o exato caminho da estratégia e como implementá-lo.

e) Empresas bastante sólidas que têm bem definido e claro quais seus objetivos em longo prazo, mas que necessitam de ajuda para uma análise e que seja construído um método de atuação, sem ser comprometido pela pressão do dia-a-dia.

f) Empresas que querem ou necessitam lançar novos produtos no mercado.

g) Empresas que necessitam de uma reestruturação interna.

h) Empresas que buscam explorar mercados internacionais.

i) Empresas que estão por passar pelo processo de fusão, incorporação ou absorção.

j) Empresas interessadas em formar *joint-ventures*.

k) Empresas que estão passando pelo processo de venda ou mesmo de fechamento.

Apoiando-se esses conceitos, pode-se concluir que todo e qualquer tipo de empresa deve ter seu plano de marketing com foco voltado para a estratégia, formulando não apenas mais um plano de marketing tradicional, como também um plano de marketing estratégico, ou seja, pensando e olhando para o futuro, prevendo cenários alternativos e provendo a empresa de informações estratégicas para atingir um modelo de gestão empresarial diferente, que possa gerar vantagens competitivas em relação a seus concorrentes no mercado.

---

* Disponível em www.espaciopyme.com/EspacioPyme/BaseDocumental.nsf – *acesso em 21/5/01.*

Lembremo-nos de que a busca de uma ou mais vantagens competitivas deve ser cada vez mais perseguida para agregar valores ao cliente e à empresa.

Reflexões

1. *Analise a empresa em que você trabalha, levante o PFOA e veja como ela está se comportando perante o mercado.*
2. *Proponha um plano estratégico para a empresa. Se ela já contar com um, analise as eventuais falhas desse plano. Proponha soluções alternativas.*
3. *Você acha que sua empresa pode aplicar a estratégia de marketing de guerra em seu mercado? Justifique.*
4. *Como a aplicação de um plano de marketing estratégico pode alterar o desempenho de uma empresa?*

Capítulo 5
Marketing Internacional

Objetivo Marketing Internacional: trata-se de um dos pontos-chave para a competitividade da empresa brasileira no comércio internacional. Ao final deste capítulo, o leitor deve ter uma noção clara da aplicabilidade das técnicas de marketing no mercado internacional. Estará apto a desenvolver melhor suas atividades de exportação nas empresas, bem como a formular uma política comercial de comércio exterior adequada para os vários tipos de empresas.

Palavras-Chave Marketing, Marketing Internacional, Atividade Exportadora, Exportar é o que Importa, Pesquisa de Mercado, Simi.

Neste e nos próximos dois capítulos, vamos abordar a questão central do nosso livro que é a filosofia da aplicação do marketing internacional como forma de uma estratégia de sobrevivência para as empresas instaladas no Brasil e, principalmente, para o próprio país e para os que nele vivem, por uma questão de opção ou por nascimento.

Vamos tentar sensibilizar o leitor a encarar a exportação e a aplicação de técnicas de marketing internacional com o objetivo de conquistar novos mercados, ampliando os já conquistados e aumentando a participação do Brasil no comércio internacional. Assim, o marketing internacional assume uma importância cada vez mais presente em nossas vidas.

Segundo Cateora e Graham (2000, p. 8),

> *Marketing Internacional é a realização de atividades de negócios, desenhadas para planejar, cotizar, promover e dirigir um fluxo de bens e serviços de uma empresa até os consumidores ou usuários de mais de uma nação para obter um benefício. A única diferença entre as definições de marketing nacional e o internacional é que as atividades de marketing ocorrem em mais de um país.*

O marketing internacional é, portanto, uma aplicabilidade dos conceitos de marketing básico, usados em mercados nos quais se desenvolvem atividades de exportação ou atividades de fabricação de uma gama de produtos cuja origem é um outro país.

García-Sordo (2000, p. 19) comenta que: "O Marketing Internacional retoma os princípios básicos do marketing, e ainda é um marco como referência conceitual e filosófico, e representa um conjunto de atividades e processos".

Assim, quando a General Motors do Brasil opera no País, para efeitos de sua matriz nos Estados Unidos, está praticando o marketing internacional. Da mesma forma, quando uma empresa brasileira instala-se nos Estados Unidos, está praticando marketing internacional.

O termo marketing internacional é utilizado para definir processos de comercialização de bens e produtos exportados de um país para outros, que são os países importadores.

Segundo a AMA,

> *Marketing Internacional é um processo multinacional que implica planejar e executar a concepção, o preço, a promoção e a distribuição de idéias, bens e serviços para criar intercâmbios para satisfazer os objetivos individuais e organizacionais.*

5.1 Aplicação do Marketing Internacional em Operações de Exportação

A aplicação e a transferência dos conceitos de marketing para o marketing internacional é uma questão de praticidade e bom senso. Os conceitos fundamentais de marketing, discutidos e estudados na última metade do século passado, podem e devem ser aplicados quando temos como meta a internacionalização, visto que as técnicas de marketing são universais.

É bem verdade que, na sua aplicabilidade em diversos países ou regiões, são necessários certos cuidados, principalmente no que diz respeito à cultura, hábitos de consumo e valores das diversas sociedade. Não pode o profissional de marketing tentar impor para certas comunidades valores e culturas que são repelidas frontalmente. Portanto o marketing internacional engloba técnicas de como melhorar as importações e sobretudo se as exportações e suas aplicações não diferem dos conceitos universais do marketing aos quais, para efeito didático, chamaremos de marketing básico.

5.1.1 A exportação

O conceito de exportação tem sido bastante difundido e acabou fazendo parte do nosso dia-a-dia, principalmente devido ao mundo globalizado e à rápida difusão de qualquer tipo de informação para a maioria dos cidadãos das mais remotas partes do mundo; entretanto necessário se faz conceituar a exportação de forma objetiva e clara.

Para efeito deste estudo, a exportação foi definida como toda venda de produtos, serviços ou idéias de determinado país para outro, gerando divisas internacionais.

Exportação, como define a legislação aduaneira brasileira, é a saída de mercadoria ou serviço de um território aduaneiro que, em contrapartida, gera entrada de divisas ou de outra mercadoria ou serviço de igual valor.

Apesar da simplicidade que o termo envolve, a exportação tem transcendência vital para as empresas e para os países; é uma das operações mais importantes e, em alguns casos, mais complexas. Essa importância foi tão alardeada, que muitos autores definiram-na como uma filosofia empresarial.

De fato, a exportação assume um aspecto muito importante para um país nos dias atuais, pois é por seu intermédio que ele conseguirá pagar seus compromissos internacionais, quer de importação, quer de outras espécies, como juros de dívida externa e a própria amortização do capital emprestado.

Atualmente, a exportação necessariamente tem de fazer parte dos objetivos globais de uma empresa e estar de acordo com sua estratégia global. É preciso que toda a empresa esteja imbuída de uma decisão técnica e política para enfrentar os grandes desafios que a internacionalização representa.

Nesse sentido, com essa importância e como se fosse uma filosofia, Minervini (1989, p. 63) destaca que: “Exportar é um estado de espírito”.

De fato, muito se tem comentado e discutido ultimamente sobre a importância da exportação para empresas e países; mas é preciso saber, antes de tudo, o que ela representa e como funciona. Pode-se sintetizar essa importância na questão de Minervini (1989, p. 63): "A exportação é um mal necessário ou um bem essencial?"

5.2 A Importação e a Exportação dentro dos Objetivos Globais de uma Empresa

Antes de qualquer providência a ser tomada frente ao comércio internacional, é necessário que a empresa esteja consciente do significado de sua inserção nesse tipo de comércio, principalmente quando se trata de exportação. Assim, é preciso que não só a empresa como um todo mas principalmente os seus dirigentes tenham a nítida noção do que significa importação e exportação no contexto dos objetivos globais de uma organização.

Nesses mais de 25 anos de trabalho na área de comércio exterior, quer como executivo, quer como consultor e professor, este autor tem deparado com uma pergunta intrigante, feita principalmente pelos seus clientes.

A exportação dá lucro?

Ora, se formos analisar com detalhes, uma operação de exportação difere apenas da venda no mercado interno, quanto ao cuidado que se deve tomar com a mercadoria e em relação à documentação, a qual, embora tenha sido bastante simplificada com a implantação do Siscomex, devemos reconhecer que é ainda um pouco burocrática e muitas vezes desconhecida pelo empresariado brasileiro, principalmente do médio e pequeno.

No mais, a operação de exportação feita por uma empresa séria e com visão de futuro é rigorosamente igual a uma venda no mercado interno, na qual os cuidados com qualidade, embalagem e correção na documentação são fundamentais.

Para corroborar essa afirmação, vejamos o caso de algumas indústrias da Zona Franca de Manaus, que fabricam equipamentos eletrodomésticos, os quais, na sua maioria, são frágeis e transportados para o sul do Brasil, onde está o maior mercado consumidor do País.

Vários meios são utilizados para transportar essas mercadorias e, por isso, os tipos de embalagem e manuseio devem ser levados em consideração, assim como outros fatores, como a umidade.

No caso inverso – indústrias instaladas em São Paulo que vendem para empresas no norte e nordeste do país – devem ser observados esses mesmos cuidados. Portanto a exportação não se caracteriza por dificuldades desconhecidas da maioria das empresas instaladas no Brasil no aspecto logístico, por exemplo.

Consideremos que, para exportar, é preciso ter em mente que se trata de uma operação de venda, com algumas diferenças fundamentais em relação ao mercado interno, as quais serão analisadas no decorrer deste livro e de forma mais detalhada nos Capítulos 6 e 7.

De acordo com a filosofia empresarial, a operação de comércio exterior deve constar dos objetivos globais de uma empresa, e estar prevista nos seus planos e estratégias, de preferência por meio de um projeto simples, mas que considere a exportação como mais um desafio a ser enfrentado ou mais uma etapa importante a ser vencida.

É necessário que a exportação, nesse sentido, seja desmistificada. Ela não é nem pode ser uma exclusividade de grandes empresas; pode ser praticada por todos os tipos de empresas, não importando seu tamanho ou estrutura; basta apenas ter vontade política e seguir alguns parâmetros que vamos estudar ao longo deste livro.

Quando falamos da exportação dentro dos objetivos globais de uma empresa, queremos dizer que ela não pode nem nunca deve ser encarada como válvula de escape para os problemas de falta de vendas no mercado interno ou de sua pouca rentabilidade. A exportação deve constar dos planos maiores ou estratégicos de uma empresa, que define o momento certo para iniciar-se no mercado internacional e, sempre que possível, fora das crises estruturais pelas quais possa estar passando.

A exportação deve fazer parte de um planejamento de marketing que faça parte do planejamento global da empresa. Deve ser encarada como uma evolução natural do mercado e da empresa, sendo prevista e preparada dentro dos objetivos que a empresa determinou para si própria. A exportação como simples evolução das vendas no mercado interno deve ser feita passo a passo, vencendo as dificuldades normais da abertura de um novo mercado. Deve ser prevista e incluída no plano de marketing e no planejamento estratégico da empresa.

5.3 O Sistema de Informação de Marketing e o Sistema de Informação de Marketing Internacional (Simi)

O Sistema de Informação de Marketing (SIM) é o ponto fundamental de toda a estrutura mercadológica de uma empresa; é por meio dele que todo profissional de marketing fundamenta suas decisões com relação ao mercado. Da mesma forma como foi teorizado o SIM, podemos analogamente sistematizar o Sistema de Informação de Marketing Internacional (Simi).

Tanto o SIM como o Simi podem ser definidos como qualquer estrutura de fluxo e interação entre pessoas, equipamentos, métodos e controles preestabelecidos com o objetivo de criar um fluxo de informações ou dados que seja capaz de ajudar o profissional de marketing a tomar decisões fundamentais para a empresa e, conseqüentemente, preparar um plano de marketing ou uma estratégia de marketing.

A simples coleta e armazenamento de informações em si não leva o profissional de marketing a tomar a decisão correta; é necessário analisar e avaliar as informações, escolhendo um caminho mercadológico que o ajude a identificar as oportunidades e ameaças que o mercado oferece.

Como qualquer informação, o SIM e o Simi são ferramentas básicas para o planejamento mercadológico. Fazendo uma comparação, o Simi tem igual ou maior importância para o mercado internacional que o SIM para o mercado nacional.

O principal componente do SIM e do Simi é a pesquisa de mercado, que deve formar, junto com outras ferramentas igualmente importantes, um banco de dados dividido em dados primários e secundários. Os primários são oriundos da pesquisa que estiver sendo feita naquele momento. Os dados secundários são quaisquer tipos de dados já coletados anteriormente à pesquisa de mercado. Devem ser criteriosamente analisados e utilizados; na maioria das vezes, sua correta análise é fator de fundamental importância para podermos direcionar a pesquisa de mercado.

O SIM e o Simi fornecem as bases qualitativas e quantitativas necessárias para a análise do mercado, permitindo o planejamento de marketing.

Assim, quaisquer tipos de fonte interna e externa podem fazer parte do Simi e devem ser cuidadosamente analisadas, pois é comum muitas fontes de informação estarem distorcidas ou equivocadamente coletadas ou analisadas. Nesse particular, é preferível não ter informações do que as ter equivocadas.

Antes de se iniciar o SIM e o Simi e uma pesquisa de mercado, é preciso organizar uma coleta de dados, classificando e selecionando as informações internas disponíveis no mercado e na empresa, desde estatísticas de vendas, compras, até dados contábeis.

Em termos de fontes externas, existem numerosas informações às quais cada empresa pode recorrer, tanto genéricas, como específicas; a seguir, alguns exemplos de fontes de informação que o leitor, conforme o caso, pode consultar:

- Institutos de estatística (IBGE e outros).
- Associações de classe.
- Empresas e órgãos governamentais (Itamaraty).
- Publicações em geral (livros, jornais, revistas).
- Sindicatos.
- Empresas organizadoras de feiras e congressos.
- Feiras e congressos.

- Acordos internacionais.
- Bancos e instituições financeiras.
- Câmaras de comércio.
- Universidades.
- Embaixadas e consulados nacionais e estrangeiros.
- Órgãos oficiais de promoção de comércio.
- Empresas de consultoria.
- Empresas de treinamento.
- *Tradings*.
- Organismos internacionais (ONU, FMI, BID).
- *Sites* de Internet (veja lista no Anexo 1).

5.4 Por que e Quando uma Empresa Deve se Internacionalizar?

Conforme salientado, a partir de 1990, o Brasil entrou em nova era do seu comércio exterior, com abertura gradual da sua economia (nesse particular, alguns consideram que a abertura foi muito rápida), tentando "entrar" no bloco de países que formam o chamado primeiro mundo.

De fato, desde então temos sofrido choques de modernidade acompanhados de alguns desajustes em nossa economia, principalmente o desemprego.

É necessário, no entanto, dizer que o País estava, e ainda está, muito atrasado em relação a outros, com menor potencialidade que o nosso. A indústria estava acostumada com a reserva total de mercado e o Brasil proibia ou taxava com o imposto de importação em percentuais elevados importações de mais de 3 mil produtos; dessa forma, o consumidor brasileiro pagava caro por uma qualidade inferior, se o compararmos com o resto do mundo. Ainda hoje temos alguns setores da indústria bastante atrasados, sem nenhuma oportunidade de competir livremente com as indústrias de outros países.

Fazendo uma comparação entre Coréia do Sul e Brasil, tomando por base os meados da década de 1990, aquele país exportava anualmente mais de 200 bilhões de dólares, ao passo que o nosso país devia atingir o máximo de 45 bilhões de dólares em exportações, em 1996. Se compararmos ainda o tamanho e as potencialidade dos dois países, veremos que o Brasil está muito longe de alcançar uma posição mais destacada no comércio internacional.

É necessário, portanto, que as empresas brasileiras se modernizem e passem a ser competitivas, não só no mercado interno como no externo, gerando mais empregos e melhores condições de vida para o brasileiro.

Até recentemente, a exportação, em particular, e o comércio exterior no Brasil eram vistos como uma grande aventura; a exportação era uma saída para as crises de vendas ou um motivo a mais para justificar viagens internacionais dos executivos de uma empresa. Por outro lado, a importação, que até pouco tempo atrás era proibida, passou a ser moda; todos querem importar, sem ter em mente as verdadeiras oportunidades de negócio. A exportação e a importação são ferramentas mais do que necessárias para empresa e país e cada vez mais fundamentais neste mundo globalizado.

Os blocos econômicos estão cada vez mais fortes e as distâncias comerciais foram diminuídas sensivelmente. Portanto é necessário pensar na internacionalização de uma empresa como única forma de sobreviver nos novos tempos.

Exportar é uma necessidade para inovar, progredir, lucrar etc., mas é fundamentalmente uma postura empresarial; é uma alternativa importante e viável para o desenvolvimento estratégico da empresa. Internacionalizar-se é dar nova dimensão para a empresa, é essencialmente ganhar experiência para vencer a guerra da competitividade.

Quanto à questão de quando se iniciar no comércio internacional é muito simples de responder: "quando a empresa estiver e se sentir bem preparada". Não existe receituário que possa ser utilizado por todas as empresas; cada qual tem de descobrir o seu momento.

5.5 O que Significa Internacionalização para a Empresa?

O leitor poderá ver mais detalhadamente a importância do marketing internacional como forma de consolidar-se ou manter-se no mercado nacional, atuando de forma estratégica no mercado internacional, no próximo capítulo, Marketing Internacional: uma Estratégia Empresarial.

O fato de a empresa estar inserida no mercado internacional traz vantagens que só a prática do marketing internacional pode proporcionar. Listaremos a seguir algumas dessas vantagens para as empresas que se internacionalizam:

- Diversificação de mercados.
- Diversificação de riscos.
- Melhoria da qualidade.
- Adquirir tecnologia.
- Possibilidade de estar inteirado das tendências mundiais.
- Adquirir produtividade e competitividade.
- Implantação de marca internacional.
- *Status* nacional e internacional.
- Melhoria do marketing.
- Aumento do volume de vendas.
- Redução de custos fixos.
- Redução do custo marginal de produção.

- Redução de custos financeiros.
- Maior desenvolvimento de seus recursos humanos.
- Aumento do ciclo de vida dos produtos.
- Lucratividade.
- Melhoria da vantagem competitiva.
- Sobrevivência no mercado nacional.

A importância da internacionalização é reconhecida e atestada por milhares de empresas no Brasil e no mundo. Todos, em questão de segundos, podemos nos lembrar sem nenhum esforço de no mínimo uma dúzia de empresas internacionais ou globais de sucesso. Esse fato já dá a dimensão da importância da internacionalização para as empresas. Com relação a isso, atestando a importância da atividade exportadora, Minervini (1991, p. 66) destaca: "O mercado internacional é a melhor escola para você permanecer no mercado nacional (...)".

O tamanho da empresa não chega a ser um fator inibidor da internacionalização ou de sua inserção no mercado exportador; o importante na exportação é a seriedade, o compromisso, a criatividade, qualidade, profissionalismo e, sobretudo, a honestidade de propósitos.

5.6 Comportamento do Consumidor Internacional

Embora exista a crença de que o consumidor de outros países tem um comportamento muito semelhante ao do consumidor nacional – pois o ser humano, apesar de suas diferenças de regiões, tende a apresentar de maneira geral o mesmo comportamento –, é fundamental entender que cada mercado pode ter determinado comportamento diferente do que estamos acostumados no nosso dia-a-dia.

Os mercados e os consumidores de determinado país podem ter algumas semelhanças com os de outros, mas é necessária grande atenção para as muitas peculiaridades de cada povo ou região.

Ao mesmo tempo em que afirmamos a identidade similar dos consumidores em geral, é primordial considerarmos alguns aspectos importantes que, segundo Philip Kotler, podem fazer a diferença na hora de analisarmos qualquer tipo de mercado. Esses aspectos são os sete Os.

Segundo o autor, o profissional de marketing deve analisar com profundidade os sete Os de cada mercado para poder entendê-lo, identificar e analisar melhor a variável mais instável e imprevisível que é o consumidor.

Assim, Kotler recomenda o seguinte:

Responder aos Sete Os:	
Quem constitui o mercado?	OCUPANTES
O que o mercado compra?	OBJETOS
Por que o mercado compra?	OBJETIVOS
Quem decide ou participa da compra?	ORGANIZAÇÕES
Como o mercado compra?	OPERAÇÕES
Quando o mercado compra?	OCASIÕES
Onde o mercado compra?	*OUTLETS* (Pontos-de-venda)

Posteriormente, captar, analisar e avaliar as diferenças principais:

- Cultura.
- Subcultura.
- Classe social.
- Grupos de referência.
- Família.
- Papéis e posições sociais.
- Idade e estágio do ciclo de vida.
- Ocupação.
- Condições econômico-financeiras.
- Estilo de vida.
- Personalidade e autoconceito.
- Motivação.
- Percepção.
- Aprendizagem.
- Crenças.
- Atitudes.

Essas análises, dentre outras, fazem parte específica do estudo do comportamento do consumidor, disciplina fundamental para a análise de um mercado consumidor específico. Caso queira aprofundar-se nesse tema, que não é o foco principal desta obra, recomendamos ao leitor que consulte as obras específicas, apontadas em nossa bibliografia.

Entretanto ressaltamos que é necessária bastante atenção para concluir que cada mercado é distinto de outro. Devemos identificar necessidades e desejos do consumidor, de acordo com as características peculiares que cada mercado, no caso país, nos oferece.

As necessidades, os desejos e as oportunidades que muitas vezes não conseguimos imaginar em determinado mercado devem ser objeto de profissionais especializados, que usam a pesquisa de mercado como ferramenta fundamental sempre que possível. Não devemos nos esquecer de que praticar marketing é tratar os desiguais desigualmente.

5.7 Comportamento do Empresário Internacional

No item anterior, chamamos a atenção do leitor para o comportamento diferenciado de cada consumidor em cada mercado. Mas vale lembrar que, ao tratarmos de exportação, nosso interlocutor será um empresário, não um consumidor. Embora, na maioria dos casos de venda de produtos destinados ao consumo, a palavra final quanto à aceitação seja do consumidor local, em primeiro lugar temos de convencer o importador ou o distribuidor de comprar nosso produto. Assim, temos também de entender o comportamento do comprador internacional ou do empresário internacional.

O empresário internacional faz parte do conjunto de consumidores de determinado país. Dependendo também de cada país, o comprador mantém semelhanças e, portanto, deve ser analisado de acordo com o comportamento do consumidor. Afinal, um empresário, seja brasileiro, seja estrangeiro, também é antes de tudo um consumidor.

Quanto a isso, deve-se ter em mente que o empresário internacional está acostumado a receber ofertas de todas as partes do mundo e, portanto, na maioria dos casos está bem informado sobre preços, qualidade e prazos de entrega dos produtos que costuma comprar. Em geral, os empresários internacionais são bastante experientes e cultos; muitos deles não permitem qualquer atitude que misture seu profissionalismo com sua vida pessoal; assim, é muito difícil um relacionamento mais amistoso nos contatos com eles.

Precisamos ficar atentos aos estilos de vida de cada empresário e às peculiaridades de cada empresa em determinados países. Se, por exemplo, ofertássemos uma venda a um árabe sem lhe oferecermos descontos, é muito provável que ela não seja concretizada; em contrapartida, se a venda for realizada para um empresário inglês, não é possível ofertar descontos maiores do que 5%, pois não seríamos levados a sério.

5.8 Plano de Marketing e Plano de Marketing Internacional

Com relação ao plano de marketing, todos sabemos que, para muitos executivos e empresários de pequeno e médio portes, as palavras plano ou planejamento soam como algo impossível de ser praticado nesses tipos de empresa. Utilizam-se, principalmente, da famosa desculpa de que no Brasil a economia e as tomadas de decisões por parte do governo são imprevisíveis e que, por isso, não se deve fazer um planejamento nem mesmo um modesto plano de marketing.

O plano de marketing é um documento que define formas de comercialização de produtos e serviços de uma empresa. Sempre que possível, deve ser elaborado formalmente, por escrito, com flexibilidade suficiente para que, em casos de mudanças do meio ambiente, também possa ser modificado.

O plano de marketing constitui a linha mestra em que as empresas e os executivos de marketing devem se basear. Precisa estar em sintonia com os objetivos globais da empresa e, portanto, em sinergia com seu planejamento estratégico. Sua função principal é nortear a trajetória mercadológica da empresa.

Segundo Semenik e Bamossy (1996, p. 61), o plano de marketing:

> *É o documento que orienta os esforços de marketing de uma empresa. A implementação das atividades de marketing deve ser precedida de um plano de marketing bem desenvolvido. Há uma variedade de formatos apropriados para um bom plano de marketing. O importante é que esse plano focalize os esforços de marketing da empresa num mercado-alvo bem definido e que considere os efeitos do meio externo.*

Ou, de acordo com Westwood (1992, p. 13), o plano de marketing é:

> *O documento que formula um plano para comercializar produtos e serviços. (...) Um plano de marketing tem estrutura formal, mas pode ser usado como um documento formal ou informal que tem grande flexibilidade. Ele pode ser usado para:*
>
> - *Preparar o argumento para introduzir um novo produto.*
> - *Renovar a abordagem de marketing para os produtos existentes.*
> - *Agrupar um plano de marketing departamental, divisional ou empresarial a ser incluído no plano comercial ou corporativo da companhia.*
>
> *Pode referir-se a um mercado regional, nacional ou mundial.*

Embora, como dissemos, nós, brasileiros, tenhamos certa resistência a planejamentos, fica evidente a importância do plano de marketing para as empresas. Muitos empresários, ao verem seus negócios declinarem, tentam iniciar tardiamente, de maneira desordenada e não-planejada, algumas ações de marketing em uma tentativa desesperada de melhorar o desempenho de suas empresas.

Não podemos esquecer que toda ação de marketing requer esforço conjugado e planejado, que possa delinear a melhor forma de usar as ferramentas disponibilizadas, sem se esquecer do macro e do microambiente mercadológico em que a empresa está envolvida. Outro fator fundamental nas ações de marketing é a análise global da situação da empresa, suas disponibilidades financeiras e os possíveis retornos sobre os investimentos a serem feitos em marketing e que trarão à empresa.

Assim, é comum empresas empreenderem ações desordenadas de marketing que, sem um planejamento global e específico, não surtirão os efeitos desejados. É preciso saber que a ação de marketing não tem muitas vezes os efeitos desejados imediatamente após serem implementadas; eles podem ocorrer rapidamente ou de forma demorada ou ainda ser duradouros ou efêmeros, dependendo de várias circunstâncias do meio ambiente e da qualidade, quantidade e abrangência dessas ações.

Faz-se necessária uma análise criteriosa das potencialidades, fragilidades, oportunidades e ameaças (PFOA), traçando-se estratégias compatíveis com a empresa, sua cultura organizacional, sua posição de mercado e o meio ambiente que a cerca, não se esquecendo de que todo plano de ação deve ser contemplado com recursos disponíveis.

Os componentes de um plano de marketing podem ser apresentados e posteriormente analisados, de acordo com as características expostas no Quadro 5.1.

O plano de marketing e também os planos estratégicos passaram a ter importância fundamental no crescimento das empresas. Um plano de marketing bem-elaborado deve contemplar as seguintes etapas básicas:

- Definir as pessoas que farão parte da equipe que vai elaborar o plano de marketing e estabelecer procedimentos comuns entre elas. Quanto mais multidepartamental for essa equipe, melhor será, uma vez que contemplará visões de vários departamentos da empresa.
- Estabelecer objetivos claros e possíveis de serem realizados de acordo com as circunstâncias internas e externas da empresa, incluindo o seu orçamento.
- Definir o PFOA da empresa: potencialidades, fragilidades, oportunidades e ameaças.
- Verificar internamente o sistema de informação de marketing (SIM) existente, atualizando-o de acordo com as informações de mercado e do setor em que a empresa atua. Verificar a história da empresa, estatísticas etc.
- Fazer uma pesquisa de marketing que analise as principais variáveis incontroláveis do ambiente de marketing.
- Elaborar um orçamento básico de acordo com as ferramentas de marketing a serem utilizadas e os objetivos a serem alcançados.
- Elaborar formalmente esse plano e comunicar as idéias do plano para o maior número possível de pessoas envolvidas direta ou indiretamente, apresentando-o pessoalmente em uma reunião formal.

1. Levantamento das potencialidades, fragilidades, oportunidades e ameaças
- a. Fatores de mercado
- b. Fatores da empresa

↓

2. Análise da situação
- a. Avaliação do ambiente externo
- b. Identificação dos mercados-alvo
- c. Seleção dos mercados-alvo

↓

3. Identificação de objetivos
- a. Volume de vendas em dólares e unidades (de produto)
- b. Lucro total e margem de lucro
- c. Cobertura geográfica do mercado
- d. Participação no mercado
- e. Projeções de crescimento de receita

↓

4. Estratégias

a. Produto:	Diferenciação, vantagem competitiva
b. Preço:	Posição no mercado
c. Comunicação:	Tema, opção de mídia, uso da força de vendas, promoção de vendas
d. Distribuição:	Cobertura, canais

↓

5. Táticas
- a. Atividades para operacionalizar as estratégias
- b. Determinar as táticas apropriadas

↓

6. Avaliação
- a. Realização dos objetivos
- b. Efetividade das estratégias
- c. Efetividade das táticas do item 5

Fonte: Semenik e Bamossy (1996, p. 62) (adaptado pelo autor).

Quadro 5.1 – Componentes de um plano de marketing.

- Implementar o plano de marketing de forma controlada, procurando corrigir os eventuais desvios.
- Estar atento e, se necessário, rever e atualizar esse plano sempre que uma nova situação assim o exigir.

Para Kotler (1996, p. 106), o plano de marketing representa parte importante da estratégia de uma empresa:

A estratégia representa as forças amplas de marketing para atingir os objetivos do negócio. Cada elemento da estratégia de marketing deve ser elaborado para responder às perguntas:

O que será feito?

Quando será feito?

Quem fará?

Quanto custará?

Com essa colocação de Kotler, torna-se clara a importância que um plano de marketing deve ter na estrutura empresarial e, sobretudo, é possível contemplar a realidade específica de cada empresa.

Um plano de marketing não pode ser uma peça de ficção ou receita pronta, utilizada em várias empresas; deve ser específico e estar de acordo com a realidade de cada empresa. Assim, ao elaborá-lo, o executivo não pode prever um investimento em propaganda ou aumento da capacidade de produção sem que a empresa possa suportar financeiramente esse investimento.

A simples elaboração de um plano de marketing compatível com a realidade da empresa, não é suficiente. Deve ser implementado e, se necessário, modificado de acordo com as circunstâncias vividas pela empresa.

Com base nisso, Kotler (1996, p. 632) destaca: "Implementação de marketing é o processo que transforma planos de marketing em ações específicas e assegura a execução dessas ações de modo a realizar os objetivos estabelecidos pelos planos".

Como já mencionamos, alguns leitores podem estar se perguntando: como podemos fazer um plano ou planejamento de marketing se as mudanças de rumos no Brasil são uma constante?

É exatamente por isso que devemos dar maior atenção ao planejamento e aos planos setoriais para prever e contemplar o maior número de mudanças possíveis, preparando a empresa para enfrentar as dificuldades que se apresentarem. Planejar significa prever e prover a empresa de alternativas possíveis, dentro de determinados cenários.

5.8.1 Um plano de marketing internacional condizente com sua empresa

Falar em um plano ou em planejamento dentro de uma pequena ou média empresa já causa espanto. O que diremos então de um plano de marketing internacional?

Alguns leitores, por uma série de razões, incluindo as de ordem prática, talvez já estejam colocando em dúvida a capacidade de uma pequena ou média empresa elaborar um plano de marketing, quanto mais elaborar um plano de marketing internacional. Na realidade, tanto um plano de marketing como um plano de marketing internacional deve ser construído inicialmente de forma simples e de acordo com as características da empresa e com sua cultura disponível.

É evidente que contar com a ajuda de um profissional da área seria o ideal e o mais acertado; entretanto pode-se estruturar um plano de marketing internacional com base em algumas premissas básicas.

A administração de uma empresa pressupõe alguns aspectos importantes que muitas vezes são deixados de lado pelos administradores, em razão justamente da falta de projetos e planos que prevejam alguns tipos de mudanças no meio ambiente em que a empresa está inserida.

Por outro lado, temos de reconhecer que os projetos, planejamentos e fixação de estratégias não fazem parte da preocupação constante da maioria das pessoas encarregadas da gestão das empresas no Brasil e, que de modo geral, devido ao seu modo de ser e ao seu tipo de cultura, o brasileiro dá pouca atenção ao planejamento, embora felizmente essa postura venha se modificando nos últimos anos.

Um planejamento estabelece objetivos, desenvolve planos, políticas comerciais, industriais, processos, estratégias e táticas de uma empresa, válidos para determinado período.

Um plano de marketing, e mais especificamente um plano de marketing internacional, contempla exatamente uma previsão mercadológica dentro do planejamento global da empresa no qual foram estabelecidos seus objetivos corporativos.

Portanto, o plano de marketing internacional deve ser uma parte ou uma peça do plano de marketing da empresa, o qual integra o seu planejamento global.

Assim, o plano de marketing internacional só difere do plano de marketing geral da empresa pela sua especificidade. Portanto um plano de marketing internacional é perfeitamente viável em qualquer tamanho de empresa, não sendo privilégio das de grande porte ou das globalizadas. Na realidade, as empresas de grande porte e as empresas globais chegaram a esse estágio justamente porque fizeram um planejamento estruturado e bem-feito, contemplando seu crescimento sustentado.

5.9 Exportação como Fator de Competitividade de uma Empresa

A globalização a que o mundo foi submetido na última década do século passado impôs uma série de grandes mudanças na gestão das empresas, além de uma condição irremediável para as que querem se manter competitivas: ou estão inseridas no contexto internacional ou, em pouco tempo, serão empresas desatualizadas e não-competitivas.

Portanto hoje, mais do que nunca, a participação no comércio internacional por meio principalmente da exportação é uma condição que coloca empresas e países em sintonia com o que há de mais moderno e avançado no mundo.

Qualquer empresa que quer se desenvolver ou mesmo sobreviver deve buscar o comércio internacional como forma de aprimoramento mercadológico, comercial e industrial, sem contar os ganhos de economia de escala.

Sem dúvida, a exportação, cada vez mais, é uma operação imprescindível, tanto no âmbito empresarial como no âmbito do País; é principalmente uma decisão política e de filosofia empresarial.

Na realidade, toda operação de comércio exterior (exportação e importação), no Brasil, ainda é extremamente burocratizada, o que tem desencorajado muitas empresas a internacionalizarem-se. O Brasil não foge à regra de muitos países latino-americanos, para os quais as operações de comércio exterior ainda são complexas e regulamentadas por mais de duas centenas de leis, decretos-leis, decretos, instruções normativas e portarias, entre outros, onde atuam vários ministérios e órgãos dos governos estadual e federal.

Embora as universidades e faculdades brasileiras mantenham, há algum tempo, cursos de graduação e de pós-graduação em administração com habilitação em comércio exterior, existe ainda uma carência muito grande de profissionais gabaritados para o exercício da profissão de *trader*, motivo que talvez explique a não-existência, ainda, de um ministério do comércio exterior no Brasil que cuidasse de modo mais específico e menos intervencionista dos assuntos que seriam de sua incumbênia.

O *trader* não é apenas um simples vendedor, é um profissional que tem de atuar com certa independência para ser um verdadeiro homem de negócios internacionais.

Com todos esses requisitos, a formação de um *trader* é muito cara, não só para o país, como principalmente para as empresas, pois requer muitos anos de vivência empresarial, viagens internacionais e cursos específicos.

Infelizmente, devido em grande parte à situação geral da economia brasileira nos últimos anos, pouco se tem investido em treinamento, não só na área de comércio exterior como em todas as outras. Particularmente, os nossos profissionais de comércio exterior ainda são poucos e, na maioria dos casos, malpreparados.

Temos então uma falta de preparo de profissionais para exercerem as funções do comércio exterior, ao mesmo tempo em que esse setor passa a ter importância fundamental para o País e para as empresas. Forma-se então uma dicotomia: a necessidade de profissionais muito bem preparados e o não-investimento suficiente em treinamentos para essa área.

O comércio exterior e em particular o *trader* passam a ter importância vital, na medida em que a sociedade mundial está cada vez mais interligada e a busca de clientes também no mercado externo é uma forma de se desenvolver e de se manter no mercado interno.

A exportação significa contato direto com os concorrentes internacionais, revertendo em mais vendas e mais empregos. Contatos com novas e diferenciadas tecnologias, melhoria da produtividade e da qualidade, diversificação de riscos, acesso a financiamentos mais competitivos, redução de custos, maior lucratividade, criação de vantagens competitivas e, sobretudo, a grande vantagem que é o aprendizado.

A exportação, portanto, deve ser objeto de uma decisão pensada e estratégica, não o fruto de uma oportunidade ou de uma saída desesperada para aumentar as vendas em um período de recessão.

Segundo o dicionário conhecido popularmente pelo nome de seu autor, "Aurélio" (1995, p. 442), exportação é assim definida: "É o ato de exportar. Mandar transportar para fora de um país, estado ou município artigos ou serviços nele produzidos".

Na realidade, a exportação é muito mais do que mandar produtos para fora do país. Exportar é satisfazer a necessidades e desejos dos consumidores no exterior, com culturas e maneiras de pensar e consumir, muitas vezes diametralmente opostas às nossas.

Praticar a exportação é buscar os clientes onde quer que eles estejam; é colocar o produto certo na hora e no lugar certos, com o preço certo e com as quantidades e qualidades certas. Nesse sentido, a exportação praticamente em nada difere de uma venda no mercado local; a única diferença é que o cliente está mais distante e, na maioria das vezes, desconhecemos seus usos e costumes.

Segundo afirmam Kotler e Armstrong (1998, p. 442):

A maneira mais simples de entrar num mercado é através da exportação. A empresa pode exportar passivamente seu excesso de produção de tempos em tempos, ou pode estabelecer um compromisso ativo de expandir suas exportações para um mercado específico.

De fato, para conhecermos um mercado, é preciso atuar ativamente nele; é preciso estar presente, competindo com outras empresas quer locais, quer estrangeiras. Analogamente é como assistir a um filme sobre determinada região turística; por ele, podemos ter uma idéia do que poder ser aquela região, mas nunca teremos uma visão completa, a não ser que um dia tivéssemos a oportunidade de visitá-la.

A exportação é a melhor maneira de participar e conhecer mercados competitivos e diferenciados; é a forma mais eficiente de adquirir tecnologia e competitividade. E, estando presente em diversos mercados, maior e melhor será a visão da empresa em relação aos seus concorrentes diretos ou indiretos.

Devemos ter em mente que exportar é gerar principalmente divisas e empregos. É, portanto, um imperativo moderno.

A exportação esporádica e passiva, como descreveram Kotler e Armstrong anteriormente, é apenas uma forma não inteligente de fugir dos problemas de excesso de produção ou falta de vendas no mercado interno. A exportação deve ser encarada com seriedade e profissionalismo, pois só dessa forma é que as empresas podem conseguir resultados satisfatórios a médio ou longo prazos.

A exportação não deve ser encarada com o objetivo de obtenção de resultados a curto prazo. Nesse aspecto, só pode ser considerada uma válvula de escape para os problemas urgentes da empresa e nunca como uma opção estratégica. A maioria das empresas brasileiras que se utiliza da exportação como saída para problemas conjunturais não consegue sucesso nem na exportação e muito menos na resolução desses problemas conjunturais.

A exportação deve ser encarada com seriedade e como uma saída estratégica para as empresas que consideram possibilidades a longo prazo; aliás, a exportação e a estratégia só podem e devem ser consideradas a longo prazo.

Dessa forma, é notória a importância do comércio internacional para países e empresas; um exemplo que ilustra essa importância e o objetivo principal da exportação foi produzido por Delfim Netto (1974), quando ministro do Planejamento do Brasil, em uma frase de efeito que até hoje ainda é muito utilizada, quando queremos demonstrar essa importância.

Queria incentivar as empresas a exportarem, tendo em vista principalmente os reflexos na nossa balança comercial da crise mundial do petróleo, de 1973 e 1978, forjando uma frase de efeito que ficou famosa: "Exportar é o que importa".

De fato, a exportação é o que importa e não é apenas uma saída operacional para as empresas que passam por dificuldades mas, sobretudo, uma das poucas alternativas com que podem contar para a garantia da própria sobrevivência em um mercado cada vez mais competitivo e globalizado.

De forma mais simples, a exportação pode ser encarada apenas como uma venda diferenciada ou como mais um mercado a ser conquistado. Mas isso para empresas já acostumadas a atuar na arena global. Temos de reconhecer, porém, que a inserção internacional cada vez mais se torna um empreendimento estratégico, à medida que a competição fica globalizada e dominada por grandes conglomerados internacionais.

No Brasil, o comércio exterior nunca foi objeto de uma política eficiente e planejada; exemplo disso é que, logo após seu descobrimento, o País já exercia uma vocação de exportador com o pau-brasil, depois minérios, pedras preciosas e outros produtos, mas apenas para satisfazer à ganância dos colonizadores portugueses. Posteriormente, o País assumiu o papel de exportar o excedente de produtos agrícolas, exercido até o final da Segunda Guerra Mundial, época em que, junto com a Argentina, constituíam dois dos grandes celeiros do mundo.

Tirando vantagens políticas e comerciais do conflito mundial, logo após o término da guerra, o País dava início ao seu processo de industrialização, a qual, com o governo de Juscelino Kubitschek de Oliveira, foi incentivada e efetivada de forma acelerada.

Nessa época, tomava corpo no Brasil o modelo de substituição das importações como forma de diminuir a dependência externa e eliminar o crônico déficit comercial até então registrado; esse modelo econômico acabou por colocar o País em uma rota de crescimento rápido e com relativa importância industrial, bem como melhor participação no comércio internacional, com o início das exportações de manufaturados.

Exemplificando essa atuação, Bassi (1997, p. 33-4) descreve a integração da economia brasileira no contexto internacional:

> *Para compreender os efeitos da integração internacional da economia brasileira, precisamos conhecer a origem e a consolidação da industrialização neste país, ainda que sucintamente.*
>
> *A indústria brasileira foi implantada dentro do que se denominou "modelo de substituição das importações" cuja dinâmica foi a diminuição gradual da importação de manufaturados importados, substituídos pelos produtos nacionais. Seu mecanismo de estímulo foi um sistema de tarifas aduaneiras que encarecia as importações, estimulando a produção local.*

A indústria brasileira consolidou-se graças à criação de grandes barreiras alfandegárias e burocráticas, que praticamente impediam a importação de qualquer produto manufaturado.

Até 1989, cerca de 3 mil itens da Tarifa Aduaneira Brasileira (TAB) – hoje substituída pela Tarifa Externa Comum (TEC) – do Mercosul tinham tarifas de importação superiores a 100% (Tarifa Aduaneira Brasileira – Cacex) sobre o valor CIF (custo, seguro e frete).

Bassi (1997, p. 33-34), ainda complementando esse aspecto, escreve: "Outros fatores que limitaram as importações de produtos manufaturados e estimularam a industrialização do país foram o crônico déficit cambial brasileiro e as regulamentações tarifárias às importações".

Portanto, é em ambiente de proteção ao mercado interno que se dá a implantação da indústria brasileira entre as décadas de 1930 e 1970.

Nos anos 70, a ampliação do parque industrial nacional é fortemente impulsionada pelo grande afluxo de empréstimos internacionais, que financiaram investimentos do Estado na indústria de base e na infra-estrutura, levando o crescimento do PIB para uma média de 10% ao ano.

Batizado de "milagre brasileiro", esse período consolidou o parque industrial nacional, sempre em ambiente protegido da concorrência internacional e altamente regulamentado pelo Estado, formando uma cultura empresarial e gerencial pouco orientada para a produtividade.

Nessa época, o Brasil conseguiu desenvolver uma capacidade de produção realmente importante não só para abastecer o mercado interno, que começava a crescer, como também para se aventurar no mercado internacional. Ao mesmo tempo, o Ministério das Relações Exteriores (Itamaraty) iniciava uma investida internacional para tornar o País mais conhecido, criando um programa específico para incentivar as exportações, admitindo, até por período determinado em suas embaixadas e consulados, estagiários com o fim específico de prestar assistência aos exportadores.

Em 1972, foram regulamentadas as operações das *tradings* e concedidos subsídios diretos e indiretos para os exportadores de produtos manufaturados e semimanufaturados, principalmente por meio do Crédito Prêmio do IPI, juros subsidiados e facilidades de importações de acordo com o volume de exportações realizadas, por intermédio do Benefícios Fiscais de Exportação (Benfiex).

O País crescia e nossas exportações eram alavancadas de forma artificial, principalmente com desvalorizações cambiais constantes. Havia, porém, uma vantagem: atendia a diversos mercados e produtos, com a atuação do chamado *Global Market e Global Trade*, diversificando, portanto, riscos, mercados e produtos.

Nessa ocasião, tínhamos uma produção variada e com relativa qualidade que atendia aos nossos anseios de consumo interno; fabricávamos quase tudo que aqui era consumido, não importando os custos de produção, muito menos o preço final.

Para o consumidor local, não restava alternativa senão comprar os produtos *made in Brazil* com preços muito acima dos praticados internacionalmente.

Esses preços altos, na realidade, em muitos casos (para empresas exportadoras), subsidiavam direta ou indiretamente as exportações, pois as empresas utilizavam como expediente um mix de preços altos no mercado interno, para poder praticar preços mais competitivos (mais baixos) no mercado internacional.

As exportações, portanto, eram incentivadas pelo governo e bancadas pelos preços do mercado interno. Na realidade, as empresas exportadoras encontravam-se em situação cômoda, pois o modelo lhes era confortável em detrimento, é claro, dos demais setores da economia, inclusive do importador, que estava brutalmente penalizado, em decorrência das barreiras impostas para as importações.

Nesse aspecto, Bassi (1997, p. 34) assim comenta a grande fase do Brasil, quando era comum ver nos automóveis que rodavam pelo País o adesivo com a frase *Brasil, ame-o ou deixe-o*: "(...) o mito do "Brasil potência" contribuiu para a visão utópica de auto-suficiência econômica, pela qual qualquer indústria poderia ser implantada e bem-sucedida no mercado brasileiro".

A partir de 1989, com a recondução do País à normalidade democrática, ficava patente que muitos dos produtos aqui fabricados estavam com preços em patamares bastante superiores em relação aos vigentes no mercado internacional.

O modelo de substituição das importações já cumprira seu papel e dava sinais muito claros de seu esgotamento; começava aí um verdadeiro clamor interno para que fossem efetivadas mudanças no modelo econômico de comércio exterior adotado.

Também no âmbito internacional havia forte pressão para que os governos implementassem a abertura das suas economias ao mesmo tempo em que fossem iniciadas as privatizações, aplicando o modelo chamado neoliberal, fortemente focado no pensamento de Margareth Thatcher, primeira-ministra da Inglaterra, na época.

Nesse período, as indústrias instaladas aqui no Brasil há muito não investiam em novos equipamentos, novos processos e, conseqüentemente, foram perdendo gradativamente a competitividade. Por outro lado, o crescimento econômico desordenado gerava uma inflação alta, que desestimulava investimentos, pois os ganhos não-operacionais eram superiores aos operacionais.

O mercado interno continuava protegido de forma bastante forte, inviabilizando a entrada da concorrência internacional; a maioria das indústrias formava uma espécie de cartel, determinando os preços em conjunto, por meio de seus respectivos órgãos de classe. Os aumentos dos preços eram feitos todos os meses e, em alguns casos, todas as semanas, sem nenhuma análise ou preocupação com os custos de produção.

Não havia concorrência e, portanto, bastava repassar para o consumidor o custo da ineficiência ou da ganância de certos setores monopolizados ou holigopolizados.

Assim, em 1990, já na era Collor, o Brasil estava em um beco sem saída em relação ao seu comércio exterior, longe de ser competitivo e os modelos monetaristas aplicados anteriormente davam sinais de esgotamento. O País precisava integrar-se à economia mundial e a globalização era a coqueluche do momento.

Nesse contexto, Bassi (1997, p. 35) explica a integração do Brasil:

> *(...) o primeiro passo para a integração do Brasil à economia mundial dá início a uma tímida mudança da cultura empresarial e gerencial, pois as exigências dos mercados internacionais por preço competitivo e qualidade fazem com que as empresas iniciem processos de melhoria de produtividade e qualidade.*
>
> *O mercado interno, no entanto, continua altamente protegido e em ambiente de acelerado crescimento da inflação. Nesse contexto, as empresas passam a obter seus lucros das aplicações financeiras, e não do processo produtivo, desestimulando novos investimentos e melhorias na produtividade.(...).*
>
> *Na década de 1990, a partir do governo Collor, inicia-se o processo de redução das alíquotas de importação. Com isso, elevam-se as importações de bens de consumo duráveis e não-duráveis, o que provoca o primeiro choque da concorrência internacional nas indústrias nacionais. No entanto, a alta sucessiva da inflação ainda mantinha a capacidade das empresas de gerar lucros por meio das aplicações financeiras, amortecendo o impacto da abertura ao comércio internacional.*

O governo populista iniciado em 1990 reduziu drasticamente as taxas de importação em uma economia acostumada a proteções altíssimas, resultando no início de quebradeira geral nas empresas mal-estruturadas.

Posteriormente, no momento em que a globalização da economia atuava com mais força, o primeiro choque de competitividade já atingira a indústria nacional; ainda assim, poucos acreditavam que o processo de abertura da economia e o fenômeno da globalização pudessem desestruturá-las, depois de longos anos de proteção.

Como dissemos, foram eliminadas barreiras à importação e conseqüentemente se criou uma fase de grandes dificuldades para as empresas, tendo em vista não estarem preparadas para a competição internacional.

Além disso, com a adoção do Plano Real (em pouco mais de três anos após o malfadado Plano Collor) e para lhe dar credibilidade popular, a taxa de câmbio foi valorizada artificialmente, proporcionando novo desastre para a economia produtiva e principalmente a exportadora, fazendo com que as importações ficassem baratas e as exportações inviáveis.

A indústria nacional exportadora quase "fechou para balanço": estava despreparada e de repente ficou totalmente desprotegida com esse segundo e pesado golpe em menos de quatro anos.

Exemplo disso foi que, no chamado pólo têxtil da região de Americana, cerca de 48% (Sindicato Têxtil de Americana – Sinditec, 1995) das 1.486 empresas ali instaladas (em 1990) tiveram de repensar seu negócio, diminuindo a produção e demitindo empregados – em 1990 havia 31.057 empregados, que diminuíram para 26.698 em 1991, segundo o Sinditec. As demais empresas, por serem mais bem gerenciadas e acostumadas com a concorrência, ainda conseguiram se manter.

A partir dessas dificuldades, todas as indústrias e, em particular, a têxtil, iniciaram programas de melhoria da produtividade e da qualidade, visando reduzir custos e melhorar sua competitividade.

Alguns setores, mais profissionalizados e organizados, iniciaram de imediato uma reformulação em termos de processo de produção, criando novos produtos e reestilizando outros. Nesse último caso, pode-se citar a indústria de autopeças e a própria indústria automobilística, que fabricava "carroças", e logo tratou de modernizar-se para permanecer competitiva. Quem analisa os automóveis fabricados em 1989 e os de hoje pode sentir efetivamente a grande diferença entre eles.

A indústria têxtil brasileira, em geral, não acompanhou com a mesma velocidade essa modernização por dois motivos básicos:

- não acreditava que a abertura da economia realmente fosse levada a sério e pudesse fazer uma competição importante;
- por ser um setor que normalmente ainda refletia uma administração patriarcal e paternalista, estava impermeável aos conselhos dos profissionais que nela trabalhavam.

No caso específico do pólo têxtil de Americana, esse panorama não foi diferente; somente após alguns anos que a abertura se fazia sentir irreversível foi que a indústria local (como as demais do setor têxtil) fez uma tentativa desesperada no sentido de buscar melhores condições para produzir, importando novas máquinas.

Entretanto o setor que sofrera a concorrência externa encontrava-se descapitalizado e os financiamentos não eram abundantes. Mesmo assim, entre 1992 e 1995, foram investidos US$ 300 milhões na compra de novos equipamentos, entre eles 5.714 novos teares (1997, Sinditec).

A região passou por uma crise nunca vista. A qualidade de vida da população diminuiu sensivelmente. As autoridades municipais buscavam soluções rápidas.

"A cidade aprendeu com a crise e hoje tenta diversificar seu parque industrial, embora ainda detenha 85% da produção nacional de tecidos planos de fibras artificiais e sintéticas", disse, em 1997, João Batista Girardi, assessor executivo do Sinditec e diretor da Secretaria de Desenvolvimento Econômico de Americana.

Entretanto a diversificação não seria um caminho fácil, pois a região tem longa tradição na indústria têxtil. A primeira instalada foi a Clemente H. Willmot & Cia., na fazenda Salto Grande, em 1888, pelo imigrante americano de mesmo nome. Essa mesma indústria posteriormente passou a se chamar Fábrica de Tecidos Müller Carioba e, sucumbindo à crise, foi fechada em novembro de 1997.

Apenas como ilustração e comparação, podemos analisar o verdadeiro vendaval que se abateu em um dos setores menos competitivos na época. O setor têxtil foi bastante afetado na região de Americana, como se pode notar no Quadro 5.2 a seguir.

SETOR TÊXTIL								
Indústria de tecelagem plana (Amerciana e região)								
Ano	1990	1991	1992	1993	1994	1995	1996	1997
Americana	827	764	676	680	475	447	395	411
Sta. Bárbara D'Oeste	479	443	395	383	264	248	195	194
Nova Odessa	126	120	111	106	70	65	18	16
Sumaré	54	48	41	30	21	28	12	13
Total	**1.486**	**1.375**	**1.223**	**1.199**	**831**	**788**	**620**	**634**
Empregos								
Ano	1990	1991	1992	1993	1994	1995	1996	1997
Americana	17.845	15.532	14.340	10.596	9.286	8.540	8.185	8.665
Sta. Bárbara D'Oeste	6.305	5.561	4.241	4.768	5.058	3.395	2.295	2.330
Nova Odessa	3.760	3.384	3.445	3.390	3.568	3.317	2.183	2.196
Sumaré	3.147	2.321	1.869	1.861	1.773	2.491	755	823
Total	31.057	26.698	23.895	20.615	19.684	17.743	13.418	14.014

Quadro 5.2 – Comparativo da indústria têxtil de Americana e região entre os anos de 1990 e 1997.

Esse quadro oferece duas vertentes de análises principais:

- A sensível diminuição do número de indústrias da região que em 1990 eram 1.486 empresas e em 1997 passaram a ser 634. Esses números podem ser analisados, levando-se em consideração a abertura desmedida e não-gradual do imposto de importação e, conseqüentemente, o grau de vulnerabilidade que as indústrias locais tinham em relação à concorrência.
- A diminuição em mais de 50% do número de empregados na região, passando de pouco mais de 31 mil em 1990 para 14 mil em 1997. Mais de 15 mil vagas de emprego foram fechadas em apenas seis anos, em um dos maiores pólos têxteis (tecelagem) da América Latina.

Por esses números nota-se a crise e o despreparo da política econômica de comércio exterior, por um lado, e, por outro, a insipiência da indústria, no caso a têxtil (tecelagem), para concorrer com os produtos importados.

Sobre a crise que se abateu na indústria brasileira, a partir de 1900, Bassi (1997, p. 36-37) afirma:

Em 1994, o governo Itamar Franco implanta o Plano Real, reduzindo drasticamente a inflação e, em conseqüência, diminuindo os ganhos financeiros das empresas. (...) É a partir desse início de estabilização da economia, exposta pela primeira vez à concorrência internacional, que o tradicional modelo de substituição das importações entra definitivamente em colapso.

Um indicador das mudanças estruturais na economia é o coeficiente de importações da indústria brasileira que, embora muito baixo pelos padrões internacionais, cresceu 2,5 vezes entre 1993 e 1995.

De fato, nota-se que nunca o brasileiro conviveu com uma abertura da economia tão intensa e com tantos produtos importados. Essa abertura traz no seu bojo uma série de vantagens e, como não podia deixar de ser, também uma gama de desvantagens.

A principal vantagem para o consumidor, na época, foi a estabilidade da moeda, que ficou mais fácil de ser exercida devido à falta de espaço que a importação oferecia para o comércio, dificultando que as indústrias locais aumentassem os seus preços. A principal desvantagem, por outro lado, foi o desemprego, uma vez que, ao consumir produtos importados, automaticamente o consumidor brasileiro deixa de comprar produtos aqui fabricados, gerando, em um segundo momento, um desemprego mais acentuado.

Grande parte das indústrias brasileiras, no momento imediatamente posterior à abertura da economia, vendo sua falta de competitividade com os produtos importados, passou a importar produtos similares aos que fabricava, na tentativa desesperada de se manter no mercado; entretanto essa estratégia, no longo prazo, elimina totalmente a capacidade de reação industrial da empresa, deixando-a somente como mera intermediária no processo de comercialização, praticamente alijada do processo industrial em definitivo.

O comércio internacional (importação e exportação) é um negócio como outro qualquer, só que requer um grau maior de profissionalização e empenho. Nesse sentido, Minervini (1989, p. 62), referindo-se à exportação, destaca que:

- *Estamos muito aquém das potencialidades de exportação.*
- *Para exportar é preciso: política de comércio exterior, conhecimento do mercado internacional e estruturação da empresa para exportar.*
- *A política de comércio exterior pode ser mais abrangente identificando setores com vantagem comparativa, estimulando a capacitação, investindo em promoção e equacionando problemas crônicos como financiamento e transporte.*
- *Com mais tecnologia e criatividade podemos obter muito mais receita com o mesmo volume exportado.*

Como o Brasil tem um mercado interno importante e com potencial de crescimento bastante acentuado (embora não tenha crescido como poderia e deveria nos últimos anos), a sociedade industrial brasileira não necessitava se preocupar em exportar e, portanto, nunca pressionou o governo para que adotasse uma política de comércio exterior condizente com a relativa importância do País no contexto mundial. Felizmente, depois de décadas de letargia, parece que no início deste novo século o País está acordando para o mercado internacional.

Por esse e outros motivos, até 2003, participamos com apenas 1% do comércio mundial, segundo dados da OMC, conforme detalhes na Figura 6.1 do Capítulo 6.

Entretanto a situação da conjuntura mundial mudou e precisamos com urgência adotar uma política de exportação e importação que coloque o País em situação econômica confortável.

A exportação no Brasil tem sido até hoje quase uma exclusividade de médias e grandes empresas que dominam as técnicas de exportação e delas tiram proveito, comercializando com vários países.

A maioria dos pequenos e médios empresários considera-se sem capacidade exportadora devido ao porte de suas empresas. Entretanto o tamanho da empresa não chega a ser fator inibidor da sua inserção no mercado exportador; o importante é implantar uma filosofia empresarial para perseguir os objetivos e que comporte a seriedade, o comprometimento, a criatividade e o profissionalismo, símbolos de uma gestão empresarial.

Para exemplificar a possibilidade de exportação por pequenas empresas, cita-se a reportagem de Márcia Valéria (1998, p. 7) que diz:

Indústria cresce com exportação de hélice – Vendas para a Venezuela rendem US$ 60 mil

Uma pequena empresa de Manaus dribla a burocracia e conquista espaço no mercado externo. Fundada há oito anos pelo empresário Gabriel Mendonça, um africano radicado no Brasil, para atender o setor pesqueiro local, a Casa das Hélices exporta hélices de embarcações para a Venezuela e Peru.

A fábrica emprega 13 funcionários e produz quatro toneladas por mês de hélices, das quais apenas 600 quilos são vendidos no Amazonas. Para a Venezuela, são exportados US$ 60 mil.

Já está em fase de negociação o projeto de expandir as vendas para a cidade de Guayaquil, no Equador, onde a atividade pesqueira é forte. No Brasil, a Casa das Hélices abastece o mercado dos estados do eixo Pará/Bahia.

Esse exemplo de pioneirismo e busca de novos mercados e produtos exportáveis mostra como a exportação pode ser praticada tanto por empresas de pequeno porte, como pelas que estão localizadas fora dos grandes centros industriais.

Empresas que buscam atender a demandas reprimidas ou oportunidades mercadológicas formam um grande potencial para explorar a exportação. Quanto a isso, continua a reportagem:

A forma amadora como as hélices de embarcação eram fabricadas em Manaus levou Mendonça a vir para o Amazonas e se engajar num mercado que ele conhecia muito bem. Durante doze anos foi diretor comercial da Hope, de São Paulo, empresa especializada em fabricar hélices. "Os profissionais daqui não tinham qualquer tipo de conhecimento de cálculos de hélices. A idéia era trabalhar com ajuste das peças fabricadas aqui, mas depois de vários pedidos decidi fabricar o produto", conta.

Para chegar ao mercado venezuelano, Mendonça esperou cerca de um ano e meio para resolver todos os trâmites legais. Há um ano começou a negociar com o Peru e somente agora inicia a exportação (...) Mendonça afirma "que exportar é uma atividade cada vez mais visada por ele, já que a Casa das Hélices está usando apenas 40% da sua capacidade de produção. Como o consumo interno está baixo vou continuar investindo no mercado externo".

Fica claro que a oportunidade e a capacidade ociosa de produção são fatores que podem de certa forma incentivar a exportação, mas somente esses atributos não são suficientes para encarar esse desafio. É necessário tenacidade, pioneirismo e persistência, profissionalismo e sobretudo honestidade de propósitos.

No exemplo transcrito, só depois de um ano e meio o empresário resolveu todos os trâmites do comércio internacional e começou a exportar.

A exportação requer uma busca constante pela melhoria da qualidade, inovação, renovação, diferenciação.

Nos últimos anos, a Câmara de Comércio Exterior (Camex) vem assumindo um pouco mais de liberdade e atuação na formulação da política de comércio exterior do Brasil, que ainda deixa muito a desejar.

Temos implantado recentemente o sistema Radar Comercial e algumas outras medidas para facilitar a exportação, que ainda estão e são muito burocráticas e dificultam a entrada de novas empresas no comércio internacional.

5.10 Importância da Atividade Exportadora

Já nos referimos em capítulos anteriores à importância e às vantagens da atividade exportadora de uma empresa e sua importância para o País.

Passados mais de 14 anos da abertura da economia brasileira para o comércio exterior, a intensificação do processo da globalização da economia e posteriormente a criação da OMC, incluindo a entrada da China nessa organização como um *mega player*, fica claro a importância da atividade exportadora para um país.

O Brasil pagou em 2001 e 2002 uma média de US$ 34 bilhões de juros da dívida externa (segundo dados do Banco Central – *www.bc.gov.br*). Além do pagamento dos juros e da amortização do capital da dívida externa – a qual, segundo alguns renomados economistas, não deve ser paga, mas sempre renegociada – temos uma das poucas oportunidades de criação de novos empregos e conseqüentemente gerar desenvolvimento econômico por meio da exportação.

Passados alguns anos de seu ingresso na OMC, por exemplo, a China já desponta como uma das grandes potências comerciais do mundo, que pode ultrapassar os Estados Unidos dentro em breve na liderança do comércio internacional. Para isso não lhe faltam atributos básicos:

- Herdou de Hong Kong uma excelente capacidade de negociação com o mundo inteiro.
- Tem mão-de-obra abundante, barata e disciplinada, mas ainda pouco qualificada.
- Tem recursos naturais abundantes e variados.
- Possui uma das maiores extensões territoriais do planeta.
- Adquiriu tecnologia para fabricar enorme gama de produtos, embora ainda com problemas de qualidade que logo serão superados.
- Tem negociadores capacitados e com fleuma particularmente notória em se tratando de povos orientais.
- No final de 2003 ingressou no seleto grupo de países que conseguiram enviar um ser humano ao espaço; antes só a antiga União Soviética e os Estados Unidos haviam conseguido.
- É uma potência militar e nuclear.

- Faz parte do Conselho de Segurança da ONU como membro permanente.
- Tem necessidade urgente de desenvolvimento e conta com investimentos externos consideráveis.
- Exportou, em 2003, cerca de US$ 438,4 bilhões, segundo dados oficiais da OMC, divulgados em 5 de abril de 2004, sendo o quarto maior exportador do mundo, não incluindo Hong Kong com mais US$ 224 bilhões e, se somados, passariam para US$ 662,4, constituindo de fato o terceiro maior exportador mundial, só superado pela Alemanha e Estados Unidos.

O exemplo da China é apenas o de um dos países que estão se transformando em plataforma exportadora para o mundo; outro exemplo é a Índia, que também conta com grandes potencialidades para se desenvolver no comércio internacional.

O Brasil talvez conte com maiores potencialidades para enfrentar a concorrência internacional e sair-se bem. É preciso pôr em prática uma política de investimentos e de comércio exterior capaz de colocá-lo nesse grupo seleto de plataforma de exportação de produtos manufaturados com alto valor agregado.

Na área de *commodities*, já somos grandes produtores e exportadores de grãos, carne bovina e suína, além de frangos e suco de laranja, dentre outros.

Na área de manufaturados, cabe destacar as exportações de telefones celulares, automóveis, ônibus e até aviões, entre milhares de outros itens que podem ser melhor explorados no comércio internacional, garantindo ao País um desenvolvimento sustentável.

Os mercados internacionais são vitais para muitos países e empresas. Segundo dados da OMC, a França, o Canadá e o Reino Unido exportam individualmente mais de 25% de sua produção. A Alemanha exporta mais de US$ 450 bilhões anualmente.

O Brasil exportou, em 2002, pouco mais de US$ 60 bilhões, ao passo que o México, com um território cinco vezes menor e com metade de nossa população, exportou, no mesmo ano, cerca de US$ 150 bilhões (veja quadro completo dos maiores exportadores mundiais em 2003 na Figura 6.1 do Capítulo 6).

Como está a sua memória de negócios internacionais? Você conhece muitas empresas globalizadas que operam no País, não é verdade? Pode em um instante mencionar uma dezena.

E quantas empresas brasileiras você conhece que operam no exterior? Ambev, Embraer, Petrobras, Weg, Embraco, Tigre. Tente lembrar de mais algumas!

Com certeza, você encontrará um pouco de dificuldade para identificar algumas empresas brasileiras inseridas no comércio internacional. Talvez você se recorde ainda da Citro-Suco, da Cutrale, da Sadia, entre outras. Pois então tente fazer uma lista que contenha mais 20 empresas exportadoras, sem incluir as já citadas! Ficou um pouco mais difícil, não é?

Sabe o porquê disso? A atividade exportadora no Brasil só agora está sendo notícia, dando *status* às empresas. Se não fossem as exportações, em 2003 o Brasil teria sofrido uma enorme recessão. Foi graças principalmente às exportações agroindustriais que o país conseguiu apenas um retrocesso no seu PIB de 0,2% em 2003. As exportações nos salvaram.

Está provado que existe uma demanda potencial em mercados internacionais; por outro lado, existe a possibilidade de saturação do mercado interno para determinados produtos. A exportação passa a ser uma saída natural para a expansão dos negócios internos, aproveitando-se das vantagens comparativas, tecnológicas, custos de produção, matéria-prima, mão-de-obra e finalmente de recursos naturais. É preciso encontrar e explorar um ou mais diferenciais para poder ser competitivo no comércio exterior.

5.11 Identificação das Necessidades de Consumo

O maior obstáculo para vendas em qualquer parte do mundo é identificar as necessidades de consumo e adequar a oferta de bens e serviços para que possam satisfazer a essas necessidades.

A exportação não difere do mercado interno, pois devemos estar atentos para atender a necessidades e desejos do consumidor internacional, embora, na maioria das vezes não os conheçamos, assim como desconhecemos sua cultura, seus usos e costumes e o modo de vida desse nosso futuro comprador, o que causa grande dificuldade.

Assim, a correta identificação das necessidades e desejos de cada mercado específico é fundamental para termos sucesso no mercado internacional.

Kotler (1996, p. 183) afirma:

> *entender o comportamento do consumidor do mercado-alvo é a tarefa essencial do administrador de marketing, pois o mercado de consumo é constituído de todos os indivíduos e domicílios que compram ou adquirem produtos e serviços.*

Nesse particular, é preciso, portanto, saber em cada mercado a ser explorado o que realmente o consumidor está necessitando e espera comprar.

Para saber detalhes do comportamento do consumidor local, o exportador deve realizar, se possível, uma pesquisa de mercado. Na maioria das vezes, empresas de pequeno e médio porte não estão capacitadas e/ou não dispõem de recursos financeiros para realizar uma pesquisa de mercado; a saída para esse impasse é tentar obter os melhores e mais completos conhecimentos desse mercado por meio de sondagens e estudos, feitos pelo próprio exportador, para diminuir a dependência de uma investida em um mercado novo sem o mínimo conhecimento necessário.

Discutiremos, ao longo do Capítulo 6, o tema em maiores detalhes.

5.12 Construindo o Sistema de Informação de Marketing Internacional (Simi)

A construção do sistema de informação de marketing internacional (Simi), como todo sistema de informação, é fundamental para a execução de um plano de marketing internacional bem-feito.

No mercado, quem conta com informações privilegiadas tem a possibilidade de sair à frente. O Simi pode, por exemplo, usar outra disciplina que está em moda atualmente nas universidades brasileiras, que é o Sistema de Informação Gerencial (SIG). Na realidade, as informações gerenciais são fundamentais para a tomada de decisão. Assim, a contabilidade gerencial, finanças, vendas e todos os setores, departamentos ou divisões de uma empresa necessitam de informações que possibilitem ao executivo analisá-las, interpretá-las e propor, a partir daí, algumas alternativas para a empresa ou mesmo para o departamento.

Assim, o Sistema de Informação de Marketing Internacional pode e deve ser construído a partir de informações internas e externas, vindas de fontes primárias ou secundárias.

Fontes ou dados primários são os obtidos por meio de pesquisas específicas de mercado, ou seja, são dados que ainda não existem. Fontes ou dados secundários são aqueles que já existem como, por exemplo, a pesquisa do IBGE, dados de uma empresa de pesquisa como a Nielsen, entre outras fontes.

Passamos a comentar alguns detalhes para a obtenção de dados primários e secundários, alertando o leitor de que, se necessitar de mais detalhes, deve consultar as obras listadas na bibliografia sobre pesquisa de mercado.

5.12.1 Pesquisa de mercado internacional

A pesquisa de mercado é o principal instrumento de formação do Sistema de Informação de Marketing Internacional (Simi) mas não é o único.

Como salientamos no item anterior, muitas empresas, principalmente no Brasil, não têm condições financeiras necessárias para solicitar uma pesquisa de mercado, ainda mais em se tratando de um mercado internacional.

Entretanto, a pesquisa de mercado é uma das mais importantes ferramentas para identificar as peculiaridades de cada mercado e ter informações precisas do posicionamento de cada empresa do seu setor em determinado país.

No Brasil, temos inúmeras empresas que, apesar de aplicarem pesquisas sofisticadas e caras, não evitaram o fracasso. Um exemplo significativo é a Chrysler que, no final dos anos 90, decidiu montar uma fábrica em São José dos Pinhais, Estado do Paraná, e depois pouco mais de três anos de produção em níveis bem baixos ao estimado, fechou-a nas vésperas do lançamento da *Pick-up* Dakota cabina dupla.

Ora, esse fato, demonstra que, apesar de uma empresa como a Chrysler, que tem grande tradição no mercado automobilístico mundial, atua em vários mercados e, portanto, deve possuir grande experiência em contratação e aplicação de pesquisas de campo, não deixa de estar sujeita a erros grotescos.

Segundo consta, a empresa, nos anos em que produziu a picape Dakota, não conseguiu vender 10% do que fora planejado e detectado pela sua pesquisa.

Portanto uma pesquisa mal aplicada, elaborada, ou analisada, pode levar uma empresa a cometer grandes erros mercadológicos, principalmente no lançamento de um produto. No caso, comenta-se no mercado que a Chrysler posicionou mal seus produtos em termos de preço e a demanda não chegou a ser confirmada, pois o produto ficou muito caro em relação ao poder de compra do público-alvo, em relação aos seus concorrentes diretos – na época a S-10 da Chevrolet, Toyota e Ford Ranger.

A contratação de uma empresa de pesquisa local, que saiba identificar por meio de sua atuação no mercado local seus verdadeiros meandros, é um fator importante. Muitas vezes são contratadas empresas de pesquisa que têm origem estrangeira e que repassam seu trabalho para outras locais, que não estão sintonizadas com o problema de pesquisa, causando grandes distorções em suas conclusões.

É sempre aconselhável que uma empresa exportadora busque, em cada mercado a ser explorado, uma empresa especializada em pesquisa de mercado que tenha familiaridade com o setor a ser pesquisado e experiência efetiva naquele mercado.

5.12.2 Pesquisa informal

A pesquisa que convencionamos chamar de informal e que não tem valor científico consiste na obtenção do maior número de dados possíveis sobre determinado país, no caso específico do marketing internacional. Nesse sentido, qualquer tipo de informação é importante, desde um simples cartão de visita, até dados estatísticos elaborados por entidades internacionais de pesquisa, e podem servir de ponte entre o pesquisador e o mercado a que se quer atingir. Para efeitos didáticos e práticos, dividimos a pesquisa informal em duas etapas distintas:

- a pesquisa informal sem sair do país;
- a pesquisa informal por meio de viagem ao país-alvo. (viagem ao exterior)

5.12.2.1 Sem sair do país

Uma vez definido o país ou grupo de países a serem pesquisados, de acordo com as ferramentas de que dispomos, o primeiro passo é desenvolver uma metodologia de coleta de dados. Devemos iniciar por dados macroeconômicos tais como PIB, renda *per capita*, nível de vida, custo de vida, entre outros índices genéricos da economia: inflação, dívida externa/interna, taxa de juros.

Posteriormente, buscam-se informações do setor em que estamos inseridos, como setor de autopeças, telefonia, têxtil etc. Delineado o setor em que atuamos, devemos buscar informações dos principais fabricantes, importadores, atacadistas, distribuidores e lojistas. Nesse caso, as fontes mais diversas que podemos enumerar são:

- *Sites* de Internet.
- Jornais e revistas nacionais e internacionais (locais).
- Câmaras de comércio.
- Ministério das Relações Exteriores (*www.mre.gov.br*).
- Ministério do Desenvolvimento da Indústria e do Comércio Exterior (*www.mdic.gov.br*).
- Embaixadas e consulados do Brasil no exterior.
- Consulte *www.braziltradenet.gov.br* e terá *on-line* a possibilidade de imprimir publicações, tais como *Exportação passo a passo, Como exportar para...* (vários países).
- Catálogos e *sites* de feiras, exposições e congressos.
- Contatos diversos (cartões de visitas).
- Contatos antigos de amigos e parentes.
- Banco Central do Brasil (*www.bc.gov.br*).
- Contatos com filiais de bancos brasileiros no exterior.
- Contatos com bancos internacionais no exterior.
- *Sites* oficiais de países.

Entre muitas outras fontes de informações, o leitor pode buscar a que mais lhe ajudará na tarefa de iniciar o seu banco de dados Simi.

5.12.2.2 Viagem ao exterior

Não é oportuno que um gerente de comércio exterior ou um *trader* empreenda uma viagem internacional sem antes ter o cuidado de obter informações variadas sobre o país e o setor em que a empresa pretende desenvolver-se no mercado internacional.

Assim, é importante que todos os possíveis contatos de caráter genérico, como a sondagem do mercado, bem como os de caráter específico, como os contatos com clientes potenciais, devam ter sido feitos, esgotando todas as possibilidades de mais contatos.

Dessa forma, a viagem ao exterior, na verdade, passa a ter o caráter de uma complementação das informações coletadas antes da viagem. Quanto a esse assunto, recomendamos que o leitor consulte o Capítulo 8, onde detalhes do antes, durante e depois da viagem serão explanados.

Reflexões

1. *A empresa em que você trabalha faz exportação?*
   a) Se sim, qual a importância da exportação nos negócios da empresa?
   b) Se não, como você avalia o fato de ela não exportar?
2. *Sua empresa é competitiva no mercado nacional?*
3. *Quais seriam as práticas de gestão que sua empresa pode praticar para ser competitiva no mercado nacional?*
4. *E no mercado internacional?*
5. *De que forma o Brasil pode aumentar suas exportações para países (clientes) não-tradicionais?*
6. *Como o marketing internacional pode ajudar o desenvolvimento tecnológico de uma empresa?*

Capítulo 6

Marketing Internacional: uma Estratégia Empresarial

Objetivo Complementar o capítulo anterior; o leitor deve estar apto, depois da leitura deste capítulo, a entender a importância do marketing internacional para as empresas, para o Brasil e, sobretudo, para os brasileiros; deve também contribuir para a difusão dessa idéia nas várias empresas em que vier a trabalhar.

Palavras-Chave Marketing Internacional, Estratégia, Exportação, Internacionalização, Negócios, Como Exportar.

Chegamos ao capítulo central e mais importante deste livro.

Nos capítulos anteriores, preparamos o leitor para compreender a mais importante missão do nosso livro, convencê-lo da importância da atividade exportadora como estratégia de desenvolvimento econômico sustentável para as empresas e para o País e, conseqüentemente, para todos que aqui vivemos.

Vamos abordar agora o ponto mais significativo para a maioria dos países e empresas: a exportação, fator fundamental para o crescimento sustentado.

Como já tivemos oportunidade de constatar, o marketing internacional é uma das especializações do marketing. Embora qualquer empresa possa aplicar de forma simples e direta os seus conceitos, no marketing internacional é importante saber separar os mercados internacionais.

Cada mercado tem sua peculiaridade, mesmo em se tratando de países pequenos, pois as regiões metropolitanas e o interior dos países são, às vezes, completamente diferentes, em termos de comportamento do consumidor.

Dessa forma, devemos tratar cada mercado desigual de forma desigual, atendendo às diversas características que se apresentam.

Até agora, vimos diversos aspectos do comércio internacional e, neste capítulo especificamente, tentaremos demonstrar ao leitor que o marketing internacional passou a ter conotação estratégica para as empresas brasileiras, tão grande sua importância no contexto atual.

Neste capítulo, vamos estreitar os vínculos da estratégia com o marketing internacional, levando o leitor a pensar e a agir de forma estratégica, quando pensar sobre negócios internacionais, principalmente voltados para a exportação.

6.1 Comércio Internacional *versus* Negócios Internacionais

A primeira constatação necessária que qualquer negociante precisa fazer é se existe necessidade de consumo de determinado produto em determinado mercado.

Um mercado pode ser definido simplesmente como: "gente com dinheiro no bolso e vontade de consumir".

Se em certo mercado existe necessidade de consumo e ela ainda é reprimida, sem oferta suficiente, então tudo fica mais fácil. Mas nem sempre existem mercados sem oferta. Aliás, o que mais há hoje são mercados superofertados, obrigando-nos a competir com inúmeros *players* que normalmente atrapalham a vida.

É fundamental, então, definir e diferenciar o que é comércio e o que é negócio. Parece que ambos se confundem, mas vamos explicar filosoficamente as suas diferenças.

Existe uma pequena, mas muito significativa, diferença entre fazer comércio e fazer negócio, embora seja subjetiva, mas muito fácil de ser notada por pessoas inteligentes como o nosso leitor.

A diferença entre comércio internacional e negócio internacional segue o raciocínio que exporemos a seguir.

Como diferenciar um comerciante de um negociante? O comerciante preocupa-se normalmente com o dia-a-dia; o negociante, com o futuro; para o negociante a compra é muito mais do que um comércio; é um negócio com perspectivas de futuro. Assim, podemos salientar que um negociante preocupa-se em fazer um negócio hoje e preservar o cliente para futuros negócios, ao passo que o comerciante busca apenas vender no dia-a-dia, sem se preocupar com as necessidades futuras do cliente.

Dessa forma, também no comércio internacional é preciso pensar a longo prazo. O comércio exterior, como ensinou Minervini, não pode ser a saída para uma crise interna.

Por outro lado, o comércio exterior tem de ser pensado a longo prazo. Podemos, por exemplo, agindo como negociantes, exportar inicialmente, com sacrifícios de nossa margem de lucros, mas sempre pensando no futuro daquele mercado. É muito comum que empresas com políticas comerciais agressivas e voltadas mais para a estratégia permanecerem em certos mercados, mesmo tendo pequenos prejuízos, para não permitirem a entrada de novos concorrentes ou a perda total de contato com aquele mercado.

Embora seja um ditado popular de certo mau gosto, peço licença ao leitor para reproduzi-lo, pois ele traduz o significado de não sair do mercado. Diz o seguinte: "Mercado é igual à alça de um caixão: quando um larga, vem outro e coloca a mão".

O mercado, portanto, é muito disputado. Por vezes, para ganharmos o cliente, temos de vender praticamente a preço de custo, vislumbrando que ele pode ser uma porta de entrada para um futuro melhor em determinado mercado.

Alguns países ou cidades possuem lojas emblemáticas, que dão prestígio ao produto ali vendido. Podemos citar algumas delas, espalhadas pelo mundo: em Berlim, a KDW; em Londres, a Harrods; em Paris, a Galeria Lafaiette; em Nova York, a maioria das lojas da Quinta Avenida; em Madri, El Corte Inglés, entre muitas outras.

Todas essas lojas são como "cartões de visita" para o exportador, pois, ao vender para elas, pode vir a ter referência e prestígio para outras vendas.

Seguindo essa linha de raciocínio, podemos fazer alguns sacrifícios ao vender para estabelecimentos desse tipo e o mesmo se aplica aos importadores. Descobrir que um importador ou um distribuidor tem prestígio na cidade ou no país é meio caminho andado para obtermos sucesso naquele mercado.

Nesse sentido, negociar é pensar estrategicamente, a longo prazo e não apenas ter uma visão estreita do comércio diário.

É claro que não podemos imaginar que sempre venderemos sem lucro ou até com prejuízo, mas é preciso pensar em um negócio na sua totalidade e a longo prazo. Até por isso, a exportação não pode ser encarada como um negócio de ocasião, mas como um negócio a longo prazo. Não pode ser usada como forma de especulação nem para obtermos lucros imediatos. A exportação deve ser pensada como forma de prever e prover o futuro.

Guardadas as devidas proporções, essa estratégia (preços competitivos, atrelados a vendas futuras) é muito utilizada no Brasil pelas empresas que vendem impressoras para PCs: vendem seus produtos a preços bastante convidativos e, teoricamente, obtêm a fidelidade (forçada) do cliente na compra de cartuchos – vendidos a preços mais caros.

A mesma estratégia é utilizada por fabricantes de elevadores e de escadas rolantes, cujo faturamento total, cerca de 40%, é oriundo dos contratos de manutenção.

Por outro lado, no mundo globalizado em que vivemos, devemos exportar para podermos importar, para pagar nossos compromissos, obter melhores condições de vida, divisas e, sobretudo, para evoluirmos.

Minervini (1989, p. 63) destaca: "Exportar é uma postura empresarial, é uma alternativa estratégica de desenvolvimento, é dar uma dimensão global à empresa, é ganhar experiência".

O comércio internacional (exportações e importações), tanto para as empresas como principalmente para os países, deve ser pensado como uma operação estratégica e, portanto, no longo prazo. Soma cerca de 3,5 trilhões de dólares e, segundo Kotler et al. (1997, p. 223), cerca de 75% desse total fica nas mãos dos países industrializados.

É um número nada desprezível para os países disputarem entre si melhores participações no comércio mundial. Para se ter uma idéia comparativa, o Brasil exportou em 2002 US$ 60,4 bilhões, com um superávit de US$ 13,2 bilhões; em 2003, exportou US$ 73,1 bilhões, obtendo um superávit na balança comercial de US$ 24,8 bilhões, número muito aquém das nossas necessidades para refazer as reservas cambiais.

6.2 Significado da Exportação para as Empresas

A exportação é o oxigênio de que precisamos para respirar. Nos últimos dois anos, o Brasil foi praticamente sustentado pela exportação e, se ela não fosse de volume considerável, teríamos uma crise bem maior – que em ser cíclica.

Exportar é uma decisão madura, que deve ser tomada dentro dos objetivos globais de uma empresa. Não é um sonho, é uma decisão de cunho estratégico formada por empresas perfeitamente imbuídas das vantagens e desvantagens que representa.

Embora tenhamos listado algumas vantagens da internacionalização no capítulo anterior, é importante comentar novamente algumas delas.

Para as empresas, a exportação representa:

- Maior diversidade de mercados, diminuindo riscos do mercado nacional.
- Maior aproximação com novas tecnologias, muitas de ponta.
- Melhoria do marketing interno e aquisição de marketing internacional competitivo.
- Melhoria do processo produtivo e da qualidade, por meio de técnicas como o *benchmarking*.
- Maiores possibilidades de vendas para mercados alternativos.
- Melhoria do *status* nacional e internacional, com a possibilidade de implantação de marca mundial.
- Redução de custos, principalmente fixos.
- Possibilidades de obter maiores lucros marginais.
- Melhoria da produtividade e lucratividade.
- Possibilidade de aumentar o ciclo de vida de produtos.
- Eliminação da sazonalidade de alguns produtos, contribuindo para vendas uniformes.
- Vantagem competitiva, por meio de custos, inovação ou diferenciação.
- Sobrevivência no mercado. "A melhor maneira de não se afogar é saber nadar."
- Manutenção ou criação de novos mercados.
- Sair das crises locais. Alternância da falta de vendas. Um mercado em recessão pode ser compensado por outro em crescimento (falta de vendas).
- Custo marginal decrescente.

Acima de tudo, a principal vantagem da exportação é o aprendizado de como conviver em um ambiente competitivo e dinâmico. Devemos exportar porque a exportação também significa:

- Uma atividade cada vez mais requerida no mundo moderno e globalizado.
- Sem novos mercados não existe a possibilidade de desenvolvimento empresarial.
- O mercado interno por si só não garante o desenvolvimento sustentado da empresa e do país.
- É fundamental acordarmos para um novo modelo de gestão empresarial que tenha metas objetivas de conquista de mercados internacionais.
- Nesse mercado acirrado de disputas nacionais e internacionais, existem dois tipos de empresários: *o empresário moderno e "plugado" com o que acontece no mundo, e... o ex-empresário.*

Nesse sentido, a atividade internacional de uma empresa passou a ser uma espécie de seguro do qual a empresa dispõe para se manter competitiva e atualizada, inclusive no mercado nacional.

Comentando sobre o tema, Minervini (1989, p. 66) recomenda: "O mercado internacional é a melhor escola para você permanecer no mercado nacional".

De fato, acostumada com a concorrência internacional competente e acirrada, a maioria das empresas exportadoras tem adquirido certa dose de imunidades e melhores condições de competitividade, tanto no mercado nacional, como no internacional.

Quanto a isso, é notória a diferença organizacional e mercadológica, sobretudo entre as empresas que participam do mercado internacional e das que apenas se dedicam ao mercado doméstico.

6.3 Significado da Exportação para o País – A Exportação Sustentando a Economia

Em muitos países, a exportação representa quase a totalidade do seu produto interno bruto. Países do Oriente Médio, por exemplo, dependem quase exclusivamente das exportações de petróleo bruto para sobreviver; outros pequenos países dependem do turismo ou de atividades financeiras baseadas no cliente do exterior. Portanto os reflexos da exportação e da utilização do marketing internacional por países e empresas podem ser sentidos claramente. Empresas e países que priorizam o mercado internacional dão a ele a importância devida, como forma de desenvolvimento econômico e social.

A exportação gera empregos, divisas internacionais, melhor desenvolvimento, melhor qualidade de vida e não pode ser relegada a segundo plano.

Citamos agora alguns exemplos de modelos econômicos que se apóiam nas exportações: o Chile, a Holanda e a Coréia do Sul, a qual, com apenas 46 milhões de habitantes, transformou radicalmente sua economia – de uma renda *per capita* de US$ 100/ano em 1961, saltou para US$ 8,6 mil em 1993 e disparou para US$ 15,6 em 2002, com 33% do seu PIB destinado às exportações, segundo relatórios de 2002 e 2003 da OMC e do Banco Mundial.

A China tem sido destacada como o país de maior crescimento nos últimos anos e, segundo alguns analistas, será uma das maiores potências em níveis comercial e industrial, dentro de no máximo duas décadas. Basta observar ao nosso redor para vermos quantos produtos têm origem na China. Seu modelo exportador é um sucesso.

Com esses e outros exemplos, torna-se evidente que a exportação tem sido ponto fundamental para que um país, suas empresas e sua população alcancem melhor grau de desenvolvimento econômico e social.

O economista Luciano Coutinho, segundo o jornal *O Estado de S. Paulo*, de 29 de junho de 2003, apresentou um trabalho sobre crescimento via exportação, no Ciclo de Seminários Brasil em Desenvolvimento, organizado pelo Instituto de Economia da UFRJ, em setembro de 2003. Ele, em certo trecho, compara o desenvolvimento da China ao do Brasil:

As exportações brasileiras representam 1% do comércio internacional. Ainda há muito espaço para o Brasil ocupar, mas essa capacidade de ocupar espaços depende da competência do País em apreender e saber fazer. O caso que chama mais atenção é o da China. Em 1980, participava com apenas 0,89% das exportações mundiais; em 2000, saltou para 3,92%; e obteve, no período, uma média de crescimento do PIB de 10,1% ao ano. No mesmo período, as exportações do Brasil permaneceram estagnadas, em torno de 0,9% do total. A média do crescimento do PIB, no período, foi de 2,7% ao ano.

A saída para o Brasil, segundo o economista, é trilhar o mesmo caminho dos países em desenvolvimento, como China, Coréia do Sul, Malásia, Índia, Irlanda e México.

Como exemplo da pequena participação do Brasil no comércio internacional e da importância com que são tratadas as exportações em outros países, transcrevemos a tabela do *Ranking* das Exportações Mundiais de 2003, segundo relatório divulgado em 5 de maio de 2004 (*www.wto.org*), no qual o Brasil figura em um modesto 25º lugar dentre os países exportadores.

O jornal *O Estado de S. Paulo*, em sua edição de 6 de abril de 2004, traz em seu caderno de economia, página B5, a seguinte manchete: "Brasil sobe para 25º maior exportador mundial". Continua a reportagem, afirmando:

O crescimento das exportações em 2003 permitiu ao Brasil subir na classificação dos maiores exportadores do mundo. Segundo dados da Organização Mundial do Comércio (OMC) publicados ontem, o País avançou para a 25ª posição em valor exportado, passando a responder por 1% dos US$ 77,3 trilhões movimentados ano passado pelo comércio internacional. Em 2002, o País ocupava a 26ª posição e respondia por 0,9% do total. Assim o Brasil volta a ocupar uma posição que foi sua em 1980,

destaca o correspondente Jamil Chade, de Genebra, Suíça.

Muitas análises podem ser extraídas desse quadro. Uma que salta aos olhos é: uma antiga colônia inglesa na China, no caso Hong Kong, com ínfima área territorial, exporta três vezes mais que o Brasil. O México exportou US$ 165,3 bilhões, 50% mais que o Brasil, com 1/5 do nosso território e 85 milhões de habitantes.

De fato, nosso país tem potencial para alavancar seu crescimento econômico. Nossas exportações, conforme salientamos, somam apenas 1% do total do comércio internacional. Fica evidente a necessidade de implementar programas

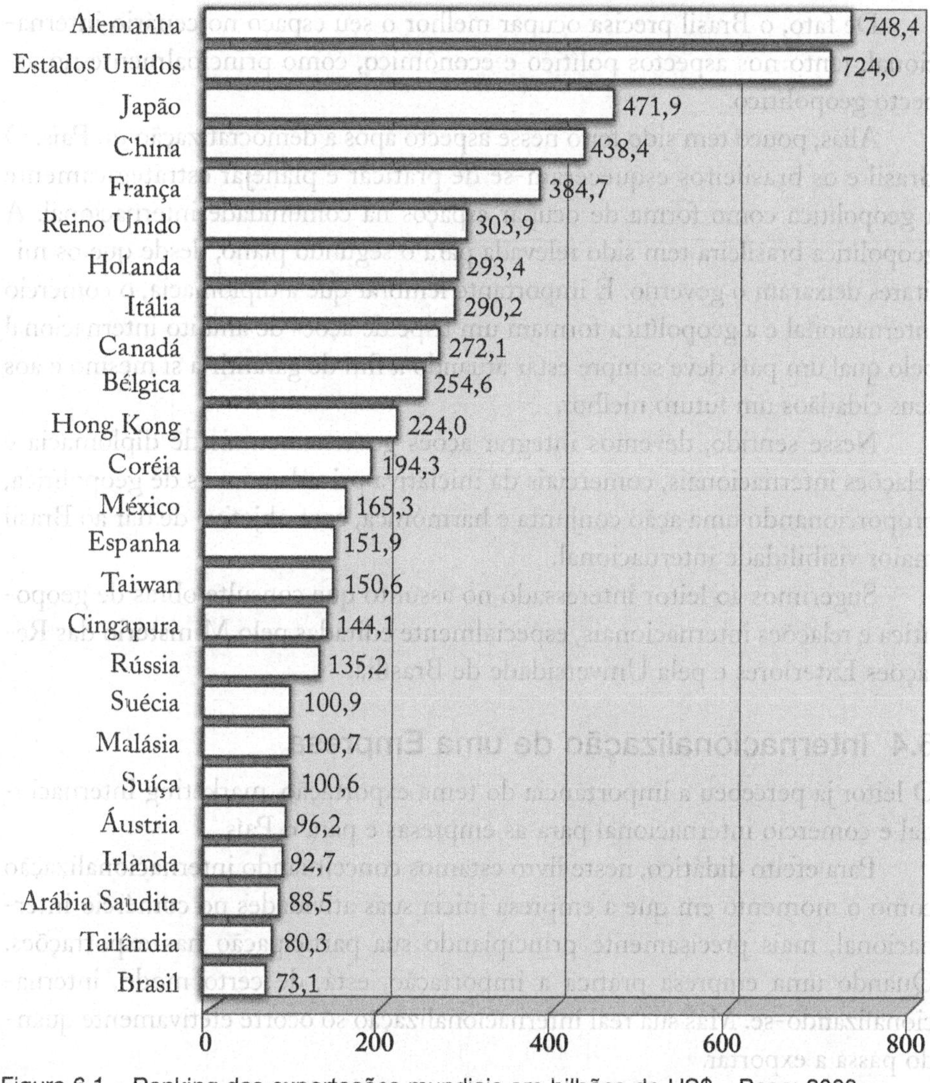

Figura 6.1 – Ranking das exportações mundiais em bilhões de US$ – Base: 2003.

de desenvolvimento de marketing internacional para viabilizar o crescimento de nossas exportações, ajustadas a políticas apropriadas de comércio exterior e de investimentos.

Contar apenas com 1% do comércio internacional, para um país como o Brasil, que almeja participar com mais importância das decisões mundiais, realmente é muito pouco. O governo Lula tem feito esforços bastante grandes para ampliar o espaço geopolítico do Brasil no mundo.

Segundo Luciano Coutinho, há somente um caminho para o País alcançar a tão desejada inserção no mundo: o aumento da presença brasileira no comércio internacional.

De fato, o Brasil precisa ocupar melhor o seu espaço no cenário internacional, tanto nos aspectos político e econômico, como principalmente no aspecto geopolítico.

Aliás, pouco tem sido feito nesse aspecto após a democratização do País. O Brasil e os brasileiros esqueceram-se de praticar e planejar estrategicamente a geopolítica como forma de ocupar espaços na comunidade internacional. A geopolítica brasileira tem sido relevada para o segundo plano, desde que os militares deixaram o governo. É importante lembrar que a diplomacia, o comércio internacional e a geopolítica formam um tripé de ações de âmbito internacional pelo qual um país deve sempre estar atuando a fim de garantir a si mesmo e aos seus cidadãos um futuro melhor.

Nesse sentido, devemos integrar ações governamentais de diplomacia e relações internacionais, comerciais da iniciativa privada com as de geopolítica, proporcionando uma ação conjunta e harmônica, com objetivo de dar ao Brasil maior visibilidade internacional.

Sugerimos ao leitor interessado no assunto que consulte obras de geopolítica e relações internacionais, especialmente editadas pelo Ministério das Relações Exteriores e pela Universidade de Brasília.

6.4 Internacionalização de uma Empresa

O leitor já percebeu a importância do tema exportação, marketing internacional e comércio internacional para as empresas e para o País.

Para efeito didático, neste livro estamos conceituando internacionalização como o momento em que a empresa inicia suas atividades no comércio internacional, mais precisamente principiando sua participação nas exportações. Quando uma empresa pratica a importação, está, de certo modo, internacionalizando-se. Mas sua real internacionalização só ocorre efetivamente quando passa a exportar.

Fazemos, agora, uma observação crítica: algumas obras, principalmente de origem norte-americanas, embora tentem tratar da disciplina de marketing internacional, não estão focadas na realidade brasileira. Do começo dessa obra até agora o leitor pode perceber que o foco de nossos exemplos é a atuação da empresa de origem brasileira no comércio internacional e das dificuldades que encontra quando da sua iniciação na exportação.

A maioria dos livros-texto colocados à disposição dos leitores brasileiros são meras traduções de realidades muito distantes da nossa.

Assim, temos alguns títulos de marketing internacional e principalmente de marketing global, que são totalmente desfocados da nossa realidade.

Qualquer subida de uma escada começa pelo primeiro degrau. Se você quiser começar do segundo ou terceiro degrau, a ação é mais arriscada. É impossível começar a fazer uma casa pelo telhado.

Os primeiros passos da internacionalização de uma empresa devem ser dados com firmeza e perseverança. Mas, de qualquer forma, para iniciar uma nova ação, necessitamos começar por alguma parte, que deve ser o "primeiro degrau da escada".

A internacionalização não é um caminho suave, assim como não o é a exploração de qualquer novo mercado. Por outro lado, a exportação é, antes de tudo, uma estratégia de diversificação de mercados e de riscos.

Do ponto de vista comercial e mercadológico, fica claro que a exportação diminui sensivelmente a dependência do mercado interno e de suas turbulências econômicas, podendo, se bem aplicada (essa estratégia), ser um fator diferencial e conseqüentemente de estabilidade e crescimento mercadológico.

Este livro foi elaborado também como contribuição para o aprimoramento das empresas brasileiras e da capacidade de exportação do empresário brasileiro. Outra vertente não menos importante é preparar jovens estudantes de administração, comércio exterior, relações internacionais, dentre outras disciplinas, para se inteirarem dos processos e sutilezas do comércio internacional, que será quem comandará as empresas em mais alguns anos.

Como comentado anteriormente, encontramos algumas obras de autores estrangeiros que estão fora da nossa realidade, principalmente as que abordam o marketing global, confundindo-o com o marketing internacional. Existe uma grande diferença entre marketing internacional, multinacional e global. Enquanto o marketing internacional trata dos passos iniciais de uma empresa no comércio internacional, o marketing global trata de uma empresa já internacionalizada e consolidada no comércio internacional, que, por uma questão de crescimento natural ou estratégico, resolve ter operações com grande número de países no globo, daí ser chamada de globalizada. Já o marketing multinacional é o marketing aplicado pelas antigas empresas multinacionais, que, embora tivessem presença em nível multinacional (em vários países), suas decisões de gestão eram concentradas nas suas matrizes.

Não há empresa no mundo que já tenha nascido global. Partindo-se do pressuposto que empresas como IBM ou Microsoft, ambas de origem americana, primeiramente ganharam força no mercado interno americano e tornaram-se internacionais à medida que iniciaram suas exportações e posteriormente, por tendência natural ou estratégica, estabeleceram presença em vários países e operaram como multinacionais, para depois o fazerem na maior parte dos países do mundo e então se tornaram globais.

Defendemos a tese de que não existem empresas que, como em um passe de mágica, transformem-se da noite para o dia em globais. A globalização de uma empresa é construída passo a passo.

Para ser global, uma empresa deve dar seus primeiros passos na exportação: uma criança só aprende a andar depois de saber engatinhar e equilibrar-se em pé.

Uma empresa iniciante em comércio exterior também necessita aprender a caminhar e esse caminho não é, com certeza, tornar-se uma empresa global como em um passe de mágica. A teoria de marketing global, portanto, pouca valia tem para as empresas brasileiras, e também para as de outros países, que nunca exportaram e precisam se iniciar no comércio internacional.

Uma empresa nasce, cresce, solidifica-se no seu mercado interno e passa a ser internacional, à medida que exporta ou importa pela primeira vez. Posteriormente, pode atingir o grau de multinacional (a que tem presença em vários países) para depois passar a ser global. Essa colocação evidentemente não se aplica a empresas que adquirem outras em vários países e tornam-se globais em virtude dessas aquisições. Mas o leitor inteligente sabe diferenciar e entende que é difícil uma empresa pequena, de um momento para outro, tornar-se global, estar presente na grande maioria dos países do mundo.

Grande parte das obras que abordam o tema marketing internacional não se aplica à maioria de empresas brasileiras; é aplicada para empresas de origens americana, européia, japonesa, coreana que, anteriormente à fase de sua globalização, foram internacionalizadas. Não se constrói uma casa partindo-se do telhado.

No Brasil, atualmente, podemos citar algumas dezenas de empresas globalizadas: a WEG, segundo *site* Valor Econômico *On-line* (acesso em 2/4/2004, *www.valoronline.com.br* e *www.weg.com.br*), sediada em Jaraguá do Sul (SC), por exemplo, é a maior fabricante de motores elétricos da América Latina. Começou como microempresa, em 16 de setembro de 1961, há mais de 40 anos, com "capital de três fuscas", o equivalente a US$ 11 mil e com seus três fundadores – Werner Ricardo Voigt, Eggon João da Silva e Geraldo Werninghaus – como os únicos funcionários, produzindo 146 motores no primeiro ano e depois 4.085 unidades. Em 2002, obtiveram um faturamento bruto de R$ 1,53 bilhões, dos quais 40% em exportações. Tem nove unidades fabris: duas na Argentina, uma no México e uma em Portugal; e está presente com operações comerciais em mais de 100 países, nos cinco continentes.

Esse é um exemplo de uma empresa que se pode dizer globalizada e que, como a quase totalidade das empresas brasileiras, começou em um pequeno galpão.

A WEG não se internacionalizou por acaso. Houve vontade política e gestão empresarial com visão de futuro.

A partir desse exemplo, podemos sistematizar as seguintes etapas básicas da internacionalização de uma empresa:

- Internacionalização propriamente dita, pela qual a empresa começa a exportar de maneira normalmente embrionária para um ou dois países, na maioria das ocasiões, para os vizinhos, tornando-se a exportação uma extensão do mercado interno. Trata-se da exportação simples.
- A empresa torna-se multinacional para ter presença em negócios de exportação e importação em vários países do mundo. É o caso de empresas com presença em vários mercado mundiais, mas com administração centralizada na sua matriz.
- A empresa torna-se global por comercializar, fabricar ou ter presença de negócios em quase todos os países.

Normalmente as empresas, para se tornarem internacionais, iniciam o processo de exportação,[1] que é o caminho mais fácil e natural.

De acordo com esse caminho natural, podem-se mencionar as etapas que para didaticamente diferenciar das anteriores, convencionamos chamar de *etapas de internacionalização detalhada*. Essas etapas, como poderá ser notado, não necessariamente significam que todas e nessa ordem devam ser seguidas. As empresas, dependendo da sua capacidade de crescimento e evolução e, ainda, das condições encontradas em cada mercado, podem ou não passar por todas essas etapas para chegarem a ser uma empresa globalizada.

As *etapas de internacionalização detalhada* de uma empresa são as seguintes:

Primeira etapa – Exportação (simples)

As empresas iniciam normalmente seus processos de internacionalização para países vizinhos, com culturas similares. No caso de empresas instaladas no Brasil, a grande maioria inicia seu processo de internacionalização exportando para países como Argentina, Uruguai, Paraguai, Bolívia e Chile.

Nessa etapa inicial, o gerente de exportação ou o *trader* viaja para o exterior, fazendo vendas esporádicas e tentando abrir mercados. Na realidade, a maioria das viagens é exploratória, e os resultados positivos podem ser difíceis de alcançar.

---

[1]Embora a importação também seja considerada como internacionalização, no presente trabalho, para facilitar o seu desenvolvimento é usado apenas o enfoque de exportação como internacionalização de fato de uma empresa.

Essa fase pioneira constitui-se de um importante processo de revisar e melhorar o Sistema de Informação de Marketing Internacional (Simi), coletado previamente.

Na realidade, o Simi só pode ser aprimorado quando da presença efetiva do vendedor internacional no mercado a ser explorado.

Segunda etapa – Instalação de uma representação

Tendo tido sucesso em sua empreitada inicial de exportação ou exploratória, e de acordo com as perspectivas dos mercados trabalhados, a próxima etapa para a empresa é organizar um escritório de representação, normalmente terceirizado, que fará às vezes do vendedor internacional da empresa (*trader*).

Nessa etapa do processo destaca-se a importância de contar com a experiência de um representante ou agente que tenha conhecimento suficiente do mercado e dos produtos que irá representar, e que esteja domiciliado no local ou região que represente a sua área de atuação.

Não se pode cometer um erro muito comum no comércio exterior, que é designar representantes que residam em locais distantes ou mesmo em outros países ou estados (chamados de províncias), da área de atuação, ou ainda que não estejam perfeitamente familiarizados com os produtos que irá vender.

O representante deve ter vivência específica do segmento que irá atuar, bem como uma boa visão comercial e econômica de todo o mercado. Deve possuir penetração fácil junto aos futuros clientes.

Um representante que não conhece com profundidade o segmento e em muitos casos o país aonde irá atuar pode pôr a perder todo o esforço mercadológico que uma empresa disponibilizou para iniciar-se no mercado. Nesse sentido, é mais interessante não ter um representante local, do que ter um profissional que esteja alijado do mercado.

O representante ou agente, normalmente, são remunerados por três maneiras distintas:

1) Recebendo um valor fixo (ajuda de custo ou salário) para desenvolver o trabalho.
2) Recebendo somente comissões por vendas realizadas.
3) Recebendo um fixo (ajuda de custo ou salário), acrescido de comissões por vendas realizadas.

Essas formas de remuneração podem variar de acordo com o mercado a ser desenvolvido e o tipo de produto.

A função do representante é buscar novos negócios e dar continuidade aos negócios iniciados pela empresa, conforme descrito na primeira etapa.

Terceira etapa – Distribuição comercial

A terceira etapa significa uma evolução natural do processo de internacionalização. A empresa, após ser bem-sucedida nas etapas anteriores e verificar que o volume de exportação é crescente, pode nomear distribuidores gerais ou regionais, que deverão se encarregar das vendas e da perfeita distribuição física dos produtos, atingindo de forma eficiente todo o território previamente definido em contrato.

Quarta etapa – Abertura de uma filial de vendas

Sempre partindo do princípio de que as etapas anteriores foram bem-sucedidas, ou que por uma questão de estratégia o mercado explorado é promissor, a próxima etapa é a organização de um escritório de vendas (filial), que, além de cuidar das vendas, como objetivo fundamental, pode acessoriamente cuidar da assistência técnica dos produtos vendidos, da distribuição, propaganda, das relações públicas e governamentais.

Recomenda-se que a filial disponha de maior número possível de funcionários nativos, que estejam igualmente engajados no mercado, e comandados por um representante da mesma nacionalidade da empresa de origem; esse expediente permite melhor aproximação e sinergia da empresa com o mercado, sem que ela perca o controle administrativo e comercial.

A filial local passa a ter um papel importante e estratégico no desenvolvimento das exportações para aquele país.

Quinta etapa – Licenciamento

A quinta etapa pressupõe que a empresa exportadora necessite expandir seu negócio no local, mas não dispõe de recursos suficientes, ou não faz parte de seus planos atuais.

O licenciamento pode ser uma saída; nomeia-se uma empresa local, que tenha capacidade de distribuição (como uma filial de vendas) ou mesmo fabrique sob autorização os seus produtos.

Portanto o licenciamento pode ser para a distribuição comercial em determinadas regiões, ou a fabricação. É importante esclarecer a necessidade de se elaborar contratos específicos e bem definidos, de preferência que contem com a assistência da representação diplomática brasileira no local, para que problemas legais no futuro sejam evitados.

Sexta etapa – Fabricação conjunta

A fabricação conjunta também faz parte da estratégia da empresa em atingir mercados internacionais, e pressupõe alguns fatores importantes.

Tendo tido sucesso na exportação, a empresa resolve partir para uma etapa mais agressiva, aproveitando-se de barreiras alfandegárias futuras, que dificultaram as importações, de incentivos fiscais ou ainda oportunidades de mercado. Entretanto a empresa exportadora não dispõe de capital, ou condições políticas, por exemplo, para atuar sozinha nesse mercado. A solução estratégica é de associar-se a grupos locais que tenham prestígio junto às autoridades do país escolhido para atuar e que disponham de recursos financeiros ou outros fatores favoráveis, tais como marca própria, capacidade de distribuição, que possam alavancar maiores capacidades de vendas com prazos relativamente menores. Na fabricação conjunta pesa muito o fator político que a empresa local pode garantir ou proporcionar ao investidor estrangeiro.

Sétima etapa – Fabricação local com recursos próprios

A fabricação local pode ser uma evolução natural da fabricação conjunta, ou uma etapa distinta. A empresa, por vários motivos (mercadológicos ou não), decide fabricar seus produtos antes exportados, no mercado-alvo, evitando assim barreiras alfandegárias ou não-alfandegárias.

Favorece em certos aspectos o nacionalismo que pode existir em determinados países. Dessa forma, a fabricação local também fornece uma imagem mais simpática para os consumidores, que se sentem mais confortáveis, quantos aos aspectos de garantia, assistência técnica, reposição de peças, entre outros.

Oitava etapa – Multinacionalização da empresa

Essa etapa é uma conseqüência natural da capacidade da empresa em instalar-se em vários mercados internacionais. É uma etapa anterior à globalização da empresa. A expressão multinacional foi bastante usada na segunda metade do século passado para identificar as empresas de origem americana e européias, precursoras da globalização da economia e do comércio internacional, que se desenvolveu com maior ênfase a partir de 1990.

Nona etapa – Globalização da empresa

Hoje, é o limite que uma empresa pode atingir dentro do processo de internacionalização.

Depois da multinacionalização, a globalização é o próximo passo. A empresa utiliza-se das facilidades comentadas no capítulo da globalização para estar presentes de forma marcante em vários países e mercados do mundo.

Atualmente existem algumas centenas de empresas globalizadas. Nesse sentido, a empresa usa partes e peças produzidas em várias partes do mundo para fabricar, vender e distribuir seus produtos nos mercados globalizados.

Para desmistificar o processo de internacionalização de uma empresa, passaremos nos tópicos seguintes a descrever como uma empresa, mesmo de pequeno porte, pode se tornar internacional, começando seus primeiros passos na exportação.

6.5 Passos Iniciais da Exportação – Quando Devemos Exportar

Exportar tanto no Brasil como em muitos países, principalmente os latino-americanos, não é uma fácil tarefa. Há grandes dificuldades, de toda sorte.

Para tanto, a decisão de iniciar-se na exportação deve ser madura e compactuada por toda a empresa. Portanto não deve ser fruto de uma decisão precipitada para sair de um momento de crise decorrente da falta de vendas, recessão, sazonalidade, desovas de estoques, vendas de produtos defeituosos e outros motivos, por mais relevantes que sejam e que não contemplem uma decisão estratégica.

É aconselhável que seja feito um trabalho de conscientização interna para os funcionários da empresa, mostrando a importância da exportação para ampliação futura e manutenção dos atuais empregos e possibilitando melhores condições de vida para a sociedade, maior renda para o país etc.

Conforme já foi dito, a decisão de exportar deve estar inserida nos objetivos globais da empresa e, portanto, fazer parte de sua estratégia mercadológica.

O ato de exportar requer muita seriedade e profissionalismo; é necessário que a empresa esteja bem preparada e seus profissionais conscientes das vantagens da exportação.

Segundo recomenda Minervini (1989, p. 75), "A exportação é o resultado de uma decisão e não um fruto de uma oportunidade".

Ou: "Quando devemos exportar? Quando tivermos uma mentalidade exportadora, quando estivermos pensando no 'global e não no local'".

Assim, o pensar em exportar é pensar mais à frente – no global e não somente no local. Ao pensarmos pequeno, não damos oportunidades para novos desafios.

Pode-se comparar a exportação a um vôo de helicóptero, pelo qual se pode verificar de maneira mais abrangente as condições meteorológicas. Assim, a exportação permite uma análise mercadológica mais apurada e com maiores horizontes, prevendo-se eventuais e futuras tempestades no meio ambiente mercadológico em que a empresa atua.

Deve-se exportar criando-se capacidade de competição, com qualidade, preços, prazos de entrega e estrutura profissional adequados.

Parafraseando Minervini, devemos exportar quando a empresa estiver preparada. E, nesse momento, uma grande pergunta fica no ar: quando a minha empresa estará preparada?

É fácil responder, mas talvez um pouco mais difícil de admitir. Cada executivo tem a exata noção das potencialidades, fragilidades, oportunidades e ameaças da sua empresa. Melhor do que ele dizer quando a empresa estará em condições de se iniciar no mercado internacional será fazer uma análise crítica do PFOA e decidir se pode, naquele momento, iniciar-se na exportação. Lembramos que exportar não é uma aventura, nem uma atividade marginal, para ser feita sazonalmente.

Em geral, todos os colaboradores de uma empresa, em especial os que ocupam lugares de destaque, sabem de algumas das fragilidades e potencialidades que a empresa apresenta. E, da mesma forma, a alta direção também conhece a empresa. É verdade que às vezes não a vê, ou a negligencia, em função de outras prioridades.

Ora, se você, como funcionário, pode perceber defeitos e virtudes, potencialidades, fragilidades, oportunidade e ameaças, pode muito bem apontar caminhos alternativos.

Assim, para a grande maioria das empresas, a exportação é um caminho alternativo e, ao mesmo tempo, fruto de uma decisão madura e estratégica. Por que não fazê-lo?

Em um ambiente tão conturbado e repleto de mudanças, a maioria dos executivos e diretores permanece horas e horas em reuniões intermináveis ou administrando a empresa, tentando "apagar incêndios" e, portanto, não vêem com prioridade a identificação do PFOA como forma mais eficiente de administrar.

O ato de exportar é uma tomada de decisão – que afetará o seu futuro e o de sua empresa. Se sua empresa ainda não exporta, sugira que ela o faça o mais breve possível. É a melhor forma de garantir seu emprego e o de seus colegas.

Em 2002 e 2003, o Brasil deu um grande salto nas suas exportações. Em 2002, graças a uma taxa de dólar extremamente favorável, e em 2003, devido principalmente à retração do mercado interno e à política monetarista apertada, implementada pelo governo, obtivemos dois anos seguidos de superávits comerciais.

Mas é fundamental dizer que a decisão de exportar é madura, deve ser tomada com base na estratégia empresarial e seguida por todos os escalões da empresa. Se uma organização buscar apenas uma oportunidade passageira na exportação, não terá sucesso.

É necessário, portanto, criar em toda a empresa uma mentalidade exportadora/importadora, na qual o famoso "jeitinho brasileiro" não tem lugar.

No comércio internacional não podemos correr o risco de improvisar. É necessário planejar.

É claro que políticas cambiais e monetárias favoráveis ajudam em muito as exportações. Mas as empresas não podem ficar no aguardo de tempos ou políticas favoráveis para conquistar mercados alternativos.

A grande maioria das empresas que nunca exportaram não possui o que se convencionou chamar de mentalidade exportadora – uma filosofia de trabalho que seja adequada à convivência com o mercado internacional, que é competitivo e duro. Em muitos casos, é fundamental ter em conta que devemos criar na empresa essa mentalidade exportadora. E ela deve atingir todos os níveis hierárquicos da empresa: acionistas, diretores, gerentes, funcionários e até fornecedores.

A criação dessa mentalidade exportadora é feita por meio de técnicas de divulgação interna, conscientizando os funcionários da importância da inserção da empresa no mercado internacional. Esse esforço de marketing aplicado ao público interno pode ser feito por intermédio de palestras, informes técnicos sobre a importância da qualidade, comunicados internos, debates estruturados, curso de capacitação etc.

Por outro lado, os fornecedores devem ser comunicados do esforço que a empresa fará para exportar e, conseqüentemente, necessitará de mais produtos, garantindo crescimento para ambos. Nesse particular, o fornecedor também deve ser conscientizado das vantagens da exportação e da necessidade de colaborar com preços competitivos e qualidade uniforme no fornecimento de insumos de produção, se for o caso.

Na realidade, o sucesso das operações de exportação é um conjunto bem estruturado de atitudes e da gestão empresarial.

Como vimos anteriormente, o melhor momento para uma empresa iniciar-se na exportação é quando estiver bem preparada. O segredo é saber quando é esse momento.

No Capítulo 9, apresentamos um estudo de caso que o leitor pode estudar e debater alguns aspectos de quando e como a empresa deve iniciar suas operações de exportação.

Mas em que consiste essa preparação?

A empresa deve ter capacidade de produção e, portanto, capacidade exportadora com:

- Mentalidade empresarial.
- Profissionalismo.
- Honestidade de propósitos.
- Continuidade.
- Qualidade.
- Estar focada no mercado e em produtos adaptados a cada mercado.

- Preços competitivos.
- Logística consistente.

Essas, entre outras virtudes empresariais, fazem parte obrigatória de uma empresa de sucesso na exportação.

6.5.1 Pensando grande *versus* realidade

A exportação é para gente grande?

Muitos dos pequenos e médios empresários possuem a falsa idéia de que a exportação só é viável para empresas de grande porte. Não é verdade!

A exportação é um caminho fácil para os competentes, mas muito difícil para os incompetentes! Sem dúvida alguma, é preciso ser competente para exportar.

Entretanto qualquer empresa razoavelmente estruturada pode exportar, e isso não é pensar grande: é a conscientização da realidade de um mundo cada vez mais competitivo, globalizado e repleto de mudanças.

No Brasil, ainda existe certa dose de resistência à exportação, devido aos problemas burocráticos, à importância relativa do mercado interno, mas principalmente à falta de informação de como operacionalizar as exportações.

Certamente, para toda e qualquer atividade, os primeiros passos são difíceis, mas, se nunca subirmos o primeiro degrau, não será possível chegarmos ao topo!

Nos negócios internacionais, também é assim; a maioria das empresas de grande sucesso no mercado internacional começou com exportações de pequeno porte. Foram ganhando experiência e hoje têm seus negócios concentrados nos mercados internacionais.

Podemos citar algumas empresas genuinamente nacionais, como Sadia, Embraco, WEG, Tupi, Marcopolo, entre muitas outras que iniciaram suas exportações de forma bem modesta e sem muitas perspectivas, e hoje são grandes exportadoras.

No comércio internacional, é fundamental a perseverança, assim como estado de espírito e vontade política fortes por parte da empresa.

Exportar, inicialmente, é acima de tudo um estado de espírito, um desafio empresarial, uma postura que deve estar inserida nos objetivos globais da empresa. Posteriormente, quando a exportação passar a fazer parte da rotina da empresa e, portanto, vencer o noviciado, tudo ficará bem mais fácil.

6.6 Como Exportar

Freqüentemente essa é uma das questões mais difíceis de serem respondidas pela maioria dos consultores, professores e *experts* no assunto. O ponto mais sensível e delicado de uma empresa é saber como vender ou, no nosso caso, como exportar.

Exportar é vender. O maior problema de como exportar é como trabalhar as diferenças culturais, de usos e costumes e, em muitos casos, de que modo fazer aplicações nos diversos mercados internacionais a serem trabalhados.

"Como exportar?" não foge à regra e faz parte de uma lista já tradicional de perguntas aplicadas no marketing internacional; entretanto não difere da não menos tradicional pergunta do mercado interno que normalmente também é feita: *"como vender?"*

Partindo-se do pressuposto de que a exportação é uma venda, a resposta à pergunta *"como exportar?"* é semelhante à da pergunta *"como vender?"*

Nesse sentido, já sabemos que o principal problema de uma empresa é vender, vender e vender. Quase sempre vender um produto é mais difícil do que comprar. Portanto, por analogia, o principal problema de um exportador é exportar. Dessa forma: *"exportar é vender."*

Se exportar é vender, o problema do mercado internacional deve ser solucionado de modo semelhante ao do mercado nacional: as regras básicas são as mesmas. Devemos tomar alguns cuidados extras. Se as técnicas de marketing são universais, por analogia, as técnicas de vendas também o são; o que precisamos é adaptá-las aos mercados locais.

Na realidade, não existe receita para saber como devemos proceder para exportar. Cada empresa deve procurar sua "receita" dentro da própria realidade de mercado e de gestão.

A maneira mais fácil de vender um produto é quando existe monopólio. Minha empresa é a única fabricante de determinado produto e os compradores estão ávidos por comprá-lo. Essa situação na realidade é cada vez mais difícil e distante. No mundo competitivo e globalizado em que vivemos, sempre existem muitos competidores ou *players*.

Sobre esse tema, Minervini (1989, p. 78) comenta: "A situação ideal seria que o importador viesse até nós e comprasse exatamente o produto que estamos fabricando. Raramente isso acontece!"

De fato, essa seria a situação preferida por todos os empresários nacionais e internacionais, mas, salvo em situações de monopólio, como dissemos, isso raramente acontece. O vendedor tem de buscar o comprador, onde quer que ele se encontre, e oferecer-lhe vantagens adicionais que o concorrente não ofereça.

Como já explanamos, a resposta à pergunta "como exportar?" tem o mesmo sentido da resposta à pergunta "como vender?"

Para exportar ou vender, é necessário saber as necessidades dos clientes e oferecer-lhes o produto certo, na hora e no lugar certos, com o preço certo, qualidade e quantidades certas.

Demonstramos que a operação de exportação pode ser comparada à venda de um produto no mercado interno; apenas devemos estar mais atentos às variáveis incontroláveis do mix de marketing (que serão comentadas em outro capítulo).

O fundamental é saber quais as fontes de informações de que dispomos sobre mercados e clientes para os quais pretendemos vender.

Devemos, para isso, preparar o chamado Sistema de Informação de Marketing Internacional (Simi) e verificar como se comportam as variáveis incontroláveis do mix de marketing no mercado a ser analisado.

Como devemos atuar para minimizar os efeitos negativos das variáveis incontroláveis que atuam sobre o nosso produto e como devemos atuar para maximizar os fatores positivos? Como devem ser consideradas as diferenças sociais (culturais, religiosas, usos e costumes, política, economia etc.) existentes?

Minervini (1989, p. 78, 79) faz uma listagem de providências necessárias (de tipo *check-list*) para a montagem de um sistema de informação de marketing internacional:

> *Na maioria dos casos, temos uma série de quesitos a responder no momento em que decidimos exportar:*
>
> - *Quais são as fontes de informações?*
> - *Quais as restrições à exportação?*
> - *Como devo considerar as diferenças culturais?*
> - *Como poderei vender a minha marca?*
> - *O nível de preços é satisfatório?*
> - *Como chegar a um preço competitivo?*
> - *Que documentos preciso para exportar?*
> - *Que riscos estou correndo?*
> - *Vale a pena associar-me com outra empresa?*
> - *Como preparar a embalagem adequada?*
> - *Que tipo de transporte vou utilizar?*
> - *Existe financiamento para a exportação?*
> - *Que incentivos poderei ter?*
> - *A venda será direta, indireta, mista?*
> - *Para que país posso iniciar a exportação?*
> - *Há diferenças legais nos procedimentos dos países importadores?*

- *Tenho capacidade de produção suficiente para atender à demanda de exportação?*
- *Quais serão os objetivos na exportação?*
- *Que modificações serão necessárias no meu produto, na minha fábrica, no meu gerenciamento?*
- *Com que profissionais preciso contar para reduzir o custo da inexperiência?*
- *Que tipo de promoção será necessário?*

A essa lista ainda podemos acrescentar uma série de outras perguntas que, dependendo de cada empresa ou linha de produtos, podem variar:

- Posso fazer parcerias com fornecedores e de que tipo?
- Há possibilidade de algum tipo de empreendimento conjunto *joint venture*?
- Existe possibilidade de um sistema de franquia ou licenciamento de produção ou marca?
- Posso diversificar minha produção, diferenciando produtos?
- Posso contar com pessoas especializadas?
- Quais as vantagens e desvantagens dessa empreitada?
- Posso contar com agentes e representantes especializados?
- Distribuidores?
- Posso contar com assistência técnica, se necessário?
- Meus produtos são de distribuição massiva ou exclusiva?
- O retorno do investimento será satisfatório?

Para essas e outras possíveis perguntas, o profissional de comércio exterior deve encontrar respostas adequadas para fazer da exportação uma experiência de sucesso.

Dessa maneira, podemos concluir que a resposta à pergunta *"como exportar?"* é um pouco mais complexa do que imaginávamos e, portanto, requer um trabalho detalhado e profundo, que deve ser feito por profissionais capacitados. A maneira mais conveniente de tentar resolver o grande problema de todas as empresas – que é saber como vender – é feita por meio de um planejamento de marketing que deve compreender todos os detalhes possíveis de cada mercado a ser atingido.

Para cada mercado a ser explorado, devemos ter um plano de marketing internacional específico, com estratégias também específicas. Não podemos tratar os desiguais da mesma forma!

Fazer marketing internacional é tratar os desiguais desigualmente. Cada mercado é diferente. Não podemos supor que o comportamento de compra de um habitante de uma grande cidade da Europa seja igual ao consumidor de uma pequena cidade no interior do Tibete.

Um plano de marketing internacional deve ser preparado e sabemos que a cultura da empresa brasileira e dos brasileiros é resistente à elaboração de um planejamento. Mas é importante que esse plano seja elaborado, mesmo que de forma simples, por todas as empresas que queiram ter sucesso no mercado internacional.

Se queremos saber como exportar, não podemos prescindir de um plano de marketing internacional, que deve conter uma análise detalhada dos seguintes tópicos:

- Pontos fortes e fracos da empresa e do mercado a ser atingido.
- Oportunidades e ameaças, às quais a empresa estará sujeita no mercado a ser conquistado (PFOA).
- Identificação dos produtos mais apropriados para a exportação (verificar as possíveis adaptações que cada mercado exige).
- Capacidade produtiva da empresa.
- Capacidade operacional da empresa (recursos financeiros e humanos disponíveis).
- Identificação dos possíveis mercados a serem explorados.
- Seleção e graduação, de acordo com o PFOA dos mercados selecionados.
- Cada um dos mercados selecionados (mercados semelhantes não são iguais).
- Elaboração de um plano de exploração e penetração dos mercados a serem explorados.
- Implementação do plano de marketing internacional (muitas empresas chegam a elaborar planos de marketing, mas nunca o implementam).
- Acompanhamento, controle do desempenho e implementação de correções necessárias, de acordo com o desempenho da empresa nos mercados-alvo.

Na realidade, os fundamentos pregados podem ser resumidos na análise do nosso conhecido PFOA (potencialidades, fragilidades, oportunidades e ameaças). Toda empresa deve verificar quando e como pretende se iniciar no comércio internacional, como supostamente o fez para entrar no mercado nacional. Dessa forma, o plano de marketing internacional deve compreender o estudo de todas essas variáveis.

Devemos analisar com cuidado as variáveis controláveis e principalmente as incontroláveis do mix de marketing internacional.

Com a intensificação do comércio internacional e da globalização, os mercados tornam-se mais concorrentes e, portanto, mais eficientes. Os consumidores, por sua vez, tornaram-se mais exigentes, principalmente quando se trata de um produto importado, pois sua expectativa é sempre encontrar em um produto importado algo superior ao nacional.

No Brasil, depois da abertura da economia levada a efeito a partir de 1990, ficou notória a falta de competitividade da indústria, que se refletiu diretamente na balança comercial da última década. Somente em 2002 o País logrou ter um superávit comercial importante. Mesmo assim, segundo alguns analistas, foram causados pelo efeito das eleições presidenciais do ano, que ocasionaram forte desvalorização do real perante o dólar, e posteriormente, devido à continuação de uma política classificada como neoliberal pelo governo Lula, o que definitivamente poucos esperavam, o mercado interno entrou em recessão e conseguimos outro excelente superávit em 2003.

Nesse momento, espera-se que as indústrias instaladas no Brasil possam partir para um melhor desempenho, não só para aprimorar o da balança comercial, como principalmente para elevar o nível de empregos.

Algumas fontes de informação de que o País dispõem sobre o mercado internacional ainda estão dispersas, mas existe agora o Radar Comercial. Há os bancos de dados das embaixadas e consulados brasileiros no exterior. Mas falta muito para sermos agressivos na montagem de um Simi no âmbito nacional. O Banco do Brasil, por exemplo, edita uma revista com estudos de vários países, com importantes informações individualizadas de cada mercado; vale a pena consultar para ter algumas informações básicas sobre o assunto.

Outra publicação que acessoriamente pode ser consultada é a revista *Viagem e Turismo* da editora Abril, pois, embora tenha enfoque turístico, fornece informações interessantes de alguns países e regiões do planeta.

O Ministério das Relações Exteriores tem disponibilizado, por meio de cerca de 60 embaixadas brasileiras ou consulados gerais, no exterior, informações detalhadas de importadores, distribuidores e clientes potenciais locais (o sistema Radar Comercial deve ampliar esse número). Para consultas, é necessário ter o cadastro de exportador e fornecer o número do NCM (NBM) dos produtos que a empresa está interessada em exportar, e a embaixada ou consulado fornecerá dados preliminares, tais como principais impostos incidentes, cadeia de comercialização, listagem de empresas importadoras cadastradas e, o que é muito importante, de agentes ou representantes que operam na área com o seu produto. Para obter outros dados, consulte: *www.portaldoexportador.gov.br*, página na Internet bastante útil e atualizada. Para listagem de outras páginas na Internet, consulte o Anexo 1.

6.7 Como Identificar um Cliente Potencial

Como encontrar o comprador ideal para nosso produto em um mercado que não conhecemos ou do qual apenas temos informações básicas?

Essa é uma das mais importantes e difíceis fases da exportação. Identificar clientes que serão responsáveis pelo meu sucesso ou insucesso no mercado internacional. Nessa fase, temos de aplicar todos os conhecimentos de marketing acumulados no mercado nacional, por exemplo. Embora cada mercado seja diferente e alguns mercados regionais dentro de um país tenham características distintas, isso pode ocorrer em outros países.

Dentro do planejamento mercadológico, a empresa deve buscar subsídios para identificar seu mercado-alvo e seus clientes potenciais. Essa análise deve ser feita a partir do PFOA de cada mercado, em conjunto com os produtos a serem exportados, elaborando uma lista completa dos pontos fortes e fracos da sua empresa e de seus produtos, confrontados com dados do mercado a ser atingido.

Claro está que o fundamento para encontrar o comprador ideal é a pesquisa de mercado. Se ela já é importante para identificar tendências de compra no mercado interno, imagine no mercado internacional onde, na maioria dos casos, nada ou muito pouco se conhece.

Nesse caso, é preciso estar sintonizado com a realidade brasileira. A grande maioria das empresas brasileiras não tem condições financeiras para a contratação ou mesmo comprar uma pesquisa de mercado; imaginem, então, se for necessária a compra de uma pesquisa em cada país onde vamos atuar. A situação ideal seria ter em mãos dados específicos do comportamento de compra dos consumidores locais e das condições de oferta e procura de seus produtos, bem como dos concorrentes, uma pesquisa que fornecesse um panorama geral do mercado setorial a ser atingido. Mas nem sempre é possível.

Partindo-se do pressuposto de que não há condições ideais para a contratação de uma pesquisa, temos de optar por outras ferramentas alternativas, mais acessíveis em termos de custos e viáveis operacionalmente.

Com ou sem pesquisa, é fundamental pensar e implementar uma estratégia de penetração adequada a cada um dos mercados. Necessitamos definir por onde começar. Mercados mais populosos, e muitas vezes mais competitivos, ou mercados menores, mais próximos e talvez menos rentáveis em termos de quantidade vendida, mas não necessariamente em termos de lucro unitário?

É comum, no Brasil, a empresa optar por iniciar suas atividades em exportação com mercados próximos. Embora seja natural pensarmos no mercado internacional como uma extensão do mercado interno, esse raciocínio pode ser a porta de um abismo.

O mercado internacional é variado, diferente em cada país e até mesmo região e, por isso, cada um deve ser tratado de forma individual e distinta. É bem verdade que, no passado, a grande maioria das empresas brasileiras que se iniciava na exportação era procurada pelos clientes próximos, principalmente os dos países com os quais o Brasil faz fronteira. O exportador não vendia, era procurado para vender.

Como exemplo, temos a empresa Marcopolo, tradicional fabricante de carrocerias de ônibus em Caxias do Sul, fundada em 1949, que iniciou suas exportações em 1961, enviando para o Uruguai apenas duas unidades de ônibus.

Em 2002, a Marcopolo exportou cerca de 62% do seu faturamento, segundo dados do seu *site* (*www.marcopolo.com.br*), para vários países, tendo fábricas e empreendimentos conjuntos na Argentina, Colômbia, México, Portugal e África do Sul. É a maior fábrica de carrocerias de ônibus do Brasil com *market share* de 50%. Hoje pode ser considerada uma multinacional brasileira, que obteve inúmeros prêmios internacionais e nacionais, e conquistou a colocação entre as 10 melhores empresas brasileiras para se trabalhar, segundo *Guia Exame – As melhores empresas para você trabalhar – 2003*.

Outros exemplos de empresas brasileiras que se globalizaram, além da WEG, já citada, temos a Embraco, Tupi, Tigre, Sadia, uma das líderes no setor alimentício mundial que exporta para 60 países, e a Embraer, a quarta maior fabricante de aeronaves comerciais do mundo, com mais de 30 anos de experiência em projetos, fabricação e comercialização de aviões, tendo entregue mais de 5.550 aviões para companhias aéreas de vários países, inclusive da Europa, e para os Estados Unidos, sempre contando com prestígio e sucesso.

A Embraer foi a maior exportadora do Brasil entre 1999 e 2001; em 2002, foi a segunda maior. Emprega atualmente mais de 12 mil funcionários e as vendas externas correspondem a mais de 90% de sua produção total. Sua participação no mercado mundial de aviões regionais é de 45% e já entregou cerca de 5.500 aviões que operam nos cinco continentes (*www.embraer.com.br*, acesso em 14 de abril de 2004).

Quem podia imaginar que uma empresa fundada no final de 1969, graças à coragem de Ozires Silva, cuja ambiciosa meta, principalmente para aquela época, era inserir o Brasil na indústria aeronáutica, seria a quarta maior fabricante de aviões comerciais do mundo?

A empresa possui fábricas no Brasil nas cidades de São José dos Campos, Botucatu, Eugênio de Melo e Gavião Peixoto, e opera com escritórios, fábricas e depósitos nos Estados Unidos (duas unidades), França, Austrália, China e Cingapura.

Esses são apenas alguns dos exemplos de sucesso de empresas nacionais que fizeram do mercado internacional uma estratégia para o seu crescimento. Imaginem se a Embraer se limitasse ao mercado interno, apenas? Está provado que uma empresa, quando tem visão do futuro e perseverança, consegue se desenvolver no mercado internacional.

Em qualquer mercado e em quaisquer circunstâncias, quando uma empresa está iniciando uma atividade, qualquer que seja, naturalmente deve ter um pouco mais de cuidado e atenção.

De forma análoga, ao iniciarmos em um emprego novo, também temos maior dose de cuidados e normalmente sondamos o ambiente em que estamos ingressando. Com cliente e mercado novos, o procedimento é o mesmo: temos de sondar o ambiente em que estamos entrando. Portanto, em um mercado novo de exportação é preciso cuidado e atenção redobrados.

Em particular, entendemos que a melhor estratégia seja atacar um mercado pelas partes mais fracas, ou seja, "pelas bordas"; talvez em certos casos seja conveniente usar os princípios de marketing de guerra. No comércio exterior, onde existe forte concorrência entre grandes mercados, pode ser uma atitude suicida começar por mercados fortemente competitivos, pois, por serem mais atrativos, a maioria das grandes corporações já está presente. Portanto, de acordo com cada estratégia e obedecendo a critérios mercadológicos de cada empresa, podemos iniciar nossas exportações por meio de mercados menos competitivos, fortalecendo-nos primeiramente, para depois desbravarmos mercados mais disputados.

É preciso esclarecer que essa não é uma regra geral, mas é uma das estratégias conservadoras que, ao mesmo tempo, não expõe a empresa a altos riscos, como também permite, com experiência gradativa, ganhar competitividade e *know-how* nas atividades internacionais.

Entretanto muitas empresas sentem-se maduras, estruturadas e estimuladas, por mercados mais volumosos e competitivos, como os Estados Unidos, Japão, Alemanha, entre outros. Não há restrições para isso. Tudo é uma questão de estratégia.

Sobre iniciar a exploração de mercados alternativos e menos disputados, podemos utilizar em marketing internacional uma visão de um experiente político, Leonel de Moura Brizola, que afirmou certa vez: "O mingau e a política se come pelas bordas", em uma referência à estratégia política que deve ser aplicada.

Analogamente, muitas empresas, tanto no mercado nacional como no internacional, têm aplicado essa estratégia para ganhar experiência e não entrar despreparada no "olho do furacão".

Esse tipo de estratégia tem sido aplicada por diversas empresas fabricantes de refrigerantes, por exemplo, vendendo em mercados alternativos, neles obtendo boa rentabilidade, sem entrar nos grandes mercados e, portanto, estando a salvo de batalhas de preços com os fabricantes de maior porte.

Um exemplo interessante é a reportagem que a revista *Exame*, edição número 802, de 1º/12/2003, estampa em sua capa, com o título: *Como vender para pobres* – O que as grandes empresas estão fazendo para conquistar um mercado que consome 372 bilhões de reais por ano?

Portanto também podemos vender para países considerados pobres; não é necessário fixarmos nossos esforços em países ricos e desenvolvidos, que normalmente trabalham com margens de lucros estreitas e a disputa pelo mercado é muito acirrada. O Brasil, nos últimos 20 anos, praticamente se esqueceu da África. Só no final de 2003 é que o presidente Lula iniciou uma ofensiva mais pretensiosa no continente, visitando Cabo Verde, Angola, Moçambique, Naníbia e África do Sul, países com os quais temos possibilidades de manter estreitos laços comerciais e estratégicos.

Outro exemplo de marketing aplicado ao mercado nacional, que também pode ser implementado no mercado internacional, é o Magazine Luiza.

O Magazine Luiza (*www.magazineluiza.com.br*) começou suas operações em Franca, em 1957, cidade do interior do Estado de São Paulo. Foi considerada pelas revistas *Exame* e *Forbes Brasil* (edição especial de 21 de maio de 2003) uma das melhores empresas para se trabalhar; tem obtido sucesso mercadológico importante e deve faturar R$ 1 bilhão em 2004. Como estratégia, o Magazine Luiza ainda não se instalou em grandes centros como a cidade de São Paulo, ficando restrito a cidades do interior. Foi pioneiro, no Brasil, ao implantar, em 1992, as lojas virtuais; atende em 129 lojas convencionais e 36 virtuais, espalhadas nos Estados de São Paulo, Minas Gerais, Paraná e Mato Grosso do Sul.

Essa estratégia pode ser analogamente aplicada no mercado internacional, atingindo mercados menos privilegiados e competitivos, podendo oferecer melhores resultados. Assim, estaremos a salvo do tiroteio intenso que normalmente acontece nos grandes e disputados mercados tradicionais.

Cabe a cada empresa decidir qual o caminho e qual estratégia aplicar para desbravar determinado mercado. Nem sempre o caminho mais suave para ganhar experiências e conquistar mercados, tanto nacional como internacional, é o mais apropriado; é preciso fazer uma análise estratégica de cada mercado e, a partir daí, decidir.

Na maioria dos casos, tendo em vista que a identificação do cliente potencial é um dos principais problemas enfrentados, devemos, sempre que possível, usar pesquisas de mercado (já tratada anteriormente), feitas por empresas especializadas.

Dados como o conhecimento dos competidores, suas estratégias de distribuição e preços, dentre outros, são fundamentais.

Como a maioria das empresas não dispõe de recursos financeiros abundantes que possam ser aplicados, mesmo com a finalidade de adquirir uma pesquisa de mercado, podemos sugerir duas estratégicas básicas: utilizar ferramentas alternativas, estruturadas ou não, que possam formar um banco de dados eficiente, ou seja, um sistema de informação de marketing internacional – Simi.

6.7.1 Como identificar um cliente potencial sem sair do país

Identificar o cliente potencial sem sair do país faz parte de uma primeira e indispensável etapa para a exploração de um negócio internacional.

Comece por aqui.

Esta etapa é fundamental para qualquer tipo de exploração de mercado, tanto nacional como internacional.

Na realidade, o que a empresa deve fazer é ir montando seu Simi, contemplando informações do País (supostamente já coletadas) e dos principais possíveis clientes.

Para isso, como foi comentado em primeiro lugar, devemos fazer uma análise detalhada do país a ser explorado, desde os aspectos macroeconômicos (PIB, renda *per capita*), clima, recursos naturais, usos e costumes, política aduaneira, leis em geral, política comercial, diferenças culturais, comportamento do consumidor, tecnologia e até seus aspectos turísticos, fazendo uma verdadeira radiografia da região. Parece óbvio, mas, antes de nos preocuparmos com quais clientes devemos trabalhar, devemos saber se naquele país são factíveis as operações de exportação pelos mais diversos aspectos, inclusive analisando-se barreiras alfandegárias, não-alfandegárias e técnicas.

Em geral, você começará seu estudo com pequenas pistas, detalhes, informações de amigos, conhecidos, concorrentes etc.

Podemos, por exemplo, começar, montando uma hemeroteca, técnica que, em nossos trabalhos de consultoria e em nossas aulas, temos sugerido a alunos e clientes. Ela consiste em colecionar em uma pasta artigos de jornais e revistas que tratam de assuntos dos países com potencial a ser explorado.

São fontes de informação para se montar uma hemerotecas, entre outros, os seguintes periódicos:

- Jornais: *O Estado de S. Paulo, Folha de S.Paulo, Gazeta Mercantil, Valor Econômico, Zero Hora, Gazeta do Povo, Jornal do Brasil*, especialmente as edições de domingo, no caso dos jornais de cunho editorial genérico, e as de segunda-feira, no caso de jornais como *Gazeta Mercantil* e *Valor Econômico.*
- Revistas: *Exame, Forbes, Época, Veja, Viagem e Turismo, Almanaque Abril,* entre outras.
- Páginas da Internet (veja relação no Anexo 1).

Esses e muitos outros periódicos trazem assuntos como comportamento de consumidores no exterior, detalhes sobre algumas atitudes de compra e dados genéricos ou específicos de algum país ou segmento de mercado que podem ser úteis para o início de um banco de dados.

Para nossos alunos, em particular, temos recomendado a confecção de uma hemeroteca que tenha os seguintes objetivos básicos:

- Incentivar a leitura de jornais e revistas.
- Obter informações atualizadas da área em que atuam.
- Recolher dados para possíveis debates estruturados.
- Proporcionar conhecimento do mundo de negócios e em particular do comércio exterior.

Nosso argumento com os alunos, para montar uma hemeroteca, vai além das disciplinas que lecionamos, pois até artigos sobre finanças e câmbio acabam sendo-lhes úteis e são encontrados facilmente em jornais e revistas.

Pela importância que a hemeroteca pode representar para o profissional de comércio exterior, para a montagem do Simi e até para a preparação de uma viagem internacional – que veremos no Capítulo 8 –, recomendamos que ela seja montada para ser utilizada como base inicial de dados.

É bem verdade que temos alguma dificuldade inicial para que os alunos se conscientizem de que a simples leitura de jornais e revistas pode auxiliá-los até na compreensão de outras disciplinas que não as nossas.

Com relação aos profissionais de comércio exterior, esperamos que estejam um pouco mais atentos e que montem sua hemeroteca.

Sobre ela, há duas histórias que consideramos interessantes e que gostaríamos de compartilhar com os leitores. As duas aconteceram com ex-alunos.

A primeira ocorreu há mais ou menos três anos. Quando da solenidade da colação de grau, uma aluna procurou este autor, toda orgulhosa, vestida com sua beca, para apresentar a família. Juntamente com os pais, ela apresentou uma senhora idosa, muito bem disposta: era sua avó materna. Muito gentil, a senhora fez uma saudação com uma reverência típica de pessoas mais idosas e disse: "O senhor professor me deve algumas horas de trabalho, pois tive de recortar e ler uma série de jornais e revistas para montar uma pasta que o senhor pediu para a minha neta".

Evidentemente foi uma constatação hilária, pois a aluna, para se desvencilhar de sua atividade escolar, solicitara ajuda de sua avó, que leu e recortou jornais e revistas para montar a hemeroteca.

Outra experiência interessante sobre o mesmo tema aconteceu casualmente, nos corredores da universidade; quando este autor encontrou com um pai de uma aluna que parabenizou dizendo: "Professor, o senhor foi a única pessoa que conseguiu fazer minha filha adquirir o hábito de ler jornais".

Só esses dois fatos narrados são suficientemente importantes para um professor sentir-se recompensado, embora com confissões pouco comuns e algumas até hilárias. Mas o fato é que a hemeroteca marca nossos alunos e eles acabam descobrindo, muitas vezes ao final do curso, quando já formados, a sua importância.

Com esses comentários, queremos conscientizar o leitor de que a hemeroteca pode ser montada como uma das ferramentas para iniciarmos um Simi. Tente você também! Comece a juntar informações de qualquer assunto e você logo terá um banco de dados interessante. É claro que essa não deve ser a única ferramenta a ser utilizada no caso das exportações; devemos buscar outras importantes informações, nos mais variados meios.

No Capítulo 8, discutiremos como preparar uma viagem internacional. Se você pretende viajar um dia para qualquer parte do planeta, a turismo ou a negócios, comece a montar sua hemeroteca sobre esse lugar.

Listamos a seguir algumas sugestões de fontes de informações que podem ser consultadas:

- Órgãos oficiais de promoção no Brasil: Ministério das Relações Exteriores, Ministério da Agricultura, Ministério do Desenvolvimento, Indústria e Comércio Exterior.
- Órgãos oficiais de promoção estaduais e federais: embaixadas e consulados brasileiros, agentes de fomento de exportações.
- Empresas de consultoria em comércio exterior.
- Bancos oficiais e privados, de preferência com presença marcante no mercado-alvo.
- Outras instituições financeiras: seguradoras, corretoras de câmbio etc.
- Empresas prestadoras de serviços: despachantes, agentes de carga, companhias aéreas etc.
- Associações comerciais e industriais.
- Associações de fabricantes.
- Publicações especializadas no mercado ou no produto.
- Sindicatos e associações de classe.
- Conselhos profissionais.
- Câmaras de comércio.
- Agentes e representantes comerciais, internacionais, cadastrados nas embaixadas, consulados e câmaras de comércio no Brasil.
- Embaixadas e consulados dos países-alvo, instalados no Brasil.
- Empresas especializadas em comércio exterior: *tradings* e comerciais exportadoras.

- Participação em feiras e exposições, com ou sem estandes.
- Consultar entidades de governo e ONGs de apoio ao comércio exterior.
- Empresas que possuem cadastros de clientes.
- Internet (veja lista de *sites* no Anexo 1).
- Outros.

6.7.2 Que tipo de informações se deve buscar

Quem detém informações sempre sai na frente. É preciso elaborar um estudo detalhado sobre os mercados-alvo. Ressaltamos que, mesmo contando com poucos recursos financeiros e técnicos, podemos obter informações básicas que serão de fundamental importância para a tomada de decisão de quais mercados explorar.

- Quais as características gerais do país?
- Quais as características gerais do mercado a ser explorado no país?
- Quais as características específicas do setor?
- Quais os principais concorrentes?
- Quais as barreiras alfandegárias, não-alfandegárias e técnicas existentes?
- Existe algum tipo de acordo bilateral ou multilateral que privilegia determinados concorrentes?
- Quais os líderes de mercado?
- Como pode competir com eles? Vale a pena?
- Pode utilizar a técnica de marketing de guerra?
- A atratividade do mercado é boa?
- Qual o ciclo de vida do mercado? O mercado está em crescimento ou em decadência?
- Qual o ciclo de vida do seu produto naquele mercado?
- Existe a possibilidade de se explorar um nicho de mercado ou um segmento mal explorado?
- Como funciona a cadeia de distribuição?
- Quais as políticas e níveis de preços praticados no mercado?
- Qual a margem de lucro aplicada em cada elo da cadeia de distribuição?
- Preciso de parceiros para assistência técnica e peças de reposição?
- Necessito registrar minha marca?
- Qual adaptação deve proceder na minha linha de produtos?
- E na minha embalagem?
- Quais os canais de comunicação que devo utilizar com meus clientes?
- Posso contar com apoio de agências de publicidade locais?

Essas e outras perguntas devem ser pensadas e respondidas formalmente para que a empresa possa ter uma visão panorâmica do mercado a ser explorado e das condições básicas de sua futura atuação.

Cada tipo específico de produto ou linha de produtos, ou mesmo tipo de empresa, pode necessitar de formulação e respostas para outras perguntas pertinentes, de acordo com o ramo de negócio. Essas são as perguntas principais, mas, com certeza, existem muitas outras que o leitor pode fazer a si próprio.

6.7.3 Como identificar um cliente potencial em uma viagem ao exterior

Como pudemos demonstrar no item anterior, a formação de um banco de dados é fundamental para partirmos para a segunda etapa de nossa estratégia.

Depois de selecionar, analisar e avaliar todos os dados colhidos no item anterior, é hora de viajar ao exterior. Para fazê-la, não se esqueça, planeje-a. Você encontrará as informações necessárias no Capítulo 8.

Antes de se aventurar a viajar ao exterior, é necessário colher todos os dados possíveis sobre o país, a região e, se possível, sobre os clientes que vai contatar; hoje, a Internet é uma excelente ferramenta, mas não é a única! Cuidado com a geração Internet, aquela que, para fazer um trabalho na universidade, apenas recorta e cola! A Internet é uma preciosa ferramenta, mas nem sempre é confiável em termos de dados estatísticos.

É preciso buscar outras fontes de informação!

Para trabalhar com um cliente no exterior, nessa fase de prospecção de mercado, você já deve ter enviado cartas-consulta, correios eletrônicos, amostras, catálogos, vídeos institucionais e que contenham dados de sua empresa e do Brasil, enfim, todo o material disponível, para todos os clientes cadastrados.

Não se esqueça de que a forma mais eficiente para buscar mais dados, corrigir alguns e tentar identificar nosso parceiro comercial ideal é uma visita *in loco*. Nesse sentido, nada é mais importante do que conhecer o mercado pessoalmente.

Lembre-se de que nenhuma técnica de vendas, até agora utilizada, substitui com mais eficácia a presença do vendedor no "campo de batalha".

Estando no mercado escolhido, podemos complementar as informações disponíveis com as seguintes técnicas ou fontes:

- Participação ativa ou passiva de feiras gerais e setoriais, congressos e exposições.
- Associação de importadores.
- Associação de atacadistas, distribuidores etc.
- Consórcio de importadores.
- Lojas de departamento.
- Magazines.
- Jornais e revistas locais, principalmente anúncios classificados.
- Consultar as "Páginas Amarelas".

- "Consultar" pessoas como porteiros de hotéis, taxistas, garçons etc.
- Identificar as principais ruas de comércio geral e especializado.
- Ficar atento aos anúncios da televisão, rádios etc.
- Fazer com antecedência anúncios em jornais, revistas, televisão (veja técnicas interessantes no próximo item).
- Fazer o maior número de contatos pessoais com os moradores.
- Buscar informações do representante ou agente do seu maior concorrente.
- Internet – *sites* locais, ainda não identificados.

Com base na idéia de que quem detém algum tipo de informação obtém vantagens competitivas, é importante não negligenciar nenhum tipo de informação; até um simples cartão de visita pode fazer parte do Simi e ser um importante passo para obter outras informações mais consistentes, no futuro.

Guarde informações!

No Capítulo 8, analisaremos com detalhes outras técnicas de como identificar clientes em potencial.

6.7.3.1 Técnicas interessantes

O leitor mais experiente, tanto no mercado nacional como no mercado internacional, pode descobrir ou criar algumas técnicas diferenciadas de como obter informações de clientes potenciais nos diversos mercados em que atua ou venha a atuar. Nesse sentido, serão muito bem-vindas as sugestões e atualizações para podermos enriquecer não só essas técnicas, como outros tópicos do livro em futuras edições, por meio da colaboração do leitor, que será citado.

Para isso, envie para *anosejr@thomsonlearning.com.br* as suas sugestões para atualização desta obra.

As "técnicas" aqui descritas, frutos de experiência pessoal do autor, foram aplicadas com sucesso.

- **Uma abordagem arriscada?**

Quando este autor era gerente de exportação de uma empresa que iniciava seus primeiros passos para exportar, foi proposta ao diretor uma técnica considerada arriscada em termos de aceitação pela empresa, em razão do custo relativamente alto que demandava. A técnica consistia do seguinte:

Tendo identificado e decidido, depois de vários estudos, que uma das regiões a ser explorada pela empresa devia ser Nova York, nos Estados Unidos, este autor propôs utilizar uma estratégia diferenciada, mas que devia trazer negócios rapidamente, embora demandasse alto custo, de início.

Faríamos um anúncio no principal jornal da cidade (*New York Times*), convidando importadores, distribuidores e agentes de compra a visitarem um *showroom*, que seria instalado na semana seguinte em uma suíte de um dos hotéis mais badalados da cidade.

Alugaríamos uma suíte nesse hotel, que serviria em parte para minha hospedagem e em parte para a instalação do *showroom* (normalmente as suítes têm vários ambientes).

Sabíamos que o risco dessa proposta ser negada era grande, pois o valor envolvido na época era em torno de US$ 6 mil, incluindo o anúncio no jornal de domingo e o aluguel da suíte do hotel por cinco dias. A idéia foi presumivelmente bem-vendida, pois o diretor da empresa solicitou um tempo para consultar o sócio e, depois de pedir maiores detalhes, aceitou o desafio.

Realmente o sucesso foi grande. A recepção telefônica do hotel (havia uma pessoa que marcava as visitas na agenda da semana) ficou congestionada com o número de pessoas que ligou, logo na segunda-feira após o anúncio no jornal.

A grande "sacada" dessa estratégia era a seguinte: o público-alvo eram os importadores, distribuidores, atacadistas e lojistas de um produto de consumo.

Todos que leram o anúncio e marcaram entrevistas estavam de fato interessados em comprá-lo. Portanto, economizamos em prospecção de mercado. Fizemos contatos com inúmeros clientes potenciais em uma semana, o que provavelmente levaríamos alguns meses para identificar, se utilizássemos outra técnica.

Pudemos expor as amostras confortavelmente na suíte do hotel, sem dependermos de gastos de tempo e locomoção que são caros em Nova York. O tempo foi otimizado e as entrevistas foram mais objetivas.

Os resultados das vendas foram imediatos e considerados importantes, pois os clientes notaram a seriedade e o nível de exportador com quem estavam lidando.

A empresa pôde contar com um número importante de clientes potenciais e selecioná-los de acordo com sua capacidade de compra, distribuição e localização geográfica. Como o veículo utilizado para o anúncio tem abrangência nacional nos Estados Unidos, obtivemos clientes em vários locais, além da cidade de Nova York. Dessa forma, economizamos gastos com prospecção de mercados em outras cidades como Miami, Boston, Chicago, Detroit, entre outras da costa leste.

Realmente este autor sentiu-se realizado, pois, na empresa, o diretor financeiro era contra essa estratégia, chegando a dizer que este proponente pretendia apenas usufruir de mordomias, ficando hospedado em um hotel de luxo e ainda mais em uma suíte.

Felizmente as vendas rápidas provaram que a estratégia estava certa.

Moral da história: o alto conceito do hotel foi transferido para a empresa e os clientes ficaram impressionados. Não sabemos se essa estratégia fora implementada antes por alguma empresa brasileira, mas, na época, foi algo inovador e corajoso. Portanto o executivo deve ter coragem para inovar e acreditar em atitudes novas.

• Visitando uma rua ou região especializada

Em muitos casos, o que parece óbvio para alguns é obscuro para outros. Essa técnica é simples, antiga, mas nem por isso deve ser desprezada. É o que chamamos de "garimpar informações". Requer tempo e paciência!

Na maioria das médias e grandes cidades de todo o mundo, sempre existe uma região, ou mesmo rua, em que se concentram negócios ou lojas de determinado ramo. Em São Paulo, por exemplo, temos a rua São Caetano, conhecida como a rua das noivas, onde se concentram lojas especializadas; na rua Santa Efigênia, concentram-se lojas de eletroeletrônicos, e assim por diante.

Não é difícil você chegar a uma cidade e pedir informações a um taxista ou ao porteiro do hotel sobre a concentração de determinado tipo de lojas. A partir daí, é só utilizar-se de uma prancheta e ir caminhando de um lado a outro da rua, anotando os dados das principais lojas que comercializam seus produtos. Depois é compilar, analisar os dados e telefonar, marcando entrevistas com os principais clientes em potencial que podem ser selecionados por critérios como tamanho da loja, fluxo de pessoas, entre outros. Evidentemente essa técnica é bastante rudimentar, mas funciona.

• Como selecionar as cidades a serem exploradas?

Cabe aqui uma advertência aos candidatos a *traders* ou gerentes de exportação.

A escolha das cidades a serem visitadas nem sempre deve começar pela capital do país.

Explicamos. Se você for iniciar negociações com o Equador, cuja capital é Quito, essa não é a cidade ideal para fazer negócios, pois quase todos os importadores estão localizados em Guayaquil. O mesmo ocorre na Índia, cuja principal cidade comercial, industrial e financeira é Bombaim, e não Nova Déli, a capital do país.

Já na Argentina, a grande maioria dos negócios é feita na capital, Buenos Aires, embora haja outras cidades importantes como Mendoza, Córdoba, Rosário, entre outras.

Dessa forma, de acordo com o seu produto, é preciso ter em mente que nem sempre a capital do país é o melhor centro aglutinador de negócios.

6.8 Quais Produtos Devemos Exportar

Definido que existe mercado para os seus produtos, a segunda etapa é definir quais tipos de produto fabrico e quais os que minha empresa ainda não fabrica e que tenho capacidade de exportar.

A definição dos produtos a serem exportados deve ser feita, considerando a empresa como uma entidade fabricadora de produtos dentro da linha variada de que dispõe, visando atender às necessidades dos mercados a serem atingidos.

As necessidades e os desejos variam muito de país a país, de região a região. O importante é saber identificá-los e proporcionar sua satisfação de forma eficaz aos consumidores.

Não podemos ser limitados. Não se esqueça de que o que fabricamos hoje não deve limitar a venda para a exportação. Na realidade, devo produzir, dentro dos objetivos da empresa, o que o consumidor quer comprar, e não o que eu gosto ou quero vender. O cliente é quem determina o tipo de produto a ser fabricado e quais as suas principais características.

Em muitos casos, podemos fabricar e vender algum tipo de produto que já não vendemos mais no mercado interno, mas que em outros mercados ele tem saída. Se, depois de uma análise criteriosa, chegarmos à conclusão de que é viável a sua produção para aquele mercado específico, devemos fabricá-lo. Portanto podemos fabricar e exportar produtos que no momento não fabricamos, mas que a nossa capacidade de produção permite fazê-lo.

Dentro desse espírito, temos ainda de pensar em desenvolver novos produtos, novas variações ou aplicações específicas para mercados específicos.

Da óptica normal de custos, é sempre interessante manter uma só linha de produção, pois é notória a economia de escala: quanto mais se produz, mais eficiente e rentável será o retorno. Entretanto esse fator de economia de escala não deve ser limitador da produção para a exportação de produtos diferenciados.

O Brasil possui inúmeros exemplos de fabricantes de automóveis, por exemplo, que comercializam para o exterior produtos totalmente diferentes dos aqui vendidos, ou que vendem produtos semelhantes com inúmeras modificações. No passado, a Volkswagen exportava o Passat para o Oriente Médio com modificações estéticas e técnicas, para atender às peculiaridades do mercado. Para os Estados Unidos, a mesma fábrica exportava o nosso Voyage, com o nome de Fox, com inúmeras modificações.

Portanto devemos encarar como normal a adaptação ou mesmo a completa diferenciação de produtos similares, exportados para diversos mercados. Dessa forma, devemos pensar globalmente, mas sempre agir localmente.

Neste momento cabe uma advertência: não podemos nos entusiasmar com pedidos que fogem à nossa capacidade de produção, tanto em volume, como em tipo.

Devemos ser claros em nosso relacionamento com o importador, definindo prazos e quantidades de entrega de acordo com nossa capacidade de produção.

Mas cuidado! Não devemos nos comprometer a fazer determinado tipo de produto se não tivermos capacidade tecnológica e experiência produtiva para tanto. No comércio exterior não podemos improvisar.

É fundamental que o empresário faça viagens ao exterior para identificar as reais oportunidades de negócios a serem desenvolvidas. Mas, cuidado, não confunda uma viagem de negócios com uma viagem de turismo que é aproveitada para tentar fazer algum negócio. É claro que, se um diretor vai fazer turismo, eventualmente pode aproveitar a viagem para alguns contatos.

Saiba que quem deve viajar para fazer negócios é o diretor comercial/de exportação, o gerente de exportação ou ainda o *trader*, dependendo da importância do negócio. Um diretor-presidente nunca deve se utilizar da desculpa de sondar um mercado para viajar ao exterior, dizendo que vai fazer negócios. Sondagens e prospecção de mercado são funções do *trader*.

Portanto a viagem internacional de negócios, principalmente a de prospecção, deve ser feita pelo *trader*, pois ele é o técnico no assunto. Na carreira de *trader* deste autor, houve vários exemplos de utilização de viagens internacionais com objetivos declarados de turismo por presidentes e diretores, principalmente para locais mais sofisticados como Paris, Londres, Nova York. Por outro lado, nenhum diretor, apesar de convidado, nunca acompanhou este autor naquele tipo de trabalho até a Bolívia, a Nicarágua, ou o Paquistão. Por que será?

6.9 Evolução Natural do Departamento de Exportação

Neste item, trataremos da maneira como a maioria dos departamentos de exportação tem evoluído: da simples sondagem do mercado internacional até a globalização da empresa.

Conforme já comentamos, nenhuma empresa nasce global e, do dia para noite, passa a ter capacidade de exportação como se bastasse um passe de mágica.

Como tudo na vida tem começo, meio e fim, as empresas também têm ciclos de vida, assim como os produtos e as pessoas.

Partindo desse princípio, as empresas começam a se interessar pela exportação por basicamente dois caminhos que convencionamos chamar de: pelo amor ou pela dor. Vejamos:

- pelo amor significa dizer que as empresas sentem necessidade de exportar e iniciam suas primeiras sondagens antes de entrarem no que chamamos de zona do perigo, ou seja, a empresa enxerga a exportação como saída estratégica para ganhar mercado e permanecer competitiva, inclusive no mercado interno;

- pela dor representa que a empresa está passando por dificuldades no mercado interno e encontra na exportação uma saída dramática para a solução dos seus problemas do mercado interno. Normalmente essa é uma cartada desesperada que a empresa faz buscando na exportação a solução de todos os seus males e necessita de uma solução rápida. A exportação não é operacionalizada no curto prazo.

Não é preciso dizer que a empresa enquadrada no primeiro caso tem mais possibilidades de se sair bem no mercado internacional, pois não está pressionada por problemas de falta de vendas e de receitas, capacidade ociosa e mais uma dezena de possíveis razões.

O leitor sabe que, quando fazemos algo sob pressão, as oportunidades de sucesso são diminutas.

Assim, entendemos que os departamentos de exportação das empresas têm evoluído de acordo com as etapas relacionadas a seguir, que não são necessariamente as mesmas em todas as empresas, nem sempre pois passam rigorosamente por todas elas, podendo evoluir de forma diferenciada.

6.10 Evolução da Operação de Exportação

A evolução de uma empresa no mercado nacional é muito semelhante a sua evolução no mercado internacional. Na maioria dos casos, as empresas começam a operar tanto no mercado interno como no externo de forma bastante simples.

A evolução natural do departamento de exportação de uma empresa também é feita de forma cadenciada, iniciando com a seguinte seqüência:

- A empresa é procurada por importadores potenciais, normalmente de países vizinhos.
- A empresa sente necessidade de exportar e passa a atender a pedidos eventuais.
- Começam as tentativas de exportação de forma direta (por meios próprios) ou indireta (por meio de empresas exportadoras ou *trading*), tendo em vista as necessidades detectadas de diversificar mercados.
- A empresa faz prospecção de mercados internacionais, normalmente os mais próximos ou com os quais manteve algum contato anterior. Posteriormente, contrata um agente de vendas (comissionado).
- O agente de vendas evolui e é nomeado representante da empresa no mercado local. Nesse momento, a empresa já conta com vendas substanciais, que justificam o pagamento de um salário fixo, além de comissão para o representante. As exportações estão em alta para esse mercado e o representante passa a direcionar e a explorar melhor o mercado.

- A evolução da empresa continua e justifica-se a abertura de um escritório comercial (uma filial da empresa) no país e, às vezes, em outras cidades, com uma equipe de vendedores locais, daquele país e cidade, visando facilitar a comunicação e as vendas.
- A abertura de um escritório de vendas justifica a de um depósito, que inicialmente pode ser alfandegado, para evitar custos. A importação e a distribuição passam a ser feitas pela empresa filial, local.
- Associação com empresas locais para licenciamento da fabricação ou distribuição dos produtos.
- Associação com empresas locais para fabricação ou montagem dos produtos.
- Fabricação e comercialização local com ampla cobertura nacional. A empresa passa a ser binacional (atuando em dois países) ou multinacional (atuando em vários países).
- A empresa vislumbra possibilidades de fazer empreendimentos conjuntos em vários países. Faz associações, fusões, compras de empresas etc. Torna-se uma empresa globalizada, com presença em vários países.

Essa escalada de progresso da operação de exportação pode depender de vários fatores, tais como rede de contatos, capacidade de visão internacional, necessidade de vendas, entre outros. Cada empresa apresenta forma e cadência diferentes, assim, pode evoluir de forma distinta da apresentada e não passar necessariamente por todas as fases mencionadas.

Reflexões

1. *Discuta como o Brasil pode aumentar suas exportações para países não-tradicionais.*
2. *Quais as principais fontes de informação para montar o Simi?*
3. *Como as diferenças culturais entre diversos países devem ser tratadas em relação à exportação?*
4. *Como devemos iniciar um departamento de comércio exterior em uma empresa?*

Capítulo 7
Aprimorando a Capacidade Exportadora

Objetivo Aprimorar o conteúdo do foco principal do livro – "Como Devemos Exportar". Dessa óptica, tecemos considerações sobre como aprimorar a capacidade exportadora de uma empresa nacional.

Palavras-Chave Quem Pode Exportar?; Vantagens Competitivas; Qualidade na Exportação; Lucro na Exportação; Negociação no Comércio Internacional; Canais de Distribuição Internacionais; Agentes e Representantes Internacionais; Consórcio de Exportação; *Trader*; Formação de Preços; Logística; Feiras Internacionais.

Conforme comentado anteriormente, o foco principal de nossa discussão é a exportação, voltando-se especialmente para pessoas e empresas que querem entrar nessa difícil arte do mercado internacional por meio da exportação.

No capítulo anterior, procuramos sistematizar algumas técnicas de aplicação de marketing internacional que, como o leitor pôde observar, têm como base as tradicionais de marketing.

Agora vamos tratar do que convencionamos chamar "Aprimorando a Capacidade Exportadora", que abarca duas situações diferentes: uma empresa que já tentou exportar pelo menos uma vez e não foi muito bem-sucedida; uma empresa que já exporta e necessita melhorar sua capacidade de lidar com o mercado externo.

Na realidade, este capítulo serve para os dois tipos de empresa. É uma continuação do capítulo anterior que, por motivos didáticos e estruturais, resolvemos dividir em duas partes.

7.1 Quem Pode e Quem Deve Exportar

Conforme salientado, no Brasil, as operações de exportação ainda são um tanto burocratizadas, apesar do Sicomex. Pudemos observar, nos últimos dois anos, um desempenho bastante positivo do nosso comércio exterior: o saldo da balança comercial alcançou números recordes, o que é muito bom para todos, pois significa que o empresário e a opinião pública brasileira estão um pouco mais sensibilizados por esse assunto que tem sido notícia em quase todos os meios de comunicação de massa do País.

A primeira barreira que temos identificado em nossos clientes é o pensamento de que, pelo fato de não serem uma grande empresa, estão "proibidos" de exportar.

Em diversos países, existem pequenas e médias empresas que exportam regularmente. Bom exemplo disso é a Itália, onde uma quantidade significativa de empresas é responsável por grande parcela das exportações. Segundo dados da OMC em 2003, exportou US$ 290 bilhões e ficou em oitavo lugar no *ranking* do Comércio Exterior do mesmo ano. Alguns dos fatores que contribuíram para esse sucesso foram a regularidade e a constância dessas empresas na atuação internacional.

Por outro lado, para conquistar mercados internacionais, as empresas brasileiras não podem considerá-los – nem mesmo os mais próximos – válvula de escape para as variações do mercado interno, assim como não podem levar em conta as crises isoladas de cada empresa. Conforme salientado anteriormente, é preciso ter uma política global, com objetivos globais (da empresa) bem definidos, em que a atividade exportadora passe a ser mais uma alternativa de desenvolvimento e capacitação da empresa para interagir com seu meio ambiente mercadológico.

Rigorosamente, qualquer empresa com registro no cadastro de exportadores pode exportar. É preciso, para isso, ser capaz de analisar criticamente seu poder de gestão, antes de iniciar o processo de internacionalização.

A dimensão da empresa e o tipo de produto não são, por si sós, fatores limitantes para a exportação. É claro que, se a empresa não tem possibilidade de atender a pedidos adicionais, nem capacidade financeira ou técnica para expandir sua fábrica, não pode pensar em exportação. Há, no entanto, uma saída: a terceirização, como forma de ampliar a capacidade produtiva; contudo essa é uma atividade de risco considerável, pois requer controle rígido em termos de qualidade, prazo de entrega, entre outros itens muito importantes para o comércio internacional.

Dessa forma, empresas de todo tipo e tamanho podem exportar, não importando o setor ou o segmento de mercado. Basta identificar necessidades em mercados específicos, analisá-los e pensar em sua capacidade exportadora. Prova de que qualquer empresa pode exportar é o caso dos artesãos, que produzem obras de arte em pequenas quantidades e exportam-nas com alto valor agregado.

É importante saber que a empresa deve estar preparada para atender a pedidos regulares do mercado escolhido. Mas nem sempre o importador faz pedidos significativos no início do relacionamento comercial. Ele precisa comprovar o desempenho do exportador, testando-lhe a qualidade, prazo de entrega, entre outros itens. Assim, a idéia de que um importador fará um pedido de grande volume logo no início e de que o exportador não poderá atendê-lo é uma lenda. Normalmente, o importador começa com pedidos de prova e vai aumentando seu relacionamento com o exportador à medida que adquire confiança.

Se, porventura, um importador, logo no início das relações comerciais, fizer um pedido além da sua capacidade de produção, seja sincero – não aceite e justifique a recusa. Na maioria dos casos, ele está testando propositadamente sua honestidade.

Comece a exportar de forma consciente e progressiva. Nenhum mercado importador vai concentrar toda sua necessidade de compra em um só fornecedor.

Se você fabrica um produto ou fornece um serviço que tem sucesso no mercado nacional, pode repetir sua história de sucesso em mercados internacionais, principalmente em países com cultura e sinergia similares às do Brasil.

A lógica desse pensamento estratégico também pode ser estendida se você já participa de um mercado como a Argentina e tem o Uruguai como mercado relativamente similar, alternativo e de menor potencial. Evidentemente, não podemos deixar de observar que cada mercado é diferente de outro, mas podemos aproveitar a similaridade para obter maior sucesso.

O que não podemos, definitivamente, é fazer como algumas empresas americanas que, ao ingressarem no Brasil e em outros mercados, acreditam na máxima "O que é bom para os Estados Unidos é bom para o Brasil". Cada mercado é diferente; devemos pensar globalmente, mas agir localmente. É preciso estarmos atentos às particularidades de cada mercado, suas diferentes culturas e formas de consumir.

Bom exemplo disso foi o posicionamento errado da KFC, em matéria de preços e mix de produto, ao entrar no mercado brasileiro alguns anos atrás. O brasileiro não estava muito acostumado a comer pedaços de frango com a mão em restaurantes do tipo *fast-food* e o preço da comida era alto. O sistema adotado não vingou.

Mais recentemente, pela segunda vez, a KFC tentou implementar sua estratégia de penetração no mercado brasileiro, só que com metas mais conservadoras. O mesmo ocorreu com a Pizza Hut (por coincidência, ambas do mesmo grupo), que não caiu bem no gosto do brasileiro e cujos preços estavam um pouco acima da média dos das *pizzas* do tipo "viagem", que proliferam principalmente em São Paulo, cidade onde seu grande concorrente são os pequenos comércios de "*pizza delivery*" e que pode ser considerada a capital mundial da *pizza*.

Concluindo este tópico, podemos afirmar que o tamanho de uma empresa, por si só, não lhe dá condições para ser bem-sucedida na exploração do mercado internacional. Há pequenas empresas que obtiveram sucesso na exportação, assim como empresas globais que não obtiveram sucesso em alguns mercados.

No Brasil, a americana Chrysler esteve fabricando automóveis em duas épocas distintas: na primeira, foram os famosos Dodge Dart; na segunda, mais recentemente, a caminhonete Dakota. Em ambas, perdeu muito dinheiro por não saber interpretar as necessidades e as condições do mercado brasileiro. Não soube posicionar seus produtos adequadamente ao nosso mercado; estimou uma quantidade a ser vendida anualmente muito superior à capacidade de absorção do mercado, principalmente em razão do preço elevado.

7.2 Descobrir e Aplicar as Vantagens Competitivas da Empresa e do Brasil

Hoje, cada vez mais a vantagem competitiva faz a diferença. Mas o que é vantagem competitiva?

Vantagem competitiva é um atributo que um país ou uma empresa tem que não pode ser conseguido a curto prazo pelos concorrentes. Poucas empresas exploram – pelo menos formalmente – as vantagens competitivas que estão ao seu alcance, com o fim de exportar ou até mesmo melhorar sua lucratividade no mercado interno, por exemplo. Assim, é fundamental analisarmos nossas condições e:

- descobrir o que temos que os outros não têm!
- onde nossa empresa é mais competitiva?
- o que nossa empresa sabe fazer melhor?
- com que parceiros podemos contar?
- podemos fazer acordos comerciais com outras empresas, inclusive com fornecedores?
- quais meios de transporte podemos utilizar?
- devemos aprimorar e aplicar uma logística eficiente.
- descobrir uma vantagem competitiva.
- criar algo novo em termos de produto ou serviço.
- diferenciar nossa oferta.
- diferenciar nossa maneira de negociar.
- diferenciar nosso marketing; sermos agressivos.
- oferecer política de preços e descontos atraentes.
- descobrir uma segunda utilização para nosso produto.
- investir em qualidade.
- colocar à disposição do cliente serviços de exportação.
- pesquisar novas tecnologias.
- fazer o simples, o óbvio, mas que outros não fazem.
- procurar nichos de mercado.
- nunca nos acomodarmos.
- se chegarmos a ser líder de mercado, cuidado! É aí que começa a queda.

A aplicação de alguns desses conceitos simples em um processo de desenvolvimento de mercado pode ser fundamental para uma experiência no comércio internacional. Na realidade, devemos aproveitar nossas potencialidades e as oportunidades, tentando eliminar ameaças e fragilidades.

O Brasil tornou-se, em 2003, o maior exportador de carne bovina do mundo, ultrapassando a Austrália e os Estados Unidos: exportou cerca de 1,3 milhão de toneladas para 104 países diferentes, enquanto há cinco anos exportávamos somente para 40 países. Hoje, a picanha, tradicional corte de carne brasileiro, já é apreciada em muitos países. O Brasil herdou e se consolidou nesses mercados onde a Argentina e o Uruguai deixaram de vender em razão dos surtos de febre aftosa, que abalaram a reputação desses tradicionais exportadores. A grande vantagem do gado brasileiro é que ele é 100% herbívoro –, o chamado "boi verde" – que o deixa fora de algumas restrições, como o mal da vaca louca, e sem a possibilidade de conter restos de antibióticos e anabolizantes, o que não acontece com gados, como o americano e o australiano, por utilizarem ração de origem animal.

Nesse sentido, o gado brasileiro é mais saudável – é livre de aditivos, doenças e hormônios, pois é criado solto no pasto e "caiu nas graças" dos europeus, alarmados com os transgênicos e congêneres. Temos produtores que rastreiam o gado por satélite, para controlar sua qualidade, e fornecem atestados de sanidade, aplicando, dessa forma, um interessante diferencial de marketing.

O fato de nosso gado ser "100% verde" é uma grande vantagem competitiva que deve ser enfatizada nas campanhas publicitárias da carne brasileira – cujas exportações alcançaram a cifra de US$ 1,5 bilhão, em 2003.

Também somo líderes da produção mundial e da exportação de soja e de suco de laranja, tendo ultrapassado os Estados Unidos, conforme relatório do ministério da agricultura americano em 2003.

Infelizmente, o valor agregado desses produtos ainda não é grande, se comparado ao dos produtos industrializados, mas já é um fator significativo ser líder em segmentos importantes como os citados, além do aço, do açúcar, do papel e da celulose e da carne de frango. Em todos esses setores, possuímos vantagens competitivas e custo de produção mais barato. Devemos saber utilizá-las para, cada vez mais, ocuparmos mercados importantes.

7.3 Qualidade dos Produtos e dos Serviços de Exportação

A qualidade dos produtos exportados tem sido o grande problema dos exportadores brasileiros. Qualquer consumidor que compre um produto importado tem a expectativa de estar adquirindo um produto de qualidade melhor que a do nacional. Nem sempre essa expectativa corresponde à realidade, mas o exportador, dentro das condições normais, deve apresentar um produto de qualidade uniforme.

Também não é sempre que se exportam produtos de alta qualidade para mercados que não possam pagar pelo seu preço. Entretanto a qualidade de um produto exportado tem de ser coerente com o preço e as condições gerais pactuadas.

Essa idéia de que um produto exportado deve ser melhor do que o do mercado interno não é consistente. O que se deve fazer é adaptá-lo a cada mercado, considerando que a exportação pode ser feita para diversos tipos de países.

O que deve ser seguido à risca no comércio internacional é a qualidade uniforme dos produtos ofertados, principalmente se compararmos as amostras com o embarque efetivo. Em muitos casos, diferentemente do que a maioria das pessoas imaginam, as empresas brasileiras têm exportado produtos com qualidade superior à requerida pelo mercado, o que significa custos maiores. Devemos nos lembrar de que deve haver sintonia entre a qualidade do produto, o preço e, principalmente, o prazo de entrega.

Para obter qualidade uniforme em um processo de fabricação, é preciso controlar a qualidade do produto em três fases distintas: antes, durante e depois. Assim, devemos orientar e certificar nossos fornecedores de insumos para que forneçam seus produtos com qualidade uniforme e constante, contribuindo para que o produto final seja uniforme.

Revise seu processo produtivo; estabeleça metas de qualidade seqüenciais e progressivas. Lembre-se de que muitas empresas importadoras em países desenvolvidos podem exigir certificados de qualidade do tipo ISO. Pode haver casos de exigências de certificação comprovando que a empresa não agride o meio ambiente ou que não utiliza mão-de-obra infantil, por exemplo. Cada vez mais, os importadores estão ficando exigentes em termos de qualidade e certificações; falaremos disso mais adiante, no item Barreiras Não-alfandegárias.

O preço de um produto não implica qualidade; o que se paga por ele não reflete necessariamente mais ou menos qualidade. Por exemplo, uma caneta BIC é barata e popular e tem ótima qualidade dentro dos padrões propostos para fornecê-las aos consumidores. Se analisarmos o outro extremo, uma caneta da marca Mont Blanc tem qualidade, mas também tem preço muito alto, em virtude da imagem de *status* a ela associada.

Além da falta de consistência na qualidade, outro problema emblemático enfrentado pelos exportadores brasileiros e por importadores de produtos fabricados no Brasil é a qualidade dos serviços da exportação.

É necessário cumprir rigorosamente todas as condições de venda da mercadoria, conforme prescreve a Fatura Pró-forma, com ênfase para:

- Qualidade uniforme e consistente como a amostra.
- Quantidade o mais próximo possível da negociada.
- Prazo de entrega da mercadoria cumprido a rigor.
- Utilização de meios de transportes adequados.
- Embalagens adequadas e otimizadas.
- Envio dos documentos de embarque originais e respectivas cópias.
- Avisar o importador quando houver algum tipo de intercorrência.
- Sempre dar ao importador informações precisas.
- Sempre contar a verdade sobre os fatos.
- Emitir confirmações de pedidos e avisos de embarque.
- Utilizar os Incoterms corretos.
- Não ser negligente em nada.

Infelizmente, ainda hoje, essas e outras atitudes, que deviam ser corriqueiras em nosso comércio exterior, fazem parte da expectativa de que a listagem apresentada possa acontecer naturalmente. Pelo fato de o Brasil ser um país sem muita tradição e participação no comércio internacional, é comum verificarmos que muitas empresas nacionais não só agem com negligência, como também, muitas vezes, com má-fé.

Há muitos anos, quando este autor trabalhava em uma *trading* e intermediava as exportações de uma fábrica de produtos têxteis acabados, havia uma importante operação com um distribuidor para a zona do Caribe e da América Central, com base em Curaçao. Em razão da proximidade do vencimento da carta de crédito, o importador já prorrogara o prazo de embarque mais de cinco vezes, por meio de emendas. A fábrica, não tendo outra opção, lotou um Boeing 707 com os produtos e embarcou o lote. Mas quase todos os produtos enviados tinham a cor verde, não obedecendo, portanto, à grade (cores, estampas e desenhos) comprada pelo importador. É claro que nos documentos negociados com o banco e enviados para o cliente constavam informações corretas sobre o pedido, mas a carga embarcada não condizia com eles. Em uma visita de rotina a esse cliente 15 dias depois, ele quase "matou" este autor.

Essa e muitas outras histórias do comércio exterior brasileiro, contadas hoje, podem parecer jocosas, mas, infelizmente, ainda existem empresas que não agem corretamente em seus negócios com o exterior. Por sorte, são minoria.

Em exportações e importações, podem ser usadas empresas certificadoras de qualidade, nacionais ou internacionais. No Brasil, dispomos de várias empresas e universidades que podem, a um custo bastante baixo, fazer exames dos mais variados possíveis para atestar a qualidade de determinada mercadoria a ser exportada. É mais uma atitude no sentido de não deixar dúvidas quanto à qualidade do produto embarcado e de proporcionar mais tranqüilidade ao exportador e ao importador.

As empresas exportadoras e importadoras de petróleo e produtos químicos fazem uso das inspeções de embarque e desembarque, a fim de comparar qualidade, quantidade e outros quesitos na origem e no destino do produto. Qualquer divergência nessas duas análises pode, conforme contrato preestabelecido, gerar compensações financeiras ou descontos do importador ao exportador.

7.4 Elementos Fundamentais do Mix de Marketing Internacional

Como no mix de marketing nacional, os elementos do mix de marketing internacional também devem ser cuidadosamente analisados para cada mercado que se queira atingir.

A maioria dos leitores já está familiarizada com o que os profissionais de marketing chamam de elementos fundamentais do mix de marketing; por isso, vamos apenas comentar rapidamente o comportamento desses elementos da óptica do marketing internacional e como devem ser tratados nessa área, mais especificamente na exportação.

Como vimos no Capítulo 3, originalmente, os elementos fundamentais do mix de marketing foram sistematizados por E. J. McCarthy, em 1975, sendo chamados de "quatro Ps". Em capítulos anteriores, já introduzimos o "quinto P". Na realidade, os cincos "Ps" do marketing internacional não diferem dos "cinco Ps" do marketing nacional, apenas merecem atenção mais detalhada e cuidadosa.

Assim, recordando, listamos e comentamos, da óptica do marketing internacional, os cincos Ps:

- Produto.
- Preço.
- Propaganda e promoção.
- Distribuição (praça).
- *Plus*.

Os quatros elementos fundamentais do mix de marketing, acrescidos do *Plus* – que significa *algo mais*, um serviço adicional –, devem estar perfeitamente integrados, trabalhando de forma harmoniosa entre si.

Se, no mercado nacional, já temos convicção da importância da correta análise e implementação dos "cinco Ps", no mercado internacional essa importância deve ser bem maior, tendo em vista as diferenças culturais e o desconhecimento do mercado, maioria das vezes. Na realidade, sua análise, interpretação e correta aplicação nos diversos mercados constituem o ponto-chave do sucesso da empresa em sua empreitada de exportar.

Em cada mercado em que pretendemos iniciar nossa atuação internacional, os elementos fundamentais do mix de marketing devem ser objeto de análise cuidadosa e peculiar. Por exemplo, a propaganda e a promoção aplicadas no Brasil nem sempre dão os mesmos resultados se aplicadas na Índia. É necessário adaptar o mix de marketing a cada mercado.

Lembra-se daquela famosa frase, "Nem sempre o que é bom para os Estados Unidos é bom para o Brasil"? Cada mercado, cada povo, cada região tem suas peculiaridades, sua cultura e seu modo de ser e de viver. É preciso estar bastante integrado com o mercado, principalmente no tocante aos aspectos sociocultural, religioso e geográfico.

Sabemos, por exemplo, que a propaganda brasileira é uma das mais criativas e competentes do mundo, sendo reconhecida em vários festivais e congressos de comunicação. Mas nem sempre a propaganda utilizada aqui pode dar bons resultados se aplicada em outro país. As lógicas, a cultura e os costumes de cada mercado são distintos.

Aproveitamos o momento para abordar as diferenças de percepção e de lógica de alguns povos ou nações. Todos nós, brasileiros, até por uma questão de carinho e em decorrência da grande mistura de raças e povos com que o País foi composto, fazemos algum tipo de piada com colônias de imigrantes.

Felizmente temos uma miscigenação de raças e culturas que, com certeza, fazem a nossa diferença, aquele *algo mais*. Somos um país tolerante, ecumênico e multirracial. Em função desse carinho e da tolerância que temos para com os estrangeiros – até porque grande parte de nós descende deles –, estamos acostumados a fazer piadas, por exemplo, sobre portugueses; em Portugal também fazem piadas sobre nós. Na Argentina é a mesma coisa: fazem piadas sobre os espanhóis, que fazem piadas sobre os argentinos. Isso passou a ser uma espécie de folclore mundialmente difundido.

Um exemplo de piada interessante que fazem em Portugal sobre nosso horário de verão é que ele começa na primavera e termina antes do término do verão. De fato, isso acontece todos os anos no Brasil. Na realidade, por trás disso estão os aspectos técnico, lógico e perceptivo diferentes: em Portugal, as estações do ano são bem definidas; no Brasil, o verão praticamente começa no meio da primavera. Além do mais, o chamado "horário de verão" é apenas uma referência para indicar mudança no fuso horário que facilita a transmissão de energia, evitando picos de consumo em determinadas horas do dia. Esse tipo de explicação, por mais técnica que seja, não evita uma boa dose de gozação dos portugueses em cima dos brasileiros que residem em Portugal.

Moral da história: para fazermos uma campanha de comunicação de massa, precisamos estar inseridos nas lógicas, costumes e percepções de cada cultura do país, senão o fracasso será bastantemente provável. Lógicas, gírias, palavras usadas com duplo sentido em diversos países, mesmo quando se fala o mesmo idioma, podem levar a constrangimentos e mal-entendidos muito difíceis de consertar depois. É preciso muita atenção a esses fatos.

Assim, recomendamos a empresas brasileiras que operam ou venham a operar no exterior que contratem agências de publicidade e pessoal local para fazer suas peças de propaganda ou campanhas de comunicação. O mesmo vale para empresas estrangeiras que se instalarem no Brasil: devem dar muita atenção à picardia com que o brasileiro trata as coisas e os duplos sentidos de certas frases ou palavras. Não tentem improvisar ou economizar; contratem pessoas que conheçam o mercado para lhes dar assessoria.

Outro exemplo sobre a sinergia entre os elementos fundamentais do mix de marketing: temos de vender um produto exclusivo em lojas sofisticadas e outro, popular, em lojas menos sofisticadas. Imagine que você, leitor, vai comprar um carro da marca Jaguar e se depara com uma loja sem decoração, conforto etc. Qual será sua reação?

Por outro lado, se for comprar um simples chinelo de praia, de que precisou na última hora, e se deparar com uma loja com decoração e vitrines sofisticadas, a primeira impressão que terá é de que a loja só vende produtos caros e exclusivos; provavelmente, pensará duas vezes antes de entrar.

Podemos e devemos contar com pontos de distribuição que sejam compatíveis com o tipo de produto distribuído (vendido) e o tipo de público-alvo para o qual está sendo dirigido. Da mesma forma, não podemos promover produtos com alto valor agregado, destinados a um público-alvo sofisticado, em revistas e jornais populares ou em locais não-nobres.

Tanto a estratégia de comunicação, nesse caso, como a de distribuição, no caso anterior, devem estar perfeitamente integradas com os outros "Ps", de forma que exista perfeita harmonia entre eles.

Vejamos, por exemplo, um caso de assistência técnica, uma revenda autorizada de automóveis da marca Jaguar. A loja deve estar preparada para atender aos clientes de forma diferenciada. Enquanto isso, uma revenda de carros populares em um país menos sofisticado deve ter um atendimento mais simples, uma vez que, se for muito sofisticada, pode dar a sensação de ser um loja cara. Além disso, tudo tem um custo: ao atender um cliente de forma diferenciada e exclusiva, temos necessariamente de repassar esse custo para o preço do produto ou da assistência técnica.

Vender um carro na Nigéria e no Paquistão requer formas diferentes de vender o mesmo carro na Suíça ou na Inglaterra. O carro pode ser o mesmo, mas o tipo de loja e de atendimento devem ser diferentes, até porque a maioria dos habitantes da Nigéria e do Paquistão é adepta da religião muçulmana, o que também pode ser um fator de diferenciação nos argumentos de venda, por exemplo.

Os elementos fundamentais do mix de marketing, portanto, devem estar em total sincronia e sinergia (veja Figura 3.2 do Capítulo 3). Produto, preço, propaganda e promoção, distribuição e *plus* devem estar perfeitamente integrados e afinados com o mercado local explorado comercialmente.

Podemos pensar globalmente, mas devemos agir localmente, de acordo com as características de cada mercado-alvo.

7.5 Montando uma Organização Voltada Para o Mercado Internacional

O grande desafio para o exportador brasileiro iniciante é a estrutura de comércio internacional que deve ser montada. Nada mais intrigante do que ter de lidar com algo que não dominamos nem conhecemos direito. Assim é o comércio internacional para a maioria das empresas que gostaria de exportar.

Quando decidimos exportar, devemos ter em mente que essa é uma decisão importante que fará a empresa mudar seu futuro e, portanto, deve ser encarada com muito profissionalismo. Isso tudo o leitor já sabe, mas é sempre oportuno lembrar: *o comércio internacional é feito para profissionais e empresas capazes!*

Já vimos, em capítulos anteriores, a importância da inserção de uma empresa no comércio internacional não só pela importação, como também e principalmente pela exportação. Essa importância não se limita à empresa; ela é capaz de propiciar ao país um crescimento sustentável, criando novos empregos, novas oportunidades. Os profissionais que trabalham na área também têm grandes oportunidades, como a de conhecer diversos países e culturas e de desfrutar paisagens e passagens inesquecíveis em suas carreiras.

Vamos, portanto, passar a estudar como devemos estruturar nossa atuação no comércio internacional sem partir de uma estrutura grande e pesada, mas de uma estrutura média e adequada ao nosso modelo de comércio exterior a ser aplicado pela empresa. Tudo vai depender de um planejamento bem-feito e praticável.

7.5.1 Como montar uma estrutura profissional para a exportação

O grande segredo do sucesso do departamento de comércio exterior de qualquer empresa, sem dúvida, está na qualidade da mão-de-obra empregada.

Não improvise. Seja profissional. Encare a exportação como uma nova porta que se abre para sua empresa. Não queira economizar, contratando pessoas não-capacitadas para a área. O custo da inexperiência é muito alto e, o que é pior, não pode ser medido nem avaliado. Se não dispuser de recursos humanos capacitados, treine e forme pessoas mais indicadas para exercer a função. Aliás, essa recomendação vale para qualquer função ou departamento dentro de qualquer empresa. O treinamento e a capacitação são fundamentais para o bom desempenho de uma função. Na área de comércio exterior, existem várias empresas de treinamento que contam com profissionais capacitados para reciclagem ou formação na área.

Não brinque com coisa séria! O profissional bem-treinado e capacitado rende muito mais e sai mais barato.

Planeje sua entrada no mercado internacional, seja por meio da importação, seja da exportação. A estrutura de comércio exterior de uma empresa deve obedecer a um planejamento, que precisa andar junto com o volume de negócios assumidos no mercado internacional. Essa estrutura deve ser montada passo a passo, de acordo com as expectativas de negócios e os objetivos a serem alcançados. Se o volume de vendas inicialmente planejado na exportação for grande, devemos ter um estrutura que comporte esse volume. Se, ao contrário, nossos primeiros passos na exportação forem tímidos, pelo fato de não termos recursos financeiros para investir, nossa estrutura também deve acompanhar essa necessidade. Embora isso pareça muito óbvio, diversas empresas não conseguem adotar um departamento de comércio exterior realista.

Extrapolando o aspecto da estrutura física ou funcional desse departamento, vamos comentar um pouco a linha de subordinação.

O departamento de comércio exterior ou de exportação deve estar ligado diretamente ao diretor comercial. Não coloque esse departamento subordinado à produção ou ao departamento de compras. O comércio exterior (importação/exportação) é uma atividade essencialmente comercial e deve ser tratada como tal.

É comum, por exemplo, o comércio exterior estar subordinado à diretoria de compras de uma empresa, porque, no início, as importações eram feitas pelo diretor do departamento. Depois, a importação foi ampliada com a exportação e, por uma questão de "personograma", as atividades continuaram ligadas àquela diretoria. Um diretor ou um departamento de compras não têm sinergia com o comércio exterior; quando isso acontece, a subordinação deve ser mudada para a área da diretoria comercial, por exemplo, que tem maiores flexibilidades em negociação, principalmente quando da incorporação da exportação.

Por outro lado, temos casos em que o departamento de comércio exterior de algumas empresas é tão importante que sua subordinação é dada diretamente ao seu presidente.

Nas figuras a seguir, exemplificamos alguns tipos de organogramas que consideramos mais apropriados a essa filosofia, detalhando apenas a área que nos interessa mais de perto, que é a de comércio exterior:

- Organograma simples, normalmente utilizado no início do processo de organização de uma estrutura comercial de exportação/importação em uma empresa de pequeno porte, com poucos níveis hierárquicos.
- Organograma de uma empresa ainda de pequeno porte, mas que conta com mais um nível hierárquico além da presidência (normalmente o dono) e com nível de diretoria intermediando as ações entre o acionista/investidor e gerentes.
- Organograma de uma empresa de médio porte cujas funções, por necessidade de crescimento, são mais detalhadas. Quando falamos nesse crescimento, não estamos nos referindo somente ao processo de internacionalização, mas ao crescimento de toda a empresa.

Cabe observar aqui que, quando a atividade exportadora/importadora passa a ter maior importância dentro do sistema da empresa, o organograma naturalmente acaba se sofisticando em termos de atuação. Essa sofisticação não significa que a empresa esteja esbanjando, mas se adaptando à nova realidade. O grande segredo do administrador é conseguir aumentar as estruturas física e organizacional da empresa e, ao mesmo tempo, fazer com que suas atividades comerciais evoluam.

Qualquer descompasso entre a evolução da empresa e suas estruturas organizacional e funcional pode causar sério risco ao seu crescimento sustentado.

Organograma do tipo 1 – Empresa pequena e iniciante em comércio exterior.

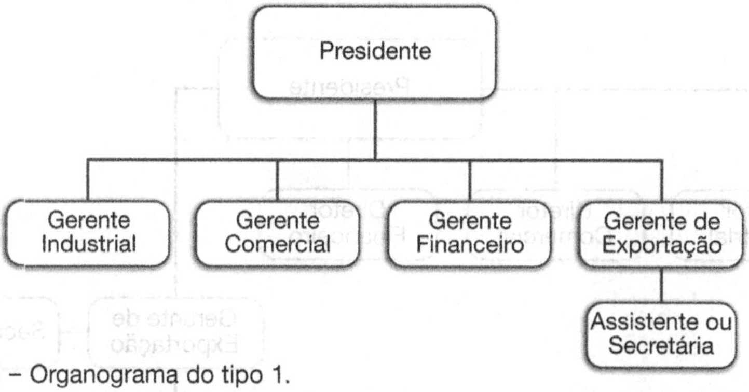

Figura 7.1 – Organograma do tipo 1.

Organograma do tipo 2 – Empresa pequena evoluindo para porte médio, ainda iniciando suas atividades de comércio exterior. No caso, o gerente de exportação está subordinado ao presidente, em virtude de a estratégia da empresa desvincular o comércio exterior do comércio local.

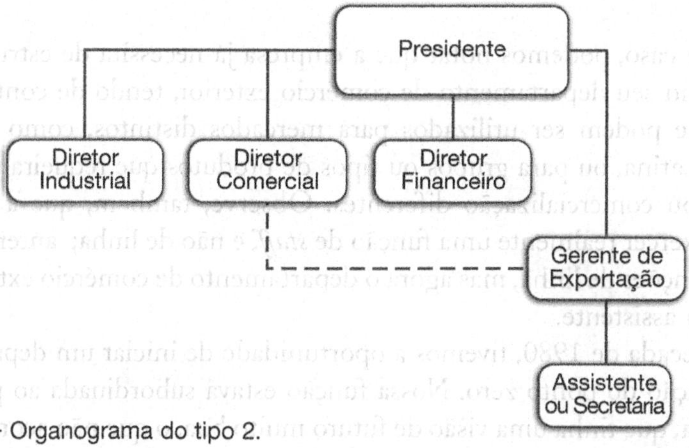

Figura 7.2 – Organograma do tipo 2.

Pode haver, em determinadas empresas, segundo critérios de bom senso, subordinação funcional do gerente de exportação ao diretor comercial (representada na Figura 7.2 pela linha tracejada); entretanto essa subordinação costuma causar atritos com o gerente comercial (mercado interno). Por experiência, não a recomendamos, principalmente para empresas de pequeno e médio porte com cultura organizacional de cunho familiar ou paternalista.

Organograma tipo 3 – Empresa de porte médio crescendo no mercado interno e principalmente no externo. A estrutura de comércio exterior já deve ser mais segmentada, de acordo com os mercados e com os produtos que a empresa exporta e importa.

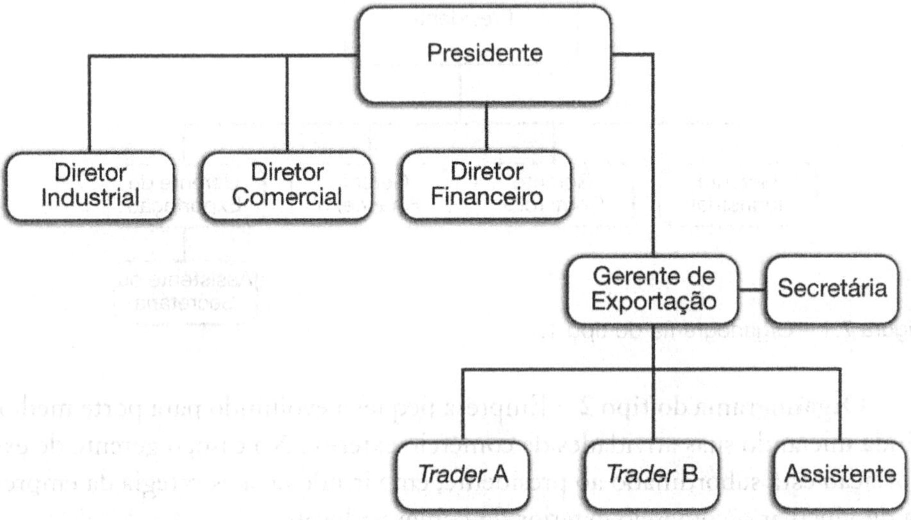

Figura 7.3 – Organograma do tipo 3.

Nesse caso, podemos notar que a empresa já necessita de estrutura mais completa no seu departamento de comércio exterior, tendo de contratar dois *traders*, que podem ser utilizados para mercados distintos, como Europa e América Latina, ou para grupos ou tipos de produtos que requeiram especialização e/ou comercialização diferentes. Observe, também, que a secretária passou a exercer realmente uma função de *staff*, e não de linha; anteriormente, assumia funções de linha, mas agora o departamento de comércio exterior conta com um assistente.

Na década de 1980, tivemos a oportunidade de iniciar um departamento de exportação do ponto zero. Nossa função estava subordinada ao presidente da empresa, que tinha uma visão de futuro muito boa, o que não acontecia com os seus pares de diretoria. Enfrentamos grandes dificuldades em introduzir o departamento e obter sucesso na jornada. A empresa não acreditava que fosse possível exportar. O apoio do presidente foi fundamental. Exportamos para vários países do mundo, com uma linha de produtos de difícil comercialização. Foi uma fase muito profícua, na qual tivemos a oportunidade de contar também com um gerente comercial de grande visão. A empresa teve grande sucesso no Brasil e no exterior, exportando para países bastante competitivos. Até hoje este autor sente saudades daqueles tempos que, sem dúvida, foram árduos e trabalhosos, no que se refere a conscientizar a empresa da importância da exportação como fator de desenvolvimento e crescimento, mas que resultaram em satisfações e orgulho do trabalho desenvolvido.

Se sua empresa não tem experiência no comércio internacional nem tem certeza dos resultados a serem alcançados, comece de forma modesta, de acordo com seu planejamento de marketing internacional. Não queira acomodar funcionários "encostados" para trabalhar na função. O comércio exterior é para profissionais, e não para acomodar pessoas mal utilizadas na empresa.

Normalmente, um departamento de comércio exterior é composto de quatro áreas básicas de atuação:

- **Comercial** (gerente de comércio exterior e *traders*) – Responsável pelo planejamento e pela implementação da política de comércio exterior da empresa.
- **Administrativa** – Responsável pelos trâmites administrativos e burocráticos, tais como toda a documentação que envolve um embarque.
- **Financeira** – Responsáveis pela área de câmbio, operações com cartas de crédito etc.
- **Logística** – Responsável pela parte operacional, contratação de fretes, seguros, despacho aduaneiro, manuseio da carga – como a estufagem de um contêiner ou sua desova –, consolidação e desconsolidação de embarques etc.

Evidentemente, na maioria dos casos, o próprio gerente de exportação/importação pode realizar todas essas tarefas, uma vez que, no início, os volumes exportados/importados podem ser insignificantes e, como em toda atividade, crescer, à medida que a empresa ganha experiência.

Se necessário, terceirize algumas funções por meio de corretores de câmbio, despachantes e agentes de carga, entre outras empresas especializadas em atividades de comércio exterior, capacitadas a fazer esse tipo de serviço por preços competitivos e que permitem, como subproduto, à empresa ter um aprendizado suave e sem gastos operacionais desnecessários. Assim, terceirizando várias operações do comércio exterior, a empresa só será onerada quando houver processos de importação/exportação em andamento.

No caso de uma evolução significativa do departamento de comércio exterior da empresa, podemos ter alguns tipos de organograma mais sofisticados ou detalhados, de acordo com cada mercado em que ela está atuando ou com os produtos com os quais está lidando. Evidentemente, uma comercial exportadora ou *trading* podem contar com departamentos especializados para administração, câmbio, logística, escritórios regionais e filiais no exterior, entre outras peculiaridades.

Dependendo de vários fatores, incluindo, em alguns casos, os políticos internos, não é recomendado usar o que chamamos de "personograma", pois quebra todas as regras de administração para acomodar uma situação especial de determinadas pessoas, seja por motivos políticos, pessoais, seja até por motivos estratégicos.

Para ilustrar a evolução mais significativa do organograma de uma empresa, demonstramos, a seguir, tipos que, como já comentamos, podem ser diferentes de empresa para empresa, dependendo de diversas situações.

No organograma do tipo 4, podemos notar que a empresa conta com uma estrutura funcional mais pesada, que deve ser condizente com seu volume de negócios. Cabe salientar que a estrutura a seguir dá ênfase à parte de comércio exterior.

Organograma tipo 4 - Nesse tipo de empresa, a diretoria conta com uma diretoria de marketing e a área de comércio exterior conta com seis *traders* (por área ou por produtos), além de áreas específicas para documentação, logística e câmbio. Perdeu um assistente-geral, mas ganhou uma assessora de marketing, que, apesar de estar tecnicamente ligada ao diretor de marketing, assessora a área de comércio exterior.

Nessa estrutura, nota-se que a atividade exportadora da empresa comporta maiores diversidade e complexidade e que o gerente de exportação ou de comércio exterior e a área de comércio exterior aparecem subordinados ao diretor comercial, o qual, por obrigação, deve ter conhecimentos mínimos da área internacional para comandar, com competência, a área de comércio exterior da empresa. Outra variável desse tipo de organograma seria o gerente de exportação ou de comércio exterior subordinado ao diretor de marketing.

Outros tipos de organograma podiam ser explicitados aqui, mas o objetivo do tópico é apenas tornar clara a evolução de uma empresa na área internacional. Se necessário, o leitor pode recorrer a obras de Teoria Geral da Administração, nas quais são detalhados os vários tipos de organograma.

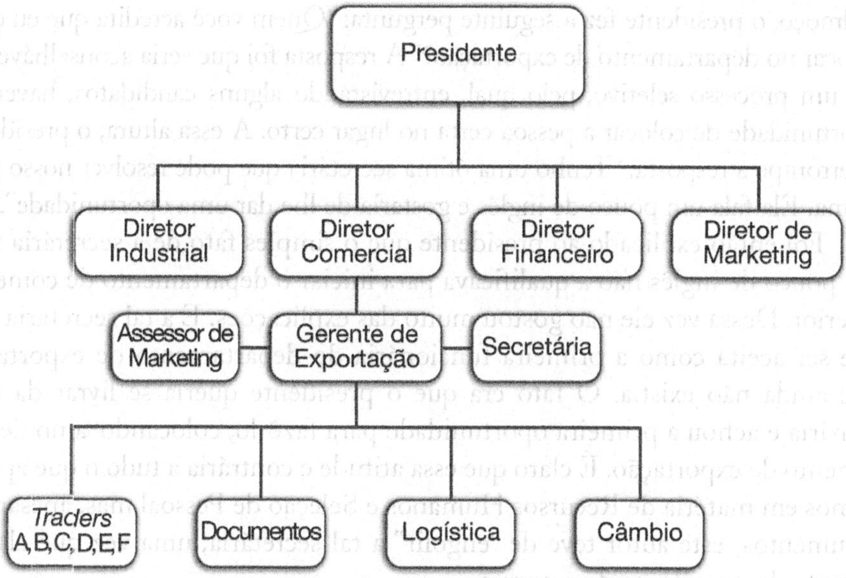

Figura 7.4 – Organograma do tipo 4.

7.6 Exportação Dá Lucro?

O leitor já percebeu que costumamos ilustrar as explanações com vivência pessoal sobre determinado assunto. Vamos, então, a mais uma experiência vivida!

Há alguns anos, este autor foi contratado por uma empresa que nunca havia exportado. A apresentação foi feita pelo filho do dono da empresa a seu pai, que era o presidente. Depois das formalidades iniciais, ele fez uma pergunta à qual este autor já estava acostumado a responder: "Exportação dá lucro?".

Evidentemente que sim – a exportação dá lucros, foi a resposta. Mas isso rendeu quase meia hora de explicações ao interlocutor que a exportação é uma venda como outra qualquer, que tem seus detalhes e suas peculiaridades, dependendo de cada mercado. Foi explicado que o lucro era considerado resultado de um trabalho bem-feito, tanto no mercado interno como no internacional. Tudo depende da capacidade de entender e satisfazer às necessidades de cada um, vendendo o produto certo na hora certa, com a qualidade e a quantidade certas, por um preço certo, para o cliente certo etc. Essa é a linha de raciocínio.

A exportação dá lucro se for bem-trabalhada. Como no mercado interno, uma venda pode ou não dar lucro para a empresa; tudo depende da forma que é feita.

Presume-se que a explicação foi convincente, pois foi fechado o contrato para um trabalho de consultoria por seis meses. Naquele mesmo dia, logo após o almoço, o presidente fez a seguinte pergunta: "Quem você acredita que eu devo colocar no departamento de exportação?" A resposta foi que seria aconselhável fazer um processo seletivo, pelo qual, entrevistando alguns candidatos, haveria a oportunidade de colocar a pessoa certa no lugar certo. A essa altura, o presidente interrompe a resposta: "Tenho uma ótima secretária que pode resolver nosso problema. Ela fala um pouco de inglês e gostaria de lhe dar uma oportunidade".

Foi então explicado ao presidente que o simples fato de a secretária falar um pouco de inglês não a qualificava para iniciar o departamento de comércio exterior. Dessa vez ele não gostou muito das explicações. E a tal secretária teve que ser aceita como a primeira funcionária do departamento de exportação, que ainda não existia. O fato era que o presidente queria se livrar da funcionária e achou a primeira oportunidade para fazê-lo, colocando-a no departamento de exportação. É claro que essa atitude é contrária a tudo o que aprendemos em matéria de Recursos Humanos e Seleção de Pessoal mas, apesar dos argumentos, este autor teve de "engolir" a tal secretária, uma vez que ela era parente do presidente da empresa.

No entanto, como a funcionária era competente, foi possível treiná-la muito bem, com vários cursos rápidos, inclusive de inglês e espanhol, e até hoje ela atua no comércio exterior com muito sucesso.

Moral da história: não devemos montar na empresa um "personograma" ao invés de um organograma. Explicamos: não adianta tentar colocar pessoas em funções para as quais elas não estejam preparadas. Há casos em que a empresa quer se livrar de determinados tipos de pessoas que, de alguma forma, estão atrapalhando, e as coloca em outros departamentos, atitude que apenas desloca o problema em vez de resolvê-lo. Nesse caso, felizmente tudo deu muito certo – mas podia ter sido um desastre.

Já houve outros casos semelhantes em que a sorte não foi a mesma: a pessoa indicada já estava desgastada na empresa e só atrapalhou o desenvolvimento do trabalho de consultoria.

Normalmente, um departamento de comércio exterior deve ser composto por, no mínimo, duas pessoas, sendo um *trader* ou gerente e uma secretária ou assistente que se encarregue de administrar o departamento, principalmente quando da ausência do titular que, a princípio, deve viajar muito para desenvolver os mercados internacionais. Essa é a configuração ideal para um bom começo.

Como já dissemos, não existem receitas para a montagem de um departamento de comércio exterior. Ele deve ser montado com base nas expectativas e possibilidades de venda indicadas no planejamento e evoluirá de acordo com as necessidades de cada empresa, mercado etc.

Em todo departamento de comércio exterior, o *trader* (veja mais adiante) é a chave do sucesso na exportação. Ele deve ser profundo conhecedor da empresa, dos produtos, do setor em que atua e dos mercados a serem explorados. A formação de um *trader* é demorada e complexa e infelizmente, no Brasil, não existem cursos para isso nem em marketing internacional para capacitar futuros profissionais.

Ninguém pense que o simples fato de cursar comércio exterior, administração, economia, relações internacionais ou engenharia capacitará alguém para atuar no comércio internacional como *trader*.

Desculpe-nos se você é aluno. Conseguimos frustrá-lo? E você, empresário, ficou preocupado? Terá de treinar mais seus funcionários? Sim, a realidade é essa: um curso superior, apenas, não é suficiente para formar um *trader*, como em qualquer outra função, é necessária muita experiência. Mas isso não quer dizer que você não pode chegar lá! Prepare-se e conseguirá!

É necessário que um *trader* tenha capacidade de negociação e de decisão, além de conhecimentos específicos e gerais em economia e relações internacionais. Somados a isso, é claro, o inglês e o espanhol, por serem os idiomas mais falados, são fundamentais no caso de atuação muito intensa em outra região do planeta.

Portanto, contrate as pessoas certas para o seu departamento de exportação. Faça testes objetivos de idiomas e de conhecimentos gerais. Faça-as conhecerem bem o seu produto, sua empresa, seus concorrentes no mercado nacional, que, muitas vezes, serão os mesmos do mercado internacional. Faça-as freqüentarem reuniões de produtores, sindicatos patronais e associações de fabricantes; nesses locais, o *trader* vai aprender bastante sobre sua área de atuação. Faça esse profissional ser treinado intensamente, participando de palestras, cursos, seminários, congressos e exposições; só assim ele será útil para a sua empresa.

Partindo do pressuposto do treinamento intensivo, uma empresa pode "fazer" um *trader*, dependendo, é claro, de sua estratégia e de sua necessidade de explorar o mercado internacional.

Se sua empresa tem pressa de obter resultados no mercado internacional – e, quando falamos em pressa, não espere resultados significativos antes de 12 meses –, deve contratar um profissional já formado, geralmente acima de 25/28 anos e com experiência internacional no ramo do seu negócio. Na certa, esse profissional necessitará de um investimento (salário) mais alto do que o profissional iniciante, que a empresa pode forjar. Isso vai depender da necessidade de cada empresa.

Forjar um profissional de exportação leva anos. Podemos tentar fazê-lo com uma pessoa menos experiente, que certamente demorará um pouco mais para trazer os primeiros resultados, se a compararmos com o profissional experiente.

Veja que, também nesse caso, o mercado internacional não difere muito do mercado nacional. Se quisermos resultados rápidos, devemos contratar um profissional experiente, mesmo que isso exija um investimento maior em salário. Se, por outro lado, a empresa visar a um negócio mais a longo prazo, podemos contratar um jovem promissor que, depois de treinado e experimentado no dia-a-dia do comércio exterior, pode trazer grandes frutos. Tudo dependerá da estratégia da empresa, do mercado em que pretende atuar, bem como da necessidade de gerar negócios no médio ou no longo prazo.

Lembre-se de que, em ambos os casos, é preciso primeiro investir em viagens, cursos, seminários, participações de feiras e congressos e, sobretudo, na exploração de mercados, para depois se obter retorno. E o retorno no mercado externo costuma ser mais demorado do que no interno.

7.7 Negociação no Marketing Internacional

O comportamento de compra do consumidor e suas necessidades são compostos de vários fatores, que são estudados em uma matéria específica: o Comportamento do Consumidor. Se o leitor necessitar de aprofundamento nesse campo, deve consultar a bibliografia no final do livro para maiores informações.

O comportamento de compra dos consumidores internacionais é, na maioria dos casos, desconhecido. No caso de alguns países mais conhecidos, temos informações vagas a respeito de um ou outro comportamento mais diferenciado, normalmente ligado à religião, aos usos e costumes, entre outros itens. Entretanto, o comportamento do consumidor de determinado país ou região deve ser objeto de muita atenção. Alguns aspectos como a cultura, a religião, a etnia, os preconceitos e percepções diferenciadas, valores sociais e éticos etc. devem ser tratados cuidadosamente.

No caso específico do *trader*, como negociador internacional, ele não vai negociar diretamente com os consumidores, pois em geral a negociação é feita no B2B (*business-to-business*), mas ele deve saber que o comprador internacional faz parte de um grupo social diferente do seu e possui lógicas e atitudes bem diversificadas. A negociação, portanto, é ponto fundamental no sucesso da exportação – que depende muito da forma de negociar.

Quando estamos negociando a exportação, normalmente temos uma operação do tipo B2B, uma venda de uma empresa para outra, ali representada pelo dono, gerente, ou diretor de compra da organização. Trata-se de uma venda para um empresário experimentado e acostumado a receber representantes de exportadores de toda parte do mundo.

A negociação internacional, portanto, em qualquer setor de atividade, merece atenção especial. O bom vendedor é aquele que conhece as técnicas de venda, o produto, sua empresa, a empresa do cliente e todo o mercado. O marketing internacional não é diferente do nacional; tudo isso é verdadeiro, e ainda temos mais qualidades especiais que o negociador internacional (*trader*) deve possuir.

Dependendo do país a ser "atacado" e do produto a ser vendido, a negociação pode ser demorada e custosa, não só em termos de tempo, como também em termos monetários. Alguns bens de produção, como geradores, turbinas, máquinas pesadas, aviões, equipamentos diversos levam anos para ser definidos, muitas vezes por meio de concorrências internacionais.

Por outro lado, em contraposição à relativa pressa que verificamos nos iniciantes em exportação, temos de lembrar que, em alguns países orientais, tais como Japão e China, a pressa é inimiga do *trader*. Em outros países, como a Alemanha, o negociador/comprador é rápido e direto, decidindo na hora a compra do produto. Assim, é fundamental saber algumas características de cada povo/mercado antes de iniciar qualquer tipo de venda.

Em países de religião muçulmana, as mulheres são tratadas como uma espécie de "cidadãs de segunda classe". Em muitos deles, quando nasce uma filha mulher, em geral, ela não é bem-vinda, pois, no futuro, o pai precisa dar ao noivo um dote, que lhe custará caro. Isso acontece até hoje; nas aldeias da Índia, alguns bebês do sexo feminino são sacrificados logo ao nascer por causa do dote. Tudo isso acontece em pleno século XXI e o que para muitos parece impossível, para outros não passa de uma realidade perversa. Em alguns países muçulmanos é quase impossível enviar *uma* gerente de exportação ou *uma trader*, pois pode ser muito difícil conseguir um visto de entrada para negócios.

Na Romênia, as tribos de ciganos oferecem e negociam seus filhos aos 12 e 13 anos para casamento, atendendo aos interesses dos pais e das tribos. Note que esse país faz parte da Europa, o mais antigo dos continentes.

Empresas exportadoras, como a Sadia, uma das maiores produtoras e exportadoras de frango do mundo, têm de adaptar sua linha de industrialização de acordo com os preceitos religiosos de vários países importadores. O mesmo ocorre com as carnes bovina e suína, que devem ser exportadas atendendo a rigorosos padrões de controle fitossanitário e a preceitos religiosos.

Desse modo, a negociação é diferente de um país para outro e, muitas vezes, complexa. Se, por exemplo, você for negociar com um árabe ou um judeu, deve saber que ambos gostam de fazer do negócio uma verdadeira arte. Eles têm prazer em negociar, barganhar preços e condições de pagamento. É preciso, portanto, ter margem de manobra em termos de descontos e flexibilidade. Em muitos casos, temos de usar a estratégia de adicionar um percentual aos preços para podermos "negociar" e baixá-los na mesma proporção ou em proporção menor, a fim de satisfazer o cliente. É claro que o balizador do negócio sempre é o preço internacional, mas negociar e discutir preços faz parte da maneira de ser desses povos.

Já na Alemanha ou no Japão, você tem de praticar os preços mínimos de mercado, pois os importadores desses países jamais aceitariam um desconto de 30% a 40% em uma negociação – esses empresários se sentem ofendidos com ofertas desse tipo. Sua reação é de repulsa e desconfiança e, quando isso acontece, deixa de existir qualquer possibilidade de fazer negócio, já que, para eles, isso não parece honesto. Em certos tipos de mercado, não se pode fazer concessões demais nem muito rápidas; em outros, é necessário dar descontos substanciais. Para isso, também é importante conhecer a cultura, a raça ou a etnia de cada povo.

Temos um amigo que visitou o Marrocos em uma excursão que saía da Espanha. Chegou à primeira cidade partindo do estreito de Gibraltar e foi tentado a comprar um véu de seda pura muito bonito, vendido por um camelô (os países de origem árabe têm muitos camelôs, que vendem de tudo nas ruas), que inicialmente lhe pediu 100 dinares; meu amigo achou caro e pechinchou. A negociação foi ficando longa e o preço foi baixando, até que chegou a 10 dinares. Desconfiado da qualidade do véu, meu amigo não o comprou.

Caminhando mais um pouco junto com o restante do grupo e o guia da excursão, ele encontrou outro camelô, que oferecia o mesmo véu por 10 dinares. Como já possuía experiência em negociação, não aceitou o preço e o vendedor acabou oferecendo o véu por 2 dinares. Uma verdadeira pechincha! Ele comprou o véu e entrou no ônibus da excursão. De repente, ouviu uma gritaria e identificou cinco ou seis pessoas vindo na direção do ônibus, gritando. Uma delas era o primeiro vendedor que cobrara 100 dinares pelo véu e depois o ofereceu por 10; a outra era o homem que vendeu o véu a 2 dinares. Todos gritavam sem parar, e o guia foi obrigado a descer do ônibus para saber do que se tratava. Eles queriam que o rapaz devolvesse o véu, ou pagasse 10 dinares por ele. Argumento: comprara o véu por um preço muito barato. Foi necessário chamar um policial para que o ônibus pudesse partir, sob os protestos dos marroquinos, indignados pela compra barata do véu.

Moral da história: para nós, brasileiros, é normal pechinchar e barganhar. Para aquele grupo de marroquinos, foi uma afronta comprar o véu por um preço tão baixo. Para o leitor que não conhece o Marrocos, isso pode parecer incrível. Mas para quem conhece...

Em cada país ou região, os valores, os usos e os costumes se modificam substancialmente. Nos países latinos, o bate-papo informal e demorado no almoço ou no jantar faz parte da negociação, que muitas vezes se estende até altas horas da noite, enquanto em Nova York é preciso ser objetivo e rápido, pois as pessoas usam a máxima: "*Time is money*" ("Tempo é dinheiro"). Na China, o negociante não tem pressa. É comum vermos missões chinesas no exterior com duas ou mais pessoas. Várias são as razões: a principal é que orientais têm o hábito de fazer negócios com mais de uma pessoa, pois, para eles, duas pessoas pensando facilita a negociação. Enquanto o outro lado conta com uma só pessoa. No caso da China, especificamente, como existe muita gente envolvida nas empresas e no governo, faz parte da cultura negociar com uma delegação de duas ou mais pessoas, em virtude do grande número de habitantes.

A negociação é uma arte que a diplomacia internacional imortalizou. É preciso entender que a venda e a exportação também são negociações. As pessoas negociam para obter melhores resultados para si mesmas ou, no caso da negociação internacional, para a empresa ou para o país.

A negociação tem de levar em conta o futuro relacionamento e o grau de cumplicidade que a empresa precisa ter com seu cliente ou fornecedor. Hoje, as parcerias entre fornecedores e compradores são muito importantes para um relacionamento mais amplo e duradouro. Assim, se necessitamos de um parceiro em determinado país, temos de lhe oferecer algumas vantagens que não ofereceríamos a um comprador normal. Se nosso comprador pode se transformar em parceiro, precisamos lhe proporcionar essa visão e dar-lhe segurança em nossos relacionamentos comerciais.

7.8 Canais de Vendas e de Distribuição Utilizados no Marketing Internacional

A correta definição estratégica dos canais de venda e de distribuição no processo de exportação é fundamental para o bom desempenho da empresa nos diversos mercados a serem explorados. Assim, a estratégia de vendas e de distribuição deve constar do plano de marketing internacional que, mesmo elaborado de maneira simples, deve prever algumas estratégias para esses dois pontos importantes.

De maneira geral, os canais de vendas e de distribuição utilizados no mercado nacional são os mesmos ou muito similares aos utilizados no internacional; entretanto, é necessário atuar em cada mercado de forma personalizada e diferente, de acordo com suas regras específicas.

Os canais de vendas e de distribuição mais utilizados no comércio internacional são:

- importadores e importadores/distribuidores;
- atacadistas/revendedores;
- lojistas;
- distribuidor/lojista exclusivo;

- agentes/representantes;
- venda indireta – *tradings*/comerciais exportadoras.

7.8.1 Importadores e importadores/distribuidores

Achar importadores certos para o seu produto é uma tarefa difícil. Na realidade, ela corresponde ao que já foi explanado sobre como encontrar um cliente em potencial para comercializar seus produtos no exterior. Em muitos casos, os importadores são os próprios distribuidores, e aí a tarefa da empresa exportadora fica mais fácil. Podem comprar em grandes quantidades e são responsáveis pela comercialização e distribuição do produto na região ou no país.

Da mesma forma que o importador é fundamental para o exportador, é preciso manter o controle do mercado: por uma questão de estratégia, não devemos deixar o mercado nas mãos de um só importador ou distribuidor, pois, quando quisermos montar a nossa estrutura de distribuição, não teremos dados suficientes sobre os clientes, a não ser que seja uma relação de muita confiança e anos de trabalho conjunto, pois, de uma hora para outra, o importador pode deixar de querer importar nosso produto, fazendo com que a empresa exportadora fique sem capacidade de distribuição local e sem possibilidade de atender o cliente do varejo.

7.8.2 Atacadistas/revendedores

Os atacadistas e revendedores também podem atuar como distribuidores locais. Normalmente, não se interessam em importar por causa da burocracia ou do risco que pode haver em determinados países, como o cambial. Esses atacadistas ou revendedores compram no mercado interno mesmo que sejam produtos importados e sabem que estão comprando mais caro do que pelo preço do importador; entretanto preferem não correr o risco do negócio de importação.

Cabe ao importador/distribuidor atender a esses tipos de intermediário. Em muitos mercados, o exportador e mesmo o importador não podem deixar de contar com atacadistas, pois exercem uma tarefa de distribuição de produtos bastante significativa.

Em muitos mercados, os intermediários da compra, que são os agentes econômicos envolvidos na comercialização de certos produtos, são mais numerosos em termos de canais de distribuição, passando por importadores, distribuidores, atacadistas e finalmente pelo lojista, que venderá para o consumidor final.

Em outros mercados, a cadeia de distribuição é menor e tem menos etapas, passando do importador para o lojista e deste para o consumidor final. Tudo isso varia muito de país para país.

7.8.3 Lojista

A loja é o mais importante distribuidor de seu produto. É o lojista quem tem contato direto com o consumidor final. Trata-se do canal de venda que chega mais perto do usuário de seu produto, e é o responsável por sua pulverização e divulgação, bem como de sua marca no ponto-de-venda.

Ter uma cadeia de lojas bem abastecida de mercadorias certas na época certa é fundamental para o sucesso da introdução e da manutenção do produto no mercado. Na maioria dos casos, as lojas não têm estrutura nem porte para atuarem como importadoras, implicando, portanto, a necessidade de contar com importadores/distribuidores.

Em determinados países, como os Estados Unidos, China, Índia e muitos outros, cuja extensão territorial é enorme, é impossível conseguir atender a todos os lojistas e identificá-los como clientes em potencial. É preciso, portanto, contar com a ajuda de revendedores ou distribuidores que conheçam bem os seus mercados.

Em determinados mercados, é fundamental concentrar esforços para vender a um tipo de cliente especial, que pode se tornar um cartão de visita para outros negócios. Assim, vender na Espanha para El Corte Inglés, para a Harrods na Inglaterra, KDV na Alemanha, ou J. C. Penny e Wall*Mart nos Estados Unidos, faz com que diversas lojas de varejo fiquem interessadas em comprar seu produto por causa do grande conceito que essas cadeias de varejistas desfrutam em seus mercados.

Devemos, entretanto, notar que vender para os varejistas é muito trabalhoso, em função da dispersão que esse tipo de comércio oferece, até porque é por meio dela que os varejistas atendem ou tentam chegar aos consumidores.

7.8.4 Distribuidor/lojista exclusivo

O distribuidor/lojista exclusivo normalmente só pode ser identificado e contratado depois que a empresa tem alguma experiência no mercado explorado. É prematuro e perigoso uma empresa exportadora, logo de início, estabelecer algum tipo de exclusividade para determinado mercado, tendo em vista a falta de conhecimento sobre ele e, portanto, a ausência de parâmetros para determinar a área de exclusividade, as quantidades mínimas a serem vendidas, as margens de lucro, as políticas de preços de distribuição e de varredura do mercado focado.

Assim, recomendamos às empresas brasileiras que recebam de antemão uma proposta de distribuição exclusiva e que estudem muito bem todas as outras. Recomendamos ainda que os contratos de exclusividade sejam supervisionados por advogados indicados pelas embaixadas ou consulados brasileiros locais.

7.8.5 Agentes/representantes

Aqui começa, realmente, parte do seu sucesso na exportação! Se puder contar com um bom agente ou representante, seu trabalho na abertura e na consolidação de um mercado internacional será bastante facilitado.

Os agentes/representantes são os responsáveis pela introdução e manutenção do seu produto no mercado. Por mais que você conheça o país e o mercado, a função do agente e do representante é fundamental, principalmente quando seu produto e sua empresa não forem conhecidos no mercado.

Na exportação, costuma-se a diferenciar – embora essa diferença seja sutil e muitas vezes não aplicada – a forma de atuar de um agente e de um representante.

Agente – normalmente é um profissional (também pode ser uma empresa) que conhece muito bem o mercado e a linha de produtos que vai comercializar. Tem como função, é claro, vender e dar seqüência às vendas realizadas pelo *trader* ou gerente de exportação. Partindo-se do pressuposto de que o executivo de exportação não pode estar sempre no mesmo local e tem outros mercados onde operar, a presença do agente é fundamental para abrir e consolidar esses mercados. A forma de remuneração do agente costuma ser comissão sobre as vendas efetuadas.

Representante – também pode ser um profissional ou uma empresa que tem como função trabalhar o mercado como força de vendas (a mesma do agente), mas tem *status* diferenciado; normalmente, recebe da empresa exportadora uma quantia ou um salário fixo mais comissão para vender em determinado mercado.

Costuma-se destinar os agentes/representantes a um território predeterminado, para que não haja conflitos de vendas, caso o mercado ou o país for grande o suficiente para comportar mais de um agente ou representante. Assim, na prática, as funções do agente e do representante se confundem, diferenciando-se pelo tipo de remuneração. No caso do representante, a remuneração fixa é um diferencial para que, em muitos casos, o profissional empenhe mais do seu tempo nos negócios da empresa ou que seja vendedor exclusivo de seus produtos. Nesse caso, a remuneração fixa serve para as despesas básicas que um vendedor teria para comercializar um produto.

7.8.5.1 Busca, seleção e contratação

Um dos fatores de grande sucesso na exportação é a contratação do agente ou representante ideal. A dificuldade é encontrar esse profissional ou empresa.

O agente ou representante deve ter profundo conhecimento dos produtos ou da linha de produtos, bem como dos mercados para onde se pretende exportar. Deve ser uma pessoa conceituada e muito bem relacionada com os comerciantes locais.

O agente ou representante é um elo fundamental entre o importador e o exportador; dele depende o sucesso de sua empresa no mercado. Hoje, tornou-se indispensável contar com um agente ou representante em um mercado para facilitar e agilizar as tarefas comerciais e burocráticas que possam surgir no processo de importação/exportação.

Busca – normalmente, as câmaras de comércio, os consulados, as embaixadas e associações de classe são canais ideais para buscar futuros representantes ou agentes de comércio exterior. Amigos e clientes também podem fornecer indicações precisas e de confiança. O fator confiança costuma ter um peso maior, pois o representante ou agente pode manusear algumas informações confidenciais ou até mesmo lidar com pequeno volume de dinheiro.

Seleção – a seleção deve ser feita a partir do currículo da pessoa ou da empresa (pode acontecer de uma empresa representar ou agenciar a sua no mercado). No caso de não se poder contar com a pessoa ideal, é preferível, na ausência de uma pessoa ou empresa mais bem qualificada, ter alguém do que deixar o mercado desprovido de um elo com o exportador. Isso não significa que vamos selecionar qualquer pessoa que aparecer pela frente. Guardadas as devidas proporções, devemos ter em mente que precisamos selecionar, entre as opções, a que melhor se encaixar no perfil ideal planejado.

Contratação – a contratação de um agente ou representante deve ser feita após consulta aos departamentos jurídicos da empresa no Brasil e nos seus consulados ou embaixadas no mercado a ser trabalhado, tendo em vista que, em muitos países, a figura do agente ou representante é obrigatória para o fechamento do negócio. Um contrato deve ser bem definido, contendo deveres e obrigações de ambas as partes, para não haver possibilidade de processos, inclusive trabalhistas. Em muitos casos, a contratação de um agente ou representante é feita de maneira informal e sem contrato firmado, o que pode acarretar problemas futuros.

O agente ou representante pode evoluir como empresa, passando a ser um distribuidor da exportadora no local.

7.9 Formas de Exportação

Existem diferentes modos de encarar as exportações. Podemos exportar de forma direta, indireta, mista, ou ainda por meio de consórcios ou cooperativas de exportação.

A venda no mercado internacional requer planejamento e estratégias que devem ser construídas e aplicadas de acordo com o produto a ser vendido, o mercado a ser explorado e, principalmente, com as possibilidades que cada empresa tem à sua disposição. Assim, dependendo do cenário, das tendências e das opções da empresa em função desses dois últimos fatores, bem como da estratégia que cada empresa formulou para entrar em determinado mercado, ela pode utilizar três tipos diferentes de abordagem comercial no mercado internacional, que não são opostos ao do nacional: a venda direta, a venda indireta e a venda mista.

7.9.1 Venda direta

Dependendo dos objetivos globais da empresa e de alguns parâmetros, como capacidade financeira e de recursos humanos, entre outros, a empresa, nesse caso, assume os gastos com a força de vendas e contrata *trader*, agentes ou representantes para a exploração dos mercados-alvo. Essa, como outras formas de se promover vendas, tem vantagens e desvantagens.

Vantagens:

- A empresa pode contar com informações precisas e estratégicas sobre o mercado.
- Maior agilidade e controle das informações sobre o mercado.
- Controle total das operações da empresa no mercado.
- Divulgação direta da marca e da imagem da empresa. Não estamos investindo indiretamente em marcas de terceiros.
- A força de vendas pode ter a agilidade de que necessito, na hora em que preciso.

Desvantagens:

- Gastos com *trader*, agentes e representantes.
- Elevados gastos com viagens internacionais.

7.9.2 Venda indireta

A empresa julga dispendiosos os gastos com a força de vendas, entrega a comercialização internacional de seus produtos para uma *trading*, ou uma comercial exportadora, cujo objetivo é vender e representar a exportadora nos diversos mercados no exterior.

Na prática, a empresa está terceirizando o seu departamento de comércio exterior, mantendo apenas um ou dois funcionários, coordenando e controlando a terceirização.

Vantagens:

- Não tem gasto com a força de vendas.
- Gastos reduzidos com o departamento de comércio exterior.
- Quase não tem gastos com viagens internacionais.

Desvantagens:

- O controle das operações fica na mão de outra empresa.
- A agilidade fica prejudicada.
- A imagem e a marca da empresa não são fixadas.
- Não domina estrategicamente o mercado.

7.9.3 Venda mista

Seria a utilização das formas direta e indireta de comercializar os produtos no mesmo mercado ou em mercados diferentes. A empresa, de acordo com seus objetivos globais, utiliza essas duas estruturas de acordo com sua conveniência e a potencialidade dos mercados. Pode atuar em um mesmo país ou região de formas diferentes, no sentido de acomodar sua participação estratégica em cada mercado. Na prática, determinado mercado não se mostrou inicialmente atrativo; nesse caso, a empresa terceiriza a sua atuação, de acordo com as suas estratégias e, em outro, atua exportando diretamente.

A exportação direta se dá quando a empresa assume o controle total das operações de exportação, desde a prospecção de mercado até a assistência técnica. A exportação indireta ocorre quando a empresa, por razões diversas, não se dispõe a assumir as operações de exportação e as repassa, por meio de comissão sobre as vendas ou sob forma de vendas simples, a uma *trading* ou comercial exportadora, que se encarregará da comercialização no exterior.

A venda mista é, como o próprio nome diz, uma situação que, por conveniência, a empresa atua em determinados mercados de forma direta e em outros por meio de *trading*, ou comerciais exportadoras.

Outra forma barata e inteligente de exportar é por meio de um consórcio de exportação ou de uma cooperativa de exportação, que é o que vamos detalhar a seguir.

7.10 Consórcio de Exportação

Algumas empresas podem ter dúvidas quanto à viabilidade do investimento necessário para a entrada no comércio internacional. Algumas soluções são possíveis, como compartilhar o risco ou oferecer para *tradings* ou comerciais exportadoras seus produtos para serem exportados, como vimos anteriormente.

Nem sempre é possível encontrar empresas dessa área (*tradings* ou comerciais exportadoras) que estejam dispostas a comercializar seu produto no exterior, ainda mais em se tratando de produtos diferenciados, que não sejam *commodities* ou ainda se as quantidades iniciais exportadas não são atraentes. Para esses, casos pode-se pensar em estruturar um consórcio de exportação ou uma cooperativa de exportadores. Essas duas hipóteses podem ser interessantes para empresas que têm produtos complementares e não concorrentes entre si e que não estão dispostas a fazer um investimento no comércio internacional por uma série de razões. A exportação por consórcios pode ser viabilizada, desde que as empresas tenham gestores maduros o bastante para saber que a exportação deve ser encarada como uma nova investida em um novo mercado e que, portanto, pode dar ou não os resultados esperados e que eles podem ser diferentes para cada tipo de empresa.

Em algumas partes do mundo, o consórcio de exportação tem sido uma ferramenta importante para o desenvolvimento do comércio exterior.

O segredo da Itália, que realiza quase um terço por meio de micro e pequenas empresas, é o consórcio de exportação, atividade simples, desde que todos os envolvidos tenham vontade política e perseverança para tornar realidade uma associação de que todos possam tirar proveito, dividindo os esforços e o volume de recursos investidos.

O consórcio de exportação deve ter as seguintes características básicas:

- As empresas devem estar conscientes do processo de cooperação mútua.
- De preferência, devem ser fabricantes de produtos do mesmo setor, não concorrentes entre si e complementares.
- As empresas devem estar preparadas para a exportação como mais um mercado a ser atingido.
- Devem ter qualidade, preços e prazos de entrega competitivos com os dos mercados a serem explorados.
- Devem contratar uma equipe de profissionais especializados na área, com conhecimentos profundos em comércio exterior. É preciso entender que a formação de um consórcio de exportação não é um cabide de empregos para parentes ou conhecidos de uma e de outra empresa.
- Devem formar uma espécie de conselho consultivo que decidirá os rumos básicos e estratégicos do consórcio (mercados a serem atingidos, estratégias de comercialização etc.).
- Preferencialmente, essas empresas devem exportar com uma única marca própria, que facilite a divulgação e a fixação no mercado internacional. Nesse caso, é importante deixar clara a participação igualitária nos gastos com promoção e propaganda ou conforme a capacidade de produção e venda do produto de cada empresa. Na fixação de uma marca própria, podemos citar o bacalhau da Noruega, o vinho do Porto, ou mesmo o bacalhau do Porto – produto que podemos classificar como comum e foi introduzido no Brasil com uma marca (no caso, a procedência), como forma de identificar a sua origem e agregar-lhe valor. Outro exemplo são o café de Colômbia e o café do Brasil.

Assim, os consórcios de exportação, e até os de importação, quando for o caso, podem ser alternativas para viabilizar o negócio internacional.

Já citamos como exemplo o bacalhau da Noruega e o do Porto. O bacalhau, peixe comum nessas regiões, é semi-industrializado (salgado) antes de ser exportado ao Brasil. Embora seja importado com uma única marca, é pescado e processado por centenas de pescadores e pequenos produtores anônimos. O produto é submetido a um controle de qualidade, embalado e embarcado em embalagens padronizadas. Nesse caso específico, as marcas da Noruega ou do Porto foram a maneira que os exportadores, reunidos em cooperativas, criaram para dar identidade e maior valor agregado ao produto.

Podemos formar consórcios de exportação/importação de vários tipos:

• **Consórcios que se dediquem apenas à promoção conjunta das exportações** – imagina-se que esse tipo de consórcio seja utilizado por empresas que já exportam. Nós o consideramos limitado e acreditamos que só deva ser utilizado por empresas que já tenham suas forças de venda definidas nos mercados exteriores e comercializem seus produtos de forma individual. Esse tipo de consórcio pode ser formado por empresas que exportam produtos pouco diferenciados, como *commodities*. Nesse caso, a promoção pode ser restrita à marca Brasil (café do Brasil, soja do Brasil) ou a alguma região, como: artesanato do Ceará; piqui cuiabano etc. Essas promoções normalmente podem ser feitas em parcerias com governos municipais, estaduais e federal.

• **Consórcio de exportação (vendas)** – deve ser utilizado quando as empresas não têm experiência no comércio exterior, não dispõem de recursos suficientes nem de segurança para encarar o mercado internacional de forma individual. Nós o consideramos o verdadeiro consórcio de exportação, no qual as empresas podem, juntas, planejar, desenvolver, promover e vender seus produtos em mercados internacionais de forma mais econômica e com menor risco, além de criar marca própria, como bordados de Ibitinga, tênis infantil de Birigüi, vinhos de Caxias do Sul, bananas de Registro. Outra alternativa é cada empresa criar e divulgar sua marca individual: cerveja Baden Baden, calçados Bical etc.

• **Consórcio setorial** – congrega empresas de um mesmo setor que produzem e comercializam produtos diferentes ou complementares, como sapatos, cintos, carteiras e bolsas, ou produtos cítricos, *in natura* ou processados. A grande vantagem é que uma única estrutura de exportação pode vender para um só cliente todos os produtos do setor produtivo.

• **Consórcio de vários setores** – congrega empresas que fabricam produtos de vários setores, de preferência com alguma afinidade na comercialização, como calça *jeans*, cintos, sapatos, camisas sociais e esportivas, gravatas, abotoaduras e prendedores de gravata.

• **Consórcio definido por área geográfica** – consiste em agrupar exportadores que normalmente já contem com experiência no comércio internacional em um mercado, em certa região do mundo que ainda não é suficientemente importante ou instável, como por exemplo o Oriente Médio. Nesse caso, as empresas se organizam para explorar a área, que no momento não é importante para nenhum dos consorciados de forma isolada, por razões de custo de desenvolvimento do mercado, instabilidade política ou outros motivos.

Cabe aqui ressaltar que, no marketing de exportação aplicado por meio de consórcio, a comercialização, a fixação da marca, a distribuição, entre outros itens, são feitas em sistema de cooperativa, no qual despesas e receitas são divididas conforme a participação de cada produtor no volume total comercializado ou outro critério a ser definido pelo conselho consultivo do consórcio. O importante é que as regras sejam definidas de forma clara e objetiva em um documento registrado em cartório de títulos e documentos. Além disso, cada reunião do consórcio deve constar de edital, ata e todas as formalidades legais normalmente exigidas por consórcios ou cooperativas.

7.11 *Trader*

Já dedicamos algumas linhas para falar indiretamente do *trader* que pode ser definido como um vendedor internacional – um vendedor especial. Para ser um bom profissional de comércio exterior, o *trader* deve ser, ao mesmo tempo, um generalista e um especialista. Deve possuir uma cultura bastante abrangente, ser fluente em alguns idiomas (os mais importantes no mercado), ativo, dinâmico e, de maneira geral, extrovertido. Além disso, deve ter conhecimentos de geopolítica, economia local, regional e mundial e conhecer muito bem o mercado e os países ou região em que atua. É importante que seja uma pessoa equilibrada e de muito bom-senso. Vamos discutir o tema!

Um *trader* nada mais é do que um vendedor experimentado! E o que se espera dele é que possa traçar uma política de comercialização em determinado país ou região. É comum contar com um *trader* especializado em mercados da América Latina, por exemplo; nesse caso, ele é um especialista em mercados, não em produtos.

Podemos ter, inversamente, um *trader* especializado em uma linha de produtos; nesse caso, ele poderá ser o responsável (como se fosse um gerente de produtos) pelos produtos que vão para os vários países aos quais a empresa exporta, trabalhando como um especialista em determinados produtos, priorizando a cultura do produto em detrimento da cultura da região. O *trader* de produtos conhece profundamente sua comercialização em diversos mercados mundiais, ao passo que o especializado em áreas atua mais com base no seu conhecimento da região.

A formação de um *trader* requer tempo e absorção de apurada cultura geral, com conhecimentos de política, economia, marketing, relações internacionais, economia regional, idiomas, entre outros; ele precisa ser um generalista e, ao mesmo tempo, especialista em cada grupo de produtos, países ou região.

7.12 Formação de Preços no Comércio Internacional

Em muitas empresas, o cálculo de preços dos produtos a serem exportados é um problema que necessita ser analisado de forma muito cuidadosa, devendo-se em alguns casos levar em conta a estratégia de penetração em cada mercado específico.

Estamos acostumados, em nosso trabalho de consultoria de comércio exterior, a deparar com empresas que não têm a mínima idéia de como calcular os preços para o mercado internacional. Em alguns casos, por incrível que pareça, as empresas também não têm uma noção precisa do custo de produção da maioria dos seus produtos vendidos no mercado interno e, portanto, não sabem ao certo se um produto vendido por determinado preço está dando lucro ou prejuízo.

Na verdade, não têm um centro de custos, ou ele é apenas um setor que conta com poucas informações e, portanto, não reflete a realidade.

Muitas empresas vendem seus produtos no mercado interno, por exemplo, pensando ter um lucro de 30% a 40%, quando na realidade isso não ocorre. A surpresa é muito grande quando fazemos com o cliente alguns cálculos básicos, partindo dos conceitos fundamentais de contabilidade de custos, calculando o custo fixo, o custo variável e a contribuição marginal ao lucro dos produtos vendidos e, posteriormente, o ponto de equilíbrio entre receitas e despesas. Alguns produtos são vendidos abaixo do custo de produção no mercado interno e o empresário não sabe.

Dessa forma, orientamos nossos clientes – e agora leitores – que procedam à estruturação de um departamento de custos, no qual possa ser calculado o verdadeiro custo dos produtos vendidos e definidas suas margens de contribuição para o lucro, incluindo aí depreciação, financiamento, aquisição de tecnologia, entre outros itens que um profissional de custo sabe orientar.

É importante saber que as margens de lucro praticáveis dependem das condições de cada mercado e da procura do produto a ser exportado.

Em geral, encontramos nas empresas duas possibilidades para calcular o preço de venda de um produto a ser exportado, que são com base:

- no custo de produção;
- nos preços do mercado interno (base de cálculo).

De qualquer maneira, os preços obtidos por um dos métodos práticos mencionados devem ser comparados com os praticados no mercado-alvo, ou seja, se o preço calculado por um dos métodos não for compatível com os preços praticados no mercado internacional ou no mercado-alvo em que a empresa está eventualmente interessada em entrar, muito provavelmente não terá sucesso na exportação. Assim, o preço de mercado internacional é determinante para o sucesso da exportação, embora outros fatores possam influir, como qualidade, prazo de entrega etc.

É claro que existem exceções como no caso do produto contar com algum diferencial tecnológico ou alguma inovação; aí, sim, há possibilidades de vendê-lo acima dos preços praticados internacionalmente. Outra hipótese é que o produto tenha qualidade superior ou marca forte, percebida pelos compradores internacionais; nesse caso, o preço passa a ser secundário. Mas situações como essas são raras. Normalmente, os produtos novos nos mercados devem entrar com preços menores que os praticados.

A estratégia de preços a praticar tanto no mercado interno como no externo tem sido uma grande preocupação para os empresários em geral. Podemos destacar que, para as empresas já organizadas em sua estrutura, há duas estratégias a serem praticadas:

- de preços calcados nos custos de produção, com foco nos mercados a serem atingidos;
- de precificação, que busca responder à pergunta: *qual o preço permitido pelo mercado?* Nesse caso, devemos estabelecer os preços dos produtos e serviços a serem exportados, levando em conta o que os concorrentes de cada mercado cobram.

Para maiores detalhes de como determinar preços para a exportação, inclusive com base em várias modalidades de Incoterms, sugerimos acesso ao portal *www.aprendendoaexportar.gov.br*, na área de simulador de preços, onde se pode simular, com todos os detalhes, os valores de exportação de qualquer produto.

Os produtos brasileiros ainda não têm muito bom conceito no mercado internacional, talvez mais pelo desconhecimento do Brasil como país e como exportador do que pela relação direta com a qualidade dos produtos, já que o Brasil conta com grande número de empresas certificadas pelo ISO 9000 e suas derivadas.

Com menos de *1% de participação* no comércio internacional, é aceitável que o Brasil não seja conhecido pelo seu parque industrial. Só nos últimos anos é que o País tem se mostrado um pouco mais agressivo em suas relações diplomáticas e comerciais. Mas ainda é necessário muito investimento do governo e das empresas aqui instaladas para fixar boa imagem dos produtos por nós fabricados.

Em tese, os preços internacionais, calculados com base no mercado interno, devem contemplar diversas especificidades, como:

- eventuais diferenças de comissão de vendas do mercado interno e do externo;
- custos de embalagens;
- despesas com transporte interno;
- despesas específicas de exportação (alfândega, porto, armazenamento etc.);
- margens de lucro praticadas nos mercados;
- despesas específicas do mercado interno e do externo (veja no Anexo 3 – Planilha de Custos de Exportação/Importação).

7.13 Condições de Venda: Preços FOB *versus* DDU ou DDP

Temos acumulado interessante experiência ao calcular os preços para o mercado externo em nossas consultorias. Muitas vezes, nós os calculamos com base no Incoterms FOB e, ao cotarmos nossos produtos, deparamos com um preço internacional mais barato que o nosso. Quando fazemos para o importador o cálculo da mercadoria colocada em seu depósito (portanto, DDP), temos uma surpresa: nosso preço é mais competitivo.

Muitas podem ser as razões para esse fato acontecer: se compararmos os preços colocados no armazém do cliente, o frete internacional e o seguro internacional são mais baratos, por exemplo, partindo do Brasil; as tarifas do imposto de importação para aquele produto são mais baratas, em razão de acordos bilaterais ou multilaterais; o tempo de viagem e também o custo podem ser menores.

Sugerimos, pois, que o exportador brasileiro faça as contas junto com o importador para chegar ao preço final da mercadoria no armazém do cliente. Por outro lado, aconselhamos aos exportadores que usem somente os seguintes Incoterms na exportação: Ex-Work, FOB, CFR e CIF, pois essas siglas correspondem aos termos de venda pelos quais o importador deve ser responsável. Aconselhamos nunca cotar a venda com base nos Incoterms DDU (*delivery duty unpaid*) entregue ao cliente em seu armazém ou loja sem os impostos pagos, ou DDP (*delivery duty paid*), entregue ao cliente com todos os impostos pagos em seu armazém ou loja.

7.14 Gerência de Comércio Exterior *versus* Gerência de Marketing

Quando uma empresa é bem-estruturada, a gerência de marketing constitui uma ferramenta de grande valia e de apoio para a gerência de comércio exterior. Em geral, as diretrizes mercadológicas e estratégicas da empresa são formuladas pelo departamento de marketing, e, no caso das decisões do marketing internacional, devem ser orientadas pelo departamento de comércio exterior e formuladas em conjunto.

Entretanto, na prática, costuma haver certa dose de atrito entre essas duas áreas, assim como entre o departamento comercial, o de marketing, o comercial e o de comércio exterior. Na realidade, em algumas empresas, esse atrito passa a ter conotação de poder e de *status*, levando tanto o departamento de marketing como o departamento comercial a quererem ter sob seu comando o departamento de comércio exterior.

Recomendamos que o departamento de comércio exterior seja subordinado à presidência ou a uma vice-presidência dependendo da empresa, ao diretor comercial (veja também item 7.5.1, que orienta sobre como montar uma estrutura profissional para a exportação).

7.14.1 Conflitos

Conflito é o que não falta em uma empresa. Aliás, trabalhamos para solucionar problemas, certo? Errado!

Na maioria dos casos, as pessoas, em seus relacionamentos na e com a empresa, criam mais conflitos e problemas do que os resolve. Normalmente, os conflitos do departamento de comércio exterior com outros departamentos da empresa começam em razão de duas formas distintas de encarar os mercados interno e externo.

No mercado interno o "jeitinho brasileiro" ainda é a tônica. Os prazos de entrega costumam ser flexíveis, existe boa dose de improvisação e a relação entre cliente e fornecedor costuma ser amistosa; assim, os problemas desse relacionamento são compreendidos mutuamente.

No mercado externo, o relacionamento entre clientes e fornecedores é mais profissional e distante em ambos os sentidos: a distância física e em termos de relacionamento, embora em muitos casos existam, depois de alguns anos de parceria, ótimos relacionamentos entre fornecedores e clientes no mercado internacional. Inicialmente, contudo, o relacionamento conta com certa dose de desconfiança, que só vai sendo eliminada ao longo do tempo.

O *trader* é um profissional que, por causa de sua função, está programado para viagens internacionais, o que lhe dá certa dose de *status* e prestígio na empresa, normalmente incomodando alguns colegas de mesmo nível hierárquico ou até superior. É comum, pela especificidade de sua função e pela representatividade que exerce ao representar a empresa e o próprio país, que o *trader* se hospede em hotéis renomados no exterior, o que também pode causar uma série de problemas internos.

É, portanto, necessário ao *trader* ou outro profissional de comércio exterior contar com muita diplomacia ao tratar desses assuntos dentro da empresa, bem como conscientizar seus demais integrantes de que ele é um profissional diferenciado e com habilidades funcionais específicas para o seu bom desempenho no exterior e como tal tem de ser tratado. Além desse cuidado no relacionamento interpessoal, é importante destacar aos demais colegas que a exportação e o comércio internacional podem proporcionar à empresa e a seus colaboradores estabilidade de emprego e aumento de possibilidades de ganho.

Sugerimos que o *trader* faça, por exemplo, palestras aos empregados da empresa, mostrando a importância da exportação e, se possível, apresentando dados concretos.

7.15 Logística Aplicada ao Comércio Internacional

A logística vem se destacando no Brasil, nos últimos anos, como uma forma inteligente de manusear e transportar mercadorias, entre outros conceitos. No comércio internacional, é recente e, em virtude das distâncias entre a produção e os clientes, tornou-se fator fundamental de economia de custos.

- *Logística* são as diversas maneiras de organizar, armazenar, transportar e tornar disponível para o usuário (final ou não) determinado tipo de carga, de acordo com condições preestabelecidas.
- O conceito de logística foi bastante ampliado no final do século passado e consiste em um estudo complexo e apurado, no sentido de garantir a chegada de determinado bem, informação ou serviço a um local, em certo tempo e com o menor custo possível, mantendo intactas as suas características originais.
- Ainda pode ser definida como a administração do fluxo de etapas para preparar eventos como feiras, congressos e exposições, por exemplo. A logística pressupõe um planejamento antes, durante e depois do evento, com acompanhamento de técnicas especiais, do tipo PERT/CPM.
- É um projeto de desenvolvimento que visa à obtenção de armazenamento, transporte, distribuição, reparação, manutenção e evacuação de materiais (para fins operativos ou administrativos e mercadológicos).
- *Comercialmente falando*, a logística é a administração do fluxo de mercadorias e serviços da fábrica até o cliente final.
- *Logística*, dentro do conceito do comércio internacional, é um conjunto de ações de ordem administrativa e operacional orientadas para a otimização comercial externa, em termos de custos, tempo e qualidade de serviços.
- *Por que existe a logística?* A logística foi desenvolvida porque existe necessidade de aprimoramento da entrega de bens e serviços para os clientes.
- *Logística aplicada ao marketing* é o planejamento e coordenação de recebimentos dos insumos, fabricação, embalagem, embarque, armazenagem e

entrega de "mercadorias" operacionalizadas de um ponto em determinado país (fábrica, armazém) para qualquer parte dentro desse mesmo país e/ou para o resto do mundo e vice-versa.

- *A logística no marketing internacional* é um processo que envolve alguns aspectos como: análise de peso, medida e tempo de trânsito, bem como do tipo de frete aéreo, marítimo, hidroviário, ferroviário, rodoviário etc. Envolve também os cálculos para acomodação da carga, de acordo com o transporte escolhido pelo cliente, por exemplo: aéreo, destacando-se os vários tipos de aeronave; marítimo, considerando-se os tipos de navio e os contêineres de 20', 40', e o *baby conteiner*, *pallets* ou ainda carga solta ou consolidada; por último, os transportes ferroviário, hidroviário, rodoviário e até aeroespacial.
- É parte integrante de um dos chamados "cinco Ps" do marketing, que é o ponto de distribuição. Originalmente, a logística está associada ao transporte, à armazenagem e a distribuição de mercadorias.
- Na logística do comércio internacional, também são analisados os parâmetros de custo e o tempo da distribuição física internacional (DFI) em um embarque para o exterior, cobrindo-se, dessa forma, duas das três operações de logística comercial internacional, ou seja, a exportação e a importação, sem incluir a produção da exportação.
- *Objetivos da logística*: otimizar a distribuição de mercadorias, reduzindo custos de transporte, armazenamento, embalagem e seguro e proporcionando aumento na eficiência da distribuição física de produtos.
- *Preço* – garantir preços competitivos (com custos reduzidos).
- *Qualidade* – produto melhor ou igual ao do concorrente.
- *Entrega* – produtos certos na hora certa, entregas com prazos corretos, excelência em serviços (logística eficiente).

O conceito de logística evoluiu, ao longo do tempo, do conceito básico de transportes, sendo aprimorado com o objetivo de diminuir custos, encurtar distâncias e viabilizar operações do tipo *just in time*, entre outras. Refere-se à gestão do fluxo de matéria-prima, produtos semi-acabados, acabados, serviços e informações que transitam de determinado ponto, normalmente uma empresa, até os clientes finais, por meio de um canal de distribuição próprio ou de terceiros.

Para uma empresa que quer se internacionalizar, a logística tem grande importância, uma vez que a localização dos clientes e as oportunidades de abastecê-los são difusas e, para se obterem resultados favoráveis na negociação internacional, é preciso não desperdiçar nenhuma chance de reduzir custos. A logística, no comércio internacional, é fundamental para diminuir custos de armazenagem, transportes, tempo de espera, entre outros itens temporais e financeiros, incluindo a manutenção da qualidade do produto, uma vez que o manuseio deve ser adequado.

A logística tem sido ampliada no seu entendimento, incorporado vários conceitos, e significa preparar ou fazer um evento com habilidade em termos de uso, custos etc. Qualquer evento, como uma feira do automóvel, feira do livro em uma escola ou até mesmo uma festa de casamento, em que tudo deve ser previsto com antecedência, requer logística. Esses eventos necessitam de infra-estrutura física, administrativa, operacional, de recursos humanos, de comunicação, alimentação etc., cujo estudo e administração têm sido chamados de logística.

Novaes (2001, p. 14) diz:

> *É a logística que dá condições reais de garantir a posse do produto, por parte do consumidor, no momento desejado. No caso de bens duráveis, é comum, no Brasil, o vendedor prometer a entrega do produto numa certa data, promessa que não é cumprida por deficiência no sistema de informação, nas operações do depósito ou no transporte. O efeito negativo que tais situações acarretam na imagem da empresa ainda não foi convenientemente avaliado no país, mas é, sem dúvida, significativo. Empresas de entrega rápida como Federal Express e a UPS, por exemplo, cresceram de forma vertiginosa por oferecer serviços confiáveis, com prazos predefinidos, possibilitando aos varejistas cumprirem suas promessas aos clientes.*

O conceito de logística, portanto, cresceu de um fato puramente de distribuição física aplicada nos transportes para um conceito bem mais amplo.

Aplicações – Como vimos, a logística como atividade administrativa tem inúmeros usos:

- Feiras e congressos.
- Exposições.
- Organizar a produção em série.
- Montagem de uma fábrica.
- Impressão de um livro.
- Construção de um edifício ou de uma casa.
- Festas de casamento.
- Exportação/importação.

No comércio exterior, tanto a logística de transporte como a de entrega de documentos de embarque aos clientes devem ser encaradas com muita seriedade, ou seja, devemos dar atenção não só ao embarque da mercadoria propriamente dita, como também à etapa do envio dos documentos de embarque para o importador, pois, normalmente, sem a posse dos documentos originais de embarque, ele não consegue retirá-la do porto, aeroporto ou posto de fronteira.

Outro detalhe que deve ser levado em conta é que, quando a exportação for amparada por cartas de crédito, o exportador deve cumprir rigorosamente as determinações nela contidas.

A não-observância de algumas determinações pode levar o exportador a ter de negociar as cartas de crédito com discrepâncias, o que pode lhe acarretar prejuízos, pois o importador pode se negar a liquidar o crédito documentário aberto.

As empresas do Brasil costumam negligenciar o aspecto de prazos de entrega e cumprimento das determinações contratuais, o que tem afetado significativamente sua imagem no exterior.

Hoje existe grande número de empresas especializadas em logística internacional. É aconselhável que os exportadores, mesmo os mais experientes, façam seus embarques internacionais por meio delas.

7.16 Participação em Feiras e Congressos Internacionais

A participação em feiras, exposições e congressos internacionais tem sido a forma mais eficaz e ágil de se obterem resultados na exportação. Entretanto, mesmo sendo rápida e eficaz, se a empresa não estiver preparada para a participação, pode desperdiçar muito tempo e dinheiro, uma vez que a maioria das exposições e feiras internacionais é dispendiosa e requer preparação e planejamento eficazes. Temos, portanto, uma dicotomia: na medida em que é eficaz, também é uma das mais caras formas de se obterem informações do mercado e de clientes.

Não é qualquer empresa que está preparada e conta com pessoas adequadas para participar de feiras e exposições internacionais, o que requer muita preparação e, ao mesmo tempo, experiência para que a empresa não seja atropelada pelos fatos. A participação em feiras e exposições tem sido uma das melhores, mais rápidas e eficientes maneiras de se obter um bom Simi e ter contato direto com o setor do mercado mundial em que a empresa atua. Sendo a participação efetiva como expositor em feiras e exposições internacionais muito dispendiosa, deve contar com atenção e grande mobilização, antes de sua contratação. A título de ilustração, listamos a seguir algumas providências que a empresa deve tomar antes de decidir participar:

- Conhecimentos básicos, antecipados sobre o país e a cidade do evento.
- Conhecimento sobre a linha geral da feira ou exposição.
- Conhecimento do público-alvo.
- Contato com o Itamaraty, para verificar se a feira faz parte do catálogo oficial de feiras do governo brasileiro e obter outras informações básicas.
- Contratação do espaço ideal (como defini-lo?).

- Preparação de catálogos, vídeos institucionais e sobre produtos.
- Preparação dos membros da delegação (é importante sempre contar com mais de um representante da empresa).
- Preparação e desenho do estande, que pode ser feito no Brasil ou no exterior.
- Contratação e treinamento de recepcionistas e outros profissionais (bilíngües) necessários.
- Preparação das amostras dos produtos a serem enviados.
- Mapa detalhado das atividades necessárias e de seus respectivos prazos.
- Contratação de profissionais especializados para a montagem do estande.
- Verificação do material a ser utilizado no estande: cadeiras, mesas, cortinas, televisor, vídeo, material de escritório etc.
- Verificação dos impressos em geral, que incluem desde cartões de visita dos membros da delegação até material promocional do Brasil e da empresa (displays, *banners* etc.).
- Contratação de uma boa empresa de transporte e de um bom despachante de alfândega local.
- Contratação de frete para levar e trazer amostras e demais materiais promocionais (muitas vezes, o Itamaraty ou o representante da feira no Brasil dispõe de condições especiais).
- Verificação dos meios de transporte a serem utilizados e dos cuidados com as embalagens (peso e volumes demasiados geram custos de frete).
- Preparação e envio de todo o material com antecedência, de acordo com o cronograma.
- Contato com o Itamaraty, que pode ajudar no envio do material e posterior liberação na alfândega local.
- Contato com a embaixada ou o consulado brasileiro na região.
- Montagem, para efeito de visão geral, de uma réplica do estande na sua empresa.
- Definição da logística de envio e retorno do material da feira (em muitos casos, o retorno do material não compensa, em virtude dos custos envolvidos).
- Organização das amostras de acordo com o local do estande em que ficaram expostas.
- Uso de uma pequena caixa com as principais ferramentas.
- Ensaio geral antes da abertura da feira.
- Previsão de alternativas para apresentações em vídeos, *data show* etc.

É necessário, portanto, um planejamento criterioso (incluindo a logística) dessa participação com antecedência, sobretudo, com projetos bem-feitos e auxílio de pessoas especializadas.

O Ministério das Relações Exteriores do Brasil (Itamaraty) coloca à disposição dos exportadores uma lista atualizada e completa das feiras setoriais e gerais realizadas no mundo todo, além de algumas sugestões de como montar um evento internacional (consulte: *www.mre.gov.br).*

Vantagens:

- Contato direto com importadores/compradores.
- Contato direto com concorrentes.
- Ampliação da capacidade de observação.
- Criação de uma imagem institucional.
- Ampliação da imagem institucional da empresa e de seus produtos.
- Velocidade de captação e processamento de informação.
- Concentração de grande número de clientes e concorrentes.
- Profissionalismo e vontade de comprar por parte dos clientes.

7.16.1 Cuidados especiais

A participação em feiras, congressos e exposições é, como vimos, muito importante; exatamente por isso, deve ser preparada com antecedência e sob rigoroso critério pois envolve inúmeros detalhes muitas vezes nunca imaginados pelo expositor inexperiente.

O Itamaraty também coloca à disposição dos exportadores uma linha de financiamento para a participação em algumas feiras que constam do calendário oficial. Na participação de uma feira internacional, todo cuidado é pouco. Muitas vezes, é preferível fazer uma visita exploratória à feira em um ano e somente dela participar efetivamente no próximo evento. Dessa forma, podemos aprender como o evento se desenrola.

Não podemos nos esquecer de algumas palavras básicas úteis para um expositor internacional:

- Planejamento.
- Prever, antever (eventuais problemas) e prover.
- Logística.
- Não existe "jeitinho brasileiro" no exterior (não se esqueça de clipes, grampeador, cola, fita crepe e outros apetrechos que podem fazer a diferença na hora "h").

Poderíamos tentar imaginar situações e imprevistos que ocorrem durante a participação ativa em uma feira, exposição ou congresso internacional, mas cremos que seria impossível abarcar todas elas, o que também seria muito enfadonho. Cada empresa e cada participação têm características próprias, que cada leitor saberá prever e prover com eficiência.

Reflexões

1. *Suponha que você trabalhe em uma empresa que fabrica bens de consumo duráveis. Que preços deverá praticar no mercado internacional: preços com base no centro de custos, na cotação de mercado local/internacional ou preços do mercado interno (Brasil) mais margem de lucro?*

2. *Como as variáveis incontroláveis do marketing internacional podem influenciar a escolha de um mercado internacional a ser explorado por uma empresa?*

3. *O Brasil exportou, em 2002, cerca de US$ 60 bilhões, com um superávit comercial de US$ 13 bilhões; em 2003, cerca de US$ 73,1 bilhões com um superávit comercial de US$ 24,8 bilhões, o maior de sua história. Pagamos anualmente cerca de US$ 33 bilhões em juros, sem contar as amortizações de capital. Por isso, temos necessidade de captar no mercado internacional cerca de US$ 20 a 30 bilhões por ano em investimentos e/ou empréstimos. Com base nessas e em outras informações, inclusive as discutidas no livro, responda:*

   Como o Brasil pode aumentar suas exportações para países importadores não tradicionais?

   Como a regularidade e a perseverança nas atuações no mercado internacional podem ser fatores importantes na conquista e na consolidação de novos mercados?

   Como um país com tamanha vulnerabilidade externa deve direcionar suas políticas de exportação e de câmbio, no sentido de diminuir essa vulnerabilidade?

Capítulo 8

Como Preparar uma Viagem Internacional de Negócios

Objetivo Após estudar este capítulo, o leitor deve ter aprendido os passos iniciais do planejamento de uma viagem internacional de negócios. Ele pode e deve acrescentar muitas observações e providências a essas informações, em virtude da experiência e das sutilezas de cada tipo de negócio ou viagem. Assim, tanto este como os demais capítulos do livro não são finitos e estão em permanente construção.

Palavras-Chave Viagens; Negócios; Prazer; Planejamento; Usos e Costumes; Sucesso.

A preparação de uma viagem, seja qual for, exige um mínimo de cuidado. Qual dos nossos leitores nunca fez uma viagem, por mais simples e de pequena distância que fosse? Algumas foram longas e para lugares distantes, outras curtas e para lugares próximos.

Digamos que toda viagem deve ser preparada ou, usando uma linguagem mais técnica, toda viagem deve ser planejada. Portanto, antes de empreender qualquer viagem, desde a mais simples e rápida até a mais complexa, longínqua e demorada, devemos fazer alguns preparativos (planejamento).

Partindo do pressuposto de que, na maioria dos casos, uma viagem internacional é do tipo complexo e, em muitos, envolve uma série de itens, vamos, no decorrer deste capítulo, enumerar algumas das principais providências que um viajante deve tomar para ser bem-sucedido.

A maioria dos iniciantes em comércio internacional deixa de estabelecer importância para os elementos na preparação de uma viagem internacional; entretanto é fundamental ter em mente diversas providências, antes de iniciá-la, pois fazem parte do planejamento estratégico de um *trader* ou mesmo de um executivo de qualquer área de atuação de uma empresa.

As viagens internacionais, a princípio, são bem-vindas e adoradas pela maioria dos iniciantes. Com o passar dos anos, contudo, tornam-se repetitivas e cansativas, exigindo do viajante uma dose extra de paciência e empenho. Muitas viagens coincidem com aniversários de filhos, esposa, pai ou mãe e, por esse motivo, podem trazer algum desconforto. Existem também os aspectos da rotina do viajante no Brasil, como pagar as contas normais, fazer acertos diversos. Tudo isso acaba causando certo aborrecimento.

Para efeito didático, dividimos o planejamento de uma viagem internacional em três partes distintas que, somadas, podem contribuir decisivamente para o seu melhor aproveitamento comercial e até pessoal: antes, durante e depois da viagem.

8.1 Antes

Várias providências devem ser tomadas antes de se decidir fazer uma viagem internacional. Elas são mais importantes, de forma inversamente proporcional, do que o conhecimento que o viajante tem do país ou da região a ser visitada, do que a sua experiência pessoal em viagens internacionais, a distância a ser percorrida e os meios de transportes a serem utilizados. Se o leitor nunca fez uma viagem internacional, sua atenção e seu planejamento devem ser mais apurados. Se já tiver alguma experiência internacional, nem que seja como turista, e a viagem for longa e para uma região distante, deve merecer atenção especial.

Deixe todas as suas contas e outros afazeres normais a cargo de uma pessoa de confiança que deles possa se encarregar. Nem sempre seu cônjuge terá tempo e condições de resolver alguns dos seus problemas. Muitas vezes, uma secretária, seu chefe ou seu subordinado pode desempenhar melhor essas tarefas do que seu parente mais próximo.

Retomando, vamos enumerar aqui uma série de providências que julgamos importantes tanto para o leitor experiente como para o inexperiente em viagens de negócios internacionais, embora muitas delas possam ser usadas também em viagens de turismo.

Antes de viajar, estude detalhadamente o país e as cidades a serem visitadas, com ênfase em:

• **Geografia e clima** – cidades montanhosas ou localizadas em regiões de grande altitude, como La Paz, Cidade do México, Quito e Bogotá, devem ser encaradas com certo cuidado, em razão do mal que a altitude pode causar às pessoas. Nesse caso, consulte um médico antes de viajar. Se necessário, passe por um processo de aclimatação. Atenção à vestimenta. Em épocas de muita seca, ou de muita chuva, é um verdadeiro martírio programar viagens para países como Paquistão, Índia e Bangladesh.

• **Demografia** – não é normal visitarmos cidades pequenas cujo comércio é incipiente e nem sempre a capital do país é a cidade mais indicada para fazermos negócios internacionais. No Equador, por exemplo, a cidade indicada é Guaiaquil; já na Bolívia, é Santa Cruz de la Sierra, e não La Paz, que é a capital política. Na Índia, as cidades principais são Nambei (antiga Bombaim) e Calcutá, e não Nova Déli, sua capital. O mesmo ocorre na África do Sul, cujas cidades principais são: Cidade do Cabo, Johannesburgo e Durban, e não Pretória.

• **Políticas local e regional** – é fundamental ter uma idéia das políticas nacional e regional, antes da nossa visita a um país. Para isso, a leitura de jornais e a consulta a *sites* na Internet são ferramentas importantes. Certa vez, em Santa Cruz de la Sierra, no dia seguinte à chegada deste autor, havia *un paro general*, ou seja, uma greve geral, e nada funcionou durante uma semana. Não havia forma de deixar a cidade ou o país, pois a greve parou, inclusive, todos os tipos de transporte.

• **Economia** – devemos analisar com mais atenção a viagem a um país que acaba de decretar moratória ou está em crise econômica, pois as possibilidades de iniciar novos negócios são mínimas, embora essa hipótese não deva ser totalmente descartada. Dependendo da oportunidade e das circunstâncias, o fato de oferecermos crédito ou mesmo negócios a um país que está em crise ou isolado internacionalmente pode ser fator de potencialidade para a empresa em que estamos trabalhando.

• **Leis** – é fundamental termos idéias bastante precisas de quais são as leis que podem facilitar ou dificultar a comercialização dos produtos oferecidos para determinado país. Algumas leis recentes podem impedir a importação e até mesmo inviabilizar a importação de determinados produtos, por causa das barreiras alfandegárias ou não-alfandegárias – mais comuns hoje. Muita atenção deve ser dada às amostras e aos catálogos ou vídeos em que apareçam mulheres com vestimentas que podem ser consideradas impróprias, como para alguns países árabes.

• **Usos, costumes, religião** – em alguns países, o simples fato de aparecer certa cor na embalagem de determinado produto pode inviabilizar a sua comercialização. Os costumes e a religião podem influenciar definitivamente não só os hábitos de compra do consumidor, como também as relações entre homens e mulheres. Na Índia, por exemplo, as mulheres não podem ser tocadas quando cumprimentadas e sempre andam atrás dos homens. O que normalmente é aceito por nós pode ser ofensivo para outros. Mostrar a sola do sapato ao cruzar as pernas é considerado uma ofensa na maioria dos países árabes. Em alguns países, a entrada de bebida alcoólica na alfândega é proibida.

• **Feriados locais** – como no Brasil, em muitos países existe a chamada ponte. É preciso muito cuidado com as pontes ou emendas de feriados, que podem fazer com que o viajante perca dois ou três dias sem poder desenvolver seu trabalho; caso se trate de uma viagem com escalas em outros países ou cidades, isso pode atrasar todo o roteiro planejado.

• **Feriados religiosos** – feriados religiosos de algumas colônias – árabe, judaica, coreana, chinesa, japonesa – geralmente são pouco divulgados por não serem oficiais em muitos países, como é o caso do Brasil. É conveniente que você se informe sobre o assunto antes de se encaminhar a qualquer país ou cidade, para que não fique impedido de realizar seu negócio, principalmente se os comerciantes que negociarão seu produto pertencerem a uma daquelas colônias.

• **Horários de trabalho** – estamos acostumados ao nosso ritmo e ao nosso horário de trabalho. Nem sempre os horários são os mesmos no mundo inteiro; nem sempre o horário comercial das 8 às 18 horas é o convencional em certas localidades. Em determinados países não se trabalha na sexta-feira; em alguns existe a *siesta*, como na Espanha, no Paraguai e em países caribenhos e da América Central. Além disso, não se esqueça de que você possivelmente vai negociar com donos de empresas, diretores ou compradores superexperimentados, que nem sempre chegam e saem do trabalho em horários "normais". Há executivos que não trabalham às sextas-feiras em seus escritórios, mas em casa, pois planejam sair da cidade no fim de semana. Existe também grande variedade de horários de almoço e jantar, que podem atrapalhar o roteiro inicial de viagens.

• **Idioma** – é evidente que um vendedor internacional deve falar outros idiomas; o ideal seria que o *trader* pudesse se comunicar no idioma do comprador, mas nem sempre isso é possível. Pode ocorrer que algumas colônias dominem determinado tipo de comércio; nesse sentido, seria um diferencial falar o idioma dessas colônias ou um idioma como o espanhol ou o alemão. Em certos países, existe um idioma oficial que, entretanto, não é o mais falado: em Curaçau, Aruba e Bonaire, o idioma mais usado é o papiamento; no Paraguai, o guarani; na África do Sul, o africâner.

• **Épocas de compra** – antes de mais nada, é preciso esclarecer que, como *época de compra* referimo-nos à época de compra do comprador/importador, bem como a época em que o consumidor final vai buscar o produto importado no varejo, por exemplo. Esse é um detalhe muito importante com o qual muitos vendedores internacionais devem saber lidar, mas de que normalmente se descuidam.

Habitualmente, os compradores internacionais planejam suas compras com até um ano de antecedência e muitos têm cotas de compra de determinados produtos. É preciso, portanto, chegar antes do encerramento da época de compra e em um tempo no qual o comprador tenha verba ou cotas disponíveis. Certa vez, quando visitava pela primeira vez uma das maiores cadeias de lojas da Espanha (El Corte Inglés), este autor foi duplamente surpreendido pela informação do comprador: primeiro, ele estava muito interessado em comprar o que lhe oferecia (produtos têxteis), pois o preço era supercompetitivo (ele havia comprado produtos similares mais caros); sua época de compra sempre se dava 13 meses antes de a mercadoria chegar às lojas. Claro que em se tratando de artigos de moda e compras de última hora, para repor estoques de mercadorias que venderam muito em determinada ocasião, esse prazo é menor e negociado com os fornecedores tradicionais, não com os novos fornecedores, como era o caso, na ocasião.

• **Sazonalidade** – devemos ter grande atenção com relação a produtos sazonais, ou seja, de época, como roupas de inverno, panetones, ovos de Páscoa, biquínis e maiôs, entre outros, pois, além de serem comprados em épocas certas, têm de chegar ao destino sempre dentro de um rígido cronograma de entrega, para evitar encalhe nas lojas do país importador. Note que qualquer atraso na entrega de produtos na exportação é fatal e pode provocar a perda do cliente importador; se, além disso, o produto for sazonal, com certeza a recuperação do cliente vai ser mais difícil ainda.

• **Costumes alimentares** – alguns países, como o Peru, o México e a Índia, têm uma dieta muito condimentada e abusam de pimenta e especiarias. É preciso ter cuidado com os costumes alimentares locais para não ter problemas de saúde.

A Cidade do México, por exemplo, é conhecida por um tipo de água que causa problemas estomacais e intestinais, pelo fato de apresentar grande quantidade de enxofre, o que, no passado, era conhecido como mal de Montesuma (referência a um cacique asteca). Conta-se que os invasores da região da Cidade do México, ao tomarem essa água, tinham problemas intestinais e muitos chegavam a morrer em decorrência do famoso mal de Montesuma.

Na Índia e no Peru, a comida também costuma ser bastante condimentada e faz muito mal para quem não está acostumado a ela.

• **Valores éticos e morais** – é preciso entender a cultura de um povo ou de uma nação para entender seus valores éticos e morais. Até em uma comunidade de presidiários no Brasil, por exemplo, existem valores morais diferentes; assim, alguns tipos de criminosos são isolados porque cometeram crimes que, para a maioria dos criminosos, são considerados inaceitáveis e, se ficarem junto com outros presos, serão mortos.

Ora, se na comunidade de presos existem certos valores, em um país ou região também alguns valores éticos ou morais podem causar surpresa ou mesmo constrangimento para o viajante internacional. Podemos citar como exemplo os países árabes, onde o homem pode ter várias mulheres, desde que as sustente; já no mundo ocidental, esses valores são completamente inaceitáveis.

• **Vistos e vacinas** – além, é claro, do passaporte em dia, é necessário estar atentos aos vistos e às vacinas, não só para os países a serem visitados, como para aqueles em que, eventualmente, podemos fazer escalas durante a viagem. Assim, para viajarmos do Brasil para o Japão, normalmente fazemos escalas nos Estados Unidos, que agora exigem visto até para uma simples conexão de vôo.

Cabe salientar que algumas vacinas devem ser tomadas até 10 ou 15 dias antes da chegada a determinado país.

• **Verificar com seu agente ou representante a época mais apropriada para a viagem** – é muito bom chegar a determinado local, principalmente se for a primeira vez, e ter alguém a nos esperar. Como já comentamos, o ideal é contar com um agente comercial que possa orientar e facilitar o desenvolvimento de um mercado internacional, pois só ele pode ajudar nessa difícil tarefa. Dessa forma, verificar as datas mais apropriadas para uma viagem, não só no aspecto comercial, como também no climático, passa a ser fundamental. Se não puder contar com um agente ou representante, use os próprios clientes como fonte de informação.

É bastante desagradável chegar a um país em uma data na qual todos os empresários estão se preparando para férias como alguns países da Europa, no mês de agosto, ou ainda estar em Nova York em pleno inverno, onde o frio é cortante, a neve e o vento são um desafio para o pedestre, sem contar o trânsito caótico decorrente do acúmulo de neve nas ruas e estradas, que chega a impedir até a locomoção de aviões.

- **Comunicar a todos os clientes cadastrados a sua intenção de viajar** – antes de iniciarmos o planejamento da viagem, devemos comunicar nosso roteiro a todos os clientes cadastrados, sem nos esquecermos de primeiro avisar o agente ou o representante.
- **Fazer um roteiro de viagem bem detalhado** – o roteiro de viagem bem planejado e com folgas é essencial para o início de uma viagem de sucesso. Deve conter detalhes como: horários de partida e chegada a cada cidade, com dados dos vôos ou de outro meio de transporte; relação dos hotéis aonde iremos nos hospedar, com todos os seus dados; relação dos representantes em cada cidade ou país, com seus respectivos dados.

Uma providência fundamental é deixar sempre uma cópia desse roteiro com sua família e outra na empresa, pois, em caso de emergência, você será facilmente localizado. Além disso, deve-se prever reservas de vôos e hotéis em cada cidade, e, antes de sair de lá, sempre checando os detalhes da próxima etapa.

Certa vez, ao chegar a Los Angeles, este autor deparou com um problema: como sempre, foi feita reserva para determinado hotel no centro da cidade, no qual já havia se hospedado diversas vezes. A chegada à cidade ocorreu à meia-noite, em um vôo procedente de Nova York e que atrasara mais de três horas. Com a reserva na mão e já cansado, este autor dirigiu-se ao hotel e qual não foi a sua surpresa quando constatou que estava fechado para reforma, detalhe que a agência de viagem não conhecia! Foi um horror!

Posteriormente, constatou-se que a agência de viagem emitiu um papel qualquer e não solicitou reserva para o hotel em questão. Naquela época, a agência quis economizar um telefonema (não havia Internet, portanto, nem *e-mails*); resultado: perdeu clientes importantes que tiveram de se hospedar por uma noite no hotel Hilton, pagando uma tarifa quatro vezes mais alta, em um local ao qual não estavam acostumados.

Falando de aspectos de hotéis no exterior, aconselhamos ao viajante internacional que se hospede nos mais renomados da cidade para onde viajar, sempre que possível, por dois motivos básicos:

- o cliente sempre pergunta onde estamos hospedados. Se estivermos em um hotel pouco recomendável, é possível que o fato denigra a imagem da empresa que representamos. Uma empresa de porte que está pronta para exportar deve demonstrar certa confiança ao cliente;
- por segurança, o viajante deve escolher um hotel de categoria, principalmente em países desconhecidos e distantes, em razão do risco de roubos e outras ocorrências em termos de segurança na área de hospedagem etc.

Outra providência importante é obter informações sobre os meios de transportes disponíveis. Em muitos casos, é preciso visitar um cliente importante em uma cidade de porte médio, que não dispõe de vôos regulares, tornando-se necessário ir de ônibus, o que, na maioria das vezes, é mais demorado e cansativo, além de alterar o roteiro inicial da viagem, pois você gastará mais tempo.

O roteiro de viagem deve contar com espaços de tempo para eventuais alterações ou prever a manhã de chegada para fazer os contatos telefônicos iniciais com clientes e representantes, além de um dia ou de um período na partida para poder preencher eventuais lacunas. Nesse sentido, quanto maior for a cidade e o tempo despendido para visitas, maiores serão as lacunas a serem previstas.

Confirme, uma semana antes de sua partida, sua visita a todos os clientes, se possível marcando dia e hora. Se houver agente ou representante, deixe essa última tarefa para ele. Mas não se esqueça de enviar um *e-mail* para todos os clientes, anunciando sua chegada; eles se sentirão prestigiados.

Marque o número de visitas de acordo com o tamanho da cidade. Em locais como Nova York, Londres ou Paris, é impossível estabelecer um roteiro de visitas que inclua mais de quatro clientes por dia. Mesmo contando com a racionalidade de visitar clientes na mesma região, o que é o normal, é muito difícil você conseguir realizar mais do que esse número de visitas em uma cidade grande, que normalmente tem um trânsito conturbado.

Preferencialmente, chegue ao país a ser visitado no sábado ou no domingo, a fim de ter tempo para se adaptar ao fuso horário, à altitude etc. Tome cuidado com a vestimenta, informando-se antecipadamente sobre as condições climáticas no local naquela data.

8.2 Durante

Saber fazer negócios é uma virtude de poucos. Você pode se considerar um privilegiado em realizar viagens internacionais, mas deve usar essa prerrogativa com muita parcimônia e cuidado.

Uma viagem, por mais curta e próxima, deve ser aproveitada em todos os sentidos. Uma viagem internacional é das ocasiões mais enriquecedoras que um ser humano pode ter. Aproveite cada viagem como se fosse a primeira e a última para o local em questão. Usufrua ao máximo das suas horas de folga e conheça os pontos turísticos da cidade, integrando-se ao seu povo. Essa é uma maneira agradável de fazer negócios e turismo ao mesmo tempo. Desfrute tudo de bom que a cidade ou o país tiver a lhe oferecer.

Nunca compare as coisas boas de seu país com as coisas ruins do país visitado. Faça o contrário: comemore o que aquele país ou cidade tem de bom que a sua cidade não tem. Dessa forma, você vai se sentir mais confortável e alegre.

É importante, em cada viagem, tomar as seguintes providências:

- a cada etapa, confirme vôos e hotéis;
- reconfirme sua ida com o representante para cada empresa;
- a cada etapa, avise sua empresa, dizendo que está saindo de um local ou chegando a ele;
- faça um roteiro de visitas com detalhes e tempo de sobra para eventuais contratempos (são comuns problemas com malas rasgadas ou fechos de mala quebrados, perdendo-se pelo menos meio dia para resolvê-los. Atrasos em vôos são freqüentes; é preciso haver tempo previsto para isso);
- deixe um período livre na chegada e outro na saída para acertos gerais de sua viagem ou para repetir uma visita a um cliente com quem ficou algo pendente;
- anote todos os detalhes das suas visitas, tais como preços negociados, amostras requeridas, condições de pagamento etc.;
- faça de imediato um pedido de venda, com uma fatura pró-forma; isso estabelece maior compromisso do cliente para com o pedido;
- em caso de viagens longas, envie para sua empresa um relatório parcial de cada cidade ou país, para que seu *staff* possa providenciar as solicitudes do cliente;
- procure chegar a um país desconhecido no domingo, por exemplo. Fica mais fácil a aclimatação;
- evite chegar a cidades grandes como Nova York em horários de pico de trânsito. Você demorará mais para chegar ao hotel e pagará mais caro pelo táxi;
- em determinadas cidades, é mais fácil alugar um carro do que andar de táxi; mas, cuidado: há cidades em que fica impossível andar de carro alugado em razão do trânsito (Nova York, Cidade do México) e pelas regras de trânsito dirigir (Inglaterra, África do Sul, Trinidad & Tobago e Austrália, que usam o sistema da mão direita);
- faça visitas de cortesia aos seus contatos no local, tais como embaixadas, consulados, câmaras de comércio, associações, bancos, amigos, conhecidos;
- procure ampliar os contatos com associações locais, órgãos de imprensa, aduaneiros, bancos e corretores de câmbio; faça um serviço de relações-públicas;
- procure ampliar seus conhecimentos sobre a cidade ou o país visitado; se for conveniente e você falar o idioma local, leia jornais, revistas, freqüente o teatro, o cinema, eventos esportivos etc. Dessa forma, você estará mais próximo da cultura local e entenderá melhor o comportamento, usos e costumes do povo;

- compre ou pegue mapas e roteiros das cidades visitadas, inclusive os turísticos. Serão úteis para você ou para alguém de sua empresa, no futuro;
- verifique opções de hotéis, *flats*, restaurantes etc.

8.3 Depois

Bem, depois de uma estafante viagem de negócios, está você de volta ao lar. Sim, por incrível que pareça, uma viagem internacional de negócios, para você que não está acostumado, é cansativa. Embora viajar seja o sonho de muitos leitores, aqueles que já fizeram algumas viagens internacionais sabem que são cansativas.

Alguns cuidados na volta:

- Análise de tudo o que foi realizado, do que não foi e do porquê de não ter sido.
- Comece pela análise das vendas perdidas ou das eventuais falhas cometidas. Analise também o sucesso e o compare com o insucesso.
- Faça uma rigorosa análise dos pontos fortes e fracos da viagem. Faça também uma auto-análise sobre seus erros pessoais.
- Anote todos os dados para um futuro planejamento.
- Proceda à emissão dos pedidos de fabricação interna com detalhes.
- Emita faturas pró-forma para os clientes aos quais você vendeu, se já não o fez antes, no próprio local.
- Envie um *e-mail* de agradecimento a todos os clientes e representantes pela atenção dispensada durante sua visita.
- Proceda a uma revisão geral de tudo o que foi feito; anote as falhas.
- Envie amostras, catálogos e outras informações aos clientes que os solicitaram.

Reflexões

1. *Como uma viagem internacional pode ser importante para o aprimoramento das informações de um mercado?*
2. *Você considera importante a hospedagem em um hotel bem conceituado? Por quê?*
3. *Como devem ser tratadas e como podem ser minimizadas as diferenças culturais no caso de uma viagem internacional?*

Capítulo 9
Estudos de Casos

Este capítulo apresenta alguns estudos de casos elaborados com o objetivo de aliar os conceitos teóricos à aplicação prática.

A divisão foi feita em dois grupos: o primeiro apresenta dois casos fictícios, e o segundo, dois casos vivenciados no comércio internacional.

Os estudos apresentados têm apenas o objetivo de preparar o leitor para a realidade dos fatos do comércio internacional, propondo-se discussão, resolução e principalmente reflexões. São eles:

- ABC *Trading*;
- Cia. Industrial Vale do Paraíba S.A.;
- Exportando resina de pinus para a Índia e Portugal na década de 1990;
- Exportando tecidos bordados na década de 1980.

9.1 ABC *Trading*

Você é o gerente de comércio exterior da empresa ABC *Trading* S.A., que atualmente realiza negócios de exportação e importação com vários países, comercializando uma gama bastante variada de produtos em diversos desses mercados, conforme a Matriz de Marketing – País/Produtos Exportados pela ABC *Trading* apresentada adiante. A diretoria solicitou que você fizesse um estudo a fim de reformular a política de comercialização da empresa por considerar que, embora exporte para muitos países, nem sempre essas exportações são rentáveis.

Essa política de reformulação tem por objetivo propor uma nova e mais agressiva orientação mercadológica da empresa, tendo em vista **obter melhores condições de rentabilidade e menores custos operacionais.**

Seu problema consiste em elaborar uma nova política comercial para a empresa, propondo nova estratégia de marketing internacional, tomando por base a Matriz de Marketing – País/Produtos Exportados.

A estratégia de marketing internacional a ser proposta deve obedecer às seguintes premissas básicas:

- maior rentabilidade por mercado, comparando-se as áreas e os produtos em que a empresa atuará;
- menores gastos operacionais;
- menores gastos promocionais, tais como fixação de marca, abertura de mercado etc.;
- para cada conjunto de país/produto, deve ser feita a definição de uma política de distribuição comercial e de exportação, viabilizando-a na prática de acordo com os aspectos de logística (distribuição física e comercial).

Observe que a matriz apresentada contempla graficamente apenas as exportações da ABC *Trading* para os países e seus respectivos produtos. Em sua proposta, você deve sugerir também uma eventual importação, para o Brasil, de produtos locais com vantagens competitivas tanto em preço como em qualidade, entre outros itens. Para isso, devem ser buscadas informações adicionais de cada país em fontes secundárias apropriadas. Essas eventuais importações podem fazer parte da estratégia mercadológica, a fim de que você possa completar e viabilizar as exportações brasileiras para esses países. Lembre-se de que o comércio internacional é uma via de mão dupla.

Seu desafio consiste em trabalhar com os dados apresentados – propositadamente limitados – ou, ao formular essa nova política comercial, em usar seus conhecimentos específicos de cada mercado e/ou produto ou ainda ampliar esses conhecimentos por meio de dados secundários com a montagem do Simi.

Cabe ressaltar que a importação pode ser apenas um meio para viabilizar a exportação mediante parcerias; assim, você não precisa necessariamente incluir a importação de produtos desses países em sua estratégia.

Outro detalhe importante refere-se ao fato de que, ao formular essa nova estratégia de marketing internacional, você pode eventualmente eliminar, no máximo, a comercialização (exportação) de três produtos e de três países. A ABC *Trading* exporta atualmente um total de 14 produtos para 21 países; assim, você pode "deixá-la" exportando 11 produtos para 15 países.

É importante ressaltar que, nesse caso, você pode considerar, por exemplo, mercados comuns (acordos comerciais multilaterais ou bilaterais); mercados próximos e similares em termos de clima, cultura, usos e costumes; mercados que, ao serem atingidos, automaticamente podem ser considerados "pontes" para outros; mercados desenvolvidos que tenham maior possibilidade de venda de produtos com maior valor agregado, ou mercados mais apropriados para produtos primários ou menor valor agregado; mercados em que a logística de distribuição ou de exportação pode ser mais complexa e, portanto, mais custosa. Considere ainda custos de embarque e/ou transbordos que podem ser mais econômicos para determinadas regiões.

Matriz de Marketing País/Produtos Exportados pela ABC *Trading*

Países \ Produtos	*Jeans*	Sapatos Finos	Melão	Manga	Autopeças	Móveis	Fios de Algodão	Café	Jogos de Cama	Suco de Laranja	Carros	Laranja	Maçã	Aço
Argentina	x				x	x		x	x	x	x			
Bolívia	x				x	x	x	x	x		x			x
Costa Rica	x	x							x		x			
Equador	x					x			x	x	x			
Venezuela	x				x	x	x	x	x	x	x			x
Uruguai	x				x	x		x	x		x			
México	x	x			x	x	x	x	x	x	x			x
Alemanha	x	x	x	x	x			x	x	x		x		
Suíça	x	x	x	x				x	x	x		x		
Canadá	x	x	x	x	x		x	x	x	x		x		
Estados Unidos	x	x	x	x	x		x	x	x	x	x	x		x
África do Sul	x				x		x	x	x	x	x	x		
Angola	x										x			
Moçambique	x										x			
Namíbia					x			x			x			
Austrália					x					x	x			
Japão	x		x	x	x			x	x	x		x		x
Índia											x			
Paquistão														
Espanha	x							x		x	x			
Inglaterra	x		x	x				x	x	x		x		

9.2 Cia. Industrial Vale do Paraíba S.A. – Um Caso de Sucesso?

A Cia. Industrial Vale do Paraíba S.A., tradicional fabricante de motores elétricos, foi fundada em 1968, na cidade de Caçapava por João Roberto da Costa que hoje está com 69 anos. A empresa é administrada em conjunto, por ele e seus dois filhos, Pedro Luís e José Henrique, embora um de seus genros também trabalhe na empresa.

A idéia inicial do fundador era recuperar motores usados de qualquer tipo (aliás, João Roberto é até hoje um excelente mecânico em motores, embora não tenha formação técnica alguma). No entanto, com o passar do tempo, o ramo de motores começou a ficar bastante interessante, pois no Brasil despontava uma nova sociedade industrial estimulando a empresa a crescer naturalmente. Hoje a Cia. Industrial Vale do Paraíba S.A. conta com 480 funcionários, produz 38 tipos diferentes de motores elétricos, de diversos tamanhos e aplicações, e teve um faturamento médio de US$ 31.000.000/ano, em 1999/2002.

Apesar do relativo sucesso no Brasil, a empresa, até recentemente, não conseguira desenvolver-se no promissor mercado internacional, limitando-se a vender para alguns poucos clientes do mercado sul-americano, sobretudo do Paraguai e da Bolívia, ainda assim apenas quando procurada diretamente na sua sede, em Caçapava.

Em 1990, João Roberto, apesar de não falar outro idioma além do português, conseguiu ótimo contato na cidade de Denver, Colorado, com uma pessoa conhecida de seu primo Gilberto que morava nos Estados Unidos há algum tempo. Tratava-se de John Keynes, uma espécie de representante de algumas fábricas brasileiras de pisos cerâmicos na região do Colorado. Como era filho de colombianos, Keynes entendia e falava um pouco o espanhol e o português – fator fundamental, na opinião de João Roberto, para o relacionamento entre Keynes e a fábrica no Brasil.

Imediatamete, João Roberto vislumbrou uma excelente oportunidade para iniciar-se no mercado norte-americano, providenciando para Keynes uma série de materiais de promoção relacionados com os produtos fabricados pela empresa, tais como catálogos, fotos, lista de principais clientes e preços, e aplicações. Entusiasmado, Keynes passou a promover imediatamente os produtos da Vale, recebendo uma comissão de 10% sobre as vendas – percentual considerado por ele próprio bastante bom e para o mercado nacional muito alto.

Dessa forma, Keynes iniciou suas investidas no mercado, utilizando algumas técnicas de marketing que aprendera e também, evidentemente, a experiência adquirida como representante de empresas estrangeiras no mercado local. Começou a visitar clientes e a enviar malas diretas com o material promocional recebido da fábrica, prospectando uma série de clientes. Entretanto, infelizmente, os motores fabricados pela Vale não possuíam as especificações técnicas necessárias, tais como ciclagem e voltagem. Outro fator que dificultava seu trabalho era o fato de Keynes não entender muito bem as explicações técnicas dos produtos (motores elétricos), o que o levava a concluir que os preços praticados pela Vale não eram competitivos para o mercado americano.

Assim, embora Keynes sentisse que o mercado possuía grande potencial, suas dificuldades impediam-no de obter sucesso. E os clientes acabaram não dando muita importância aos apelos de vendas.

Mas Keynes conseguiu vislumbrar alguns problemas. Um dos principais era que o mercado estava dominado por marcas tradicionais e famosas, o que exigia um trabalho de promoção de vendas intenso e altamente especializado.

Partindo desse prognóstico, Keynes recomendou à diretoria da Vale uma grande campanha publicitária em veículos de comunicação massiva, tendo por objetivo divulgar os produtos da empresa; entretanto uma campanha desse porte teria um custo alto, tornando o produto final ainda mais caro. Em razão desse dado, a empresa não aceitou a idéia de fazer a campanha.

Keynes ficou bastante aborrecido com essa decisão e desistiu de sua representação. Essa atitude fez com que a Vale desistisse do mercado americano e, conseqüentemente, do projeto de exportação.

Mais recentemente, em decorrência da implantação dos planos de estabilização no Brasil, da abertura e globalização da economia, a Vale começou a enfrentar certas dificuldades para colocar seus produtos no mercado interno e as vendas começaram a declinar de modo importante.

Então em 1994, João Roberto tentou novamente exportar, dessa vez fazendo uma experiência com a Argentina, país que, segundo ele, oferecia bastante facilidade para exportação em razão do Mercosul. No entanto, essa nova tentativa de se internacionalizar também não deu certo, fundamentalmente pela falta de conhecimento do mercado argentino e de alguns problemas de especificações técnicas.

Nessa mesma época, José Henrique, filho mais novo de João Roberto, decidiu fazer um curso de pós-graduação em comércio exterior, ocasião em que resumiu o problema da Vale para seu professor de marketing internacional, que também era consultor de empresas; aconselhado por ele, José Henrique convenceu o pai a procurar um profissional da área.

Rapidamente o consultor foi acionado. Ele selecionou um profissional, contratou-o e o treinou. Alcides, o profissional contratado, tinha cerca de 50 anos e possuía profunda experiência no mercado americano, pois trabalhara durante 25 anos em um grande grupo nacional produtor de compressores herméticos e de variadores eletromagnéticos de velocidade. Esse grupo exportava regularmente para vários países, cujo mercado era bastante similar ao de motores elétricos, entre os quais os Estados Unidos e o Canadá.

Alcides detinha, portanto, todas as características de um *trader*, além de experiência para levar adiante o projeto de exportação da Vale. Ele foi contratado como gerente de exportação e, após algumas viagens aos Estados Unidos e ao Canadá, reconheceu que o antigo representante, embora sem experiência na área, constatara alguns fatos bastante relevantes quanto àqueles mercados, pois certas marcas de renome mundial dominavam realmente o mercado de motores, existindo também grande pulverização no consumo. Todavia as observações do antigo representante não eram o retrato do mercado, pois consistiam apenas em alguns aspectos da realidade, uma vez que o mercado para aquele tipo de produto estava dividido em duas categorias básicas: os fabricantes de máquinas e aparelhos, que utilizavam motores elétricos, e o mercado de reposição, constituído por todos os consumidores e oficinas que compram unitariamente as máquinas e os aparelhos.

Depois de várias tentativas fracassadas, evidentemente, a empresa não acreditava que a exportação fosse uma saída viável – principalmente porque necessitava de resultados imediatos.

Em razão dessa perspectiva tanto do mercado importador como da empresa, Alcides decidiu concentrar esforços no chamado *after-market* (mercado de reposição) dos dois países, deixando de lado os mercados na América do Sul, que anteriormente foram trabalhados.

Como estratégia, Alcides identificou, mediante a montagem de um banco de dados (Simi), os maiores atacadistas de motores cujo número não ultrapassava 60 empresas nos Estados Unidos e oito no Canadá. Esses atacadistas importavam para os chamados médios comerciantes (*jobbers*) – cerca de 1.000 empresas no total –, que por sua vez revendiam aos varejistas (*retailers*), atingindo assim o consumidor final na quase totalidade dos dois territórios.

Após coletar dados e analisar o trabalho desses 68 grandes importadores atacadistas, a empresa conseguiu firmar contrato de exclusividade mútua por um período de seis meses com 11 empresas americanas e três canadenses, em áreas de atuação delimitadas estrategicamente, cobrindo todo o território americano e o canadense.

O programa de compra inicialmente fixado com as 14 empresas atacadistas era tão expressivo que foi preciso reprogramar a fábrica em Caçapava, contratando mais funcionários e remodelando a produção, o que resultou em um preço final bem mais competitivo e, conseqüentemente, reduziu drasticamente o preço unitário. No início a resistência a novos investimentos era muito forte e a empresa não contava com muitos recursos.

Foi levantado perante organismos financeiros um empréstimo vinculado à exportação que, embora insuficiente, foi importante para demonstrar ao público interno que a exportação era um bom negócio.

Assim, tomaram-se várias medidas simples, mas indispensáveis, para que a empresa pudesse se inserir no mercado internacional, como homologar os produtos de acordo com as normas americanas e canadenses e adaptá-los aos mercados.

A empresa registrou nova marca em nível nacional e internacional, chamada "MotorVal".

Atualmente a Vale exporta cerca de 10 milhões de dólares/ano, seus produtos já estão sendo mais bem conhecidos e despertam interesse dos fabricantes de máquinas e aparelhos.

Para atender aos fabricantes de máquinas e aparelhos que requerem atenção melhor, a Vale já programou uma nova fábrica em Queluz e criou uma empresa nos Estados Unidos – a The MotorVal International Co. –, com sede em New Jersey, que desenvolverá as importações de produtos da Vale destinados aos mercados americano e canadense de fabricantes de máquinas e de aparelhos. Essa empresa receberá no próximo ano investimentos suficientes para iniciar a fabricação de motores nos Estados Unidos e está em negociação para a compra de uma pequena fábrica que será o núcleo de expansão local.

Dessa forma, a MotorVal Co. promoverá não só a importação como também fabricará e manterá um estoque mínimo regulador, equivalente a dois meses de produção, usando depósitos alfandegados como forma de diminuir custos de nacionalização e dar condições comerciais de prevenir qualquer contratempo e garantir o fornecimento uniforme para esse novo segmento, podendo ofertar produtos e preços *door-to-door*, com preços competitivos e garantia de peças de reposição e assistência técnica para o usuário final. No segmento de fabricantes, a MotorVal contará com a participação dos mesmos importadores atacadistas do segmento de reposição.

A partir do sucesso da exportação, a empresa passou a modificar seu processo de gestão, implantando-lhe novas técnicas; entre elas, criou um departamento de planejamento estratégico, para o qual a exportação representa uma excelente oportunidade de ampliação do mercado em nível nacional e internacional, uma vez que os motores fabricados para o mercado internacional, por exemplo, tiveram de ser fabricados com novos desenhos e configurações para gastar menos energia. Os motores fabricados para o mercado interno absorveram essas vantagens, pois não era recomendável que a fábrica contasse com duas linhas diferentes de produção – uma para exportação e outra para consumo interno –, resultando em atualizações gerais da linha de produtos da Vale.

Para o próximo ano, a previsão de faturamento com a exportação será incrementada em 25%, representando uma parcela importante do faturamento total, enquanto no mercado interno a empresa também dá sinais de crescimento, tendo comprado recentemente uma fábrica concorrente na cidade de Itu.

Com base nessas informações, pergunta-se:

1. Por que o representante inicialmente nomeado não obteve sucesso?
2. Por que a experiência do então contratado gerente de exportação foi importante para o sucesso do empreendimento?
3. Quais as vantagens de a Vale trabalhar inicialmente apenas com grandes atacadistas importadores?
4. Por que a empresa teve de constituir a própria estrutura no exterior?
5. Quais seriam as alternativas da Vale para iniciar-se efetivamente no mercado internacional, antes de sua investida nos Estados Unidos?
6. Quais seriam as suas propostas para a distribuição internacional dos produtos da Vale?
7. Por que o novo funcionário, Alcides, também resolveu "atacar" o Canadá?
8. Qual a importância da exportação na transformação do processo de gestão da empresa?
9. De que forma uma logística de exportação pode beneficiar os custos de importação, usando, por exemplo, depósitos afandegados?
10. Que mercados internacionais você proporia para a empresa atacar no atual estágio de desenvolvimento em que se encontra?
11. Você considera a Cia. Vale do Paraíba um caso de sucesso? Justifique.

9.3 Exportando Resina de Pinus para a Índia e Portugal na Década de 1990

Ao voltar a trabalhar em uma *trading*, este autor encontrou alguns processos de exportação de resina de pinus, para Índia e Portugal, parados e com estoque importante armazenado no porto de Santos, gerando custos de armazenagem e do investimento em estoque, que naquela época girava em torno de US$ 300 mil.

A resina de pinus é um produto considerado químico, embora extraída da árvore *pinus eliotis* por meio de um processo bastante semelhante ao da borracha; em seguida, passa por um processo simples de filtragem e, posteriormente, é acondicionada em um saco plástico que é colocado em tambores de aço. A resina é retirada das árvores, que hoje servem como reflorestamento, por trabalhadores rurais de origem simples, bastante assemelhados aos "bóias-frias".

9.3.1 Os resineiros

Há diferentes tipos dos assim chamados resineiros. O primeiro, e mais raro, é constituído pelos proprietários das terras e das árvores, que contratam trabalhadores rurais para extrair a resina.

A outra classe é composta por pequenas empresas – ou mesmo por pessoas físicas –, donas das árvores, que se dedicam a extrair a resina e, posteriormente, à venda da madeira, usando as terras dos grandes fazendeiros e pagando aluguel pela utilização do solo.

Outro tipo de resineiros é constituído por quem aluga as árvores, normalmente plantadas para reflorestamento, para delas extrair a resina.

9.3.2 O processo

O processo de resinagem é considerado subproduto do reflorestamento, utilizado para a fabricação da celulose e do papel, ou mesmo para ser transformado em carvão ou lenha.

Depois de um pequeno processo de transformação e limpeza das impurezas, a resina é normalmente vendida para as indústrias químicas.

9.3.3 O início

A resina de pinus, ao que se sabe, foi utilizada pela primeira vez por volta de 1490, pelos espanhóis e pelos portugueses, que extraíam o verniz para impermeabilizar a madeira das grandes naus. Nesse sentido, a Índia herdou dos portugueses a técnica de utilização da resina.

A gerência geral da empresa foi assumida por este autor com o objetivo de resolver o impasse criado com o estoque do produto armazenado em más condições na cidade de Santos, Estado de São Paulo, e que por motivos de negociação não pôde ser exportado em razão do vencimento de várias cartas de crédito abertas pelos importadores indianos e portugueses.

A empresa tinha, portanto, um custo alto por manter um estoque sem utilidade, uma vez que o produto fora comprado com a cláusula de exportação e para vendê-lo no mercado interno era necessário pagar, além dos impostos previstos, multa pelo não-cumprimento da exportação, o que inviabilizava a venda. Havia, portanto, um grande problema.

Além disso, faltava experiência pessoal na comercialização, bem como conhecimento técnico do produto, e não era possível contar com a experiência de um antigo funcionário, que deixou a empresa por divergências.

Essas deficiências de conhecimento foram sanadas mediante a realização de alguns cursos de capacitação.

Durante o processo, houve encontros com alguns resineiros que já haviam feito algumas exportações de forma direta, com grandes prejuízos, e de forma indireta, por meio de comerciais exportadoras e *trading*, mas sem nenhuma regularidade.

Aos poucos, foi possível ir aprendendo sobre o produto, freqüentando vários cursos em São Paulo e até na Universidade Federal do Paraná, para entender melhor ao mercado.

Todos os dados de fornecedores (resineiros) e importadores da Índia, de Portugal e de outros países foram compilados de uma nova organização dos dados dispersos e truncados, sendo posteriormente analisados. Montou-se o Simi e em pouco tempo tínhamos consistência nas informações internas e externas, assim como noções claras do custo médio por tonelada praticado nos mercados nacional e internacional (composto de vários países).

Embora houvesse certa desordem entre os produtores – espalhados pelos Estados de São Paulo e Paraná, além da Argentina, em áreas fronteiriças com o Paraná – foi possível obter sucesso, em primeiro lugar, identificando a grande maioria dos fornecedores de resina (os mais importantes), os quais, na segunda etapa, foram classificados segundo a qualidade do produto e a capacidade de entrega em prazos determinados. Feito isso, passou-se a ofertar no mercado internacional quantidades importantes dos produtos.

Naquele momento, os produtores nacionais (resineiros) necessitavam ter um canal alternativo de venda que não fosse o mercado interno, mas não tinham capacidade técnico-administrativa para proceder à exportação. Haviam, inclusive, iniciado uma associação de resineiros que não funcionava a contento em razão de disputas internas, cujo objetivo inicial era oferecer produtos mais caros ao mercado interno, com base no sucesso da exportação, uma vez que praticava preços bastante baixos comparados aos do mercado internacional.

Dessa forma, os resineiros precisavam pressionar os compradores locais, utilizando a exportação como forma de receber mais por tonelada vendida, pois a diminuição da oferta acarretaria o aumento dos preços no mercado local.

Do lado da indústria nacional, como havia uma demanda importante no exterior, as empresas brasileiras que utilizavam resina de pinus como matéria-prima faziam pressão para que as autoridades brasileiras de comércio exterior limitassem as exportações, temendo o desabastecimento do mercado interno.

Estava armada a confusão. Esse foi o cenário encontrado, com a agravante de que os dados de mercado – e mesmo os relativos aos processos – que a *trading* possuía encontravam-se dispersos e confusos em razão da saída de um funcionário da empresa.

9.3.4 O sucesso

A pressão pelo fracasso anterior e os custos envolvidos tornavam a atuação quase insuportável. Entretanto, atuando com perseverança e bastante cuidado, foi possível, aos poucos, viabilizar a exportação com base em prioridades previamente estabelecidas:

- Organizar a empresa na área comercial, especialmente montando um eficiente banco de dados para obter informações técnicas e comerciais do novo produto.
- A venda urgente do produto estocado, que somava mais de US$ 300 mil, mais despesas de armazenagem – para isso era necessário trocar parte das embalagens que já se encontrava deteriorada, e certificar-se da qualidade do produto.
- Reativar os mercados de Portugal e da Índia, para os quais alguns resineiros e outras empresas já haviam exportado.

Inicialmente foi possível conseguir reativar com importadores indianos algumas cartas de crédito com prazo de embarque já vencido. Foram revisadas todas as embalagens (tambores e sacos plásticos) e providenciada uma inspeção de qualidade por uma empresa internacional, que atestava os padrões mínimos de qualidade exigidos pelos importadores.

Os contatos mantidos por telefone, cartas e telex (naquele tempo não havia Internet) foram surtindo efeitos. A realização da primeira exportação motivou a ida até a Índia, onde foi possível contar com o apoio de um banco hoje instalado no Brasil, mas naquela época com grande presença local e desconhecido no País, onde apenas mantinha um pequeno escritório de representação.

Foi feita uma visita pessoal a mais de 45 potenciais importadores, em cinco cidades. Para cada um deles foram analisados a capacidade de importação e de distribuição dos produtos, os preços e a capacidade de manutenção de contratos em médio prazo. Foram contatados e contratados representantes regionais com capacidade administrativa e comercial de dar seqüência aos processos e de fazer a ligação entre os importadores e a nossa empresa.

Nesse particular, buscou-se orientação no processo de definição dos representantes e da comercialização pela embaixada brasileira em Nova Déli, uma vez que os contratos de representação tinham de seguir normas bastante rigorosas na Índia, e um contrato de representação mal-elaborado podia significar a amarração da empresa com os representantes pelo resto da vida.

Com a viagem à Índia e conseqüente aumento de nossas exportações, alguns importadores portugueses, que também vendiam aos indianos, ficaram cientes do sucesso da empresa e passaram a cogitar a possibilidade de comprar do Brasil.

O sucesso na comercialização provocou o aumento da procura pelos importadores indianos e portugueses e, conseqüentemente, a empresa passou a necessitar de mais fornecedores – o que não era possível encontrar no Brasil. Havia a necessidade de buscar fornecimento alternativo em outros países próximos. Foram pesquisados a Argentina, o Uruguai, o Paraguai e o Chile.

O Paraguai, depois de um breve estudo *in loco*, foi descartado, em razão da falta de qualidade, quantidade e objetividade nos negócios.

Em razão de seu clima, o Uruguai não possuía quantidades importantes de reflorestamento em pinus.

O Chile era uma alternativa viável, embora com pouca produção e alguns impedimentos logísticos vislumbrados de imediato, como o fato de não fazer fronteira com o Brasil. Estudou-se até mesmo a possibilidade de exportação via oceano Pacífico, com a carga saindo do porto de Valparaíso. Os custos de transportes e a logística do embarque, além do aspecto da possibilidade da quebra do sigilo comercial, foram considerados aspectos negativos. Também levou-se em consideração a pequena capacidade de suprimento.

Havia, portanto, apenas uma possibilidade, que era buscar a importação de resina da Argentina. A operação podia ser feita de duas maneiras:

- exportar diretamente da Argentina para a Índia e Portugal, com a mercadoria saindo de Buenos Aires; mas havia o risco de os importadores (indianos e portugueses) e os exportadores (argentinos) passarem a negociar diretamente, sem a intermediação da *trading* brasileira (quebra do sigilo comercial);
- exportar, passando a mercadoria ou somente a documentação pelo Brasil.

No decorrer dos contatos, nenhuma dessas alternativas foi viável. A primeira, em decorrência da possibilidade de rompimento do sigilo comercial do fornecimento; a segunda, por causa da logística e, conseqüentemente, os custos envolvidos na exportação de resina em tambores.

Dois outros fatores pesaram em ambas as alternativas: a produção e o estoque de resina eram oriundos do nordeste argentino, na região de Formosa e Corrientes (perto da fronteira com o Paraná). Os donos da resina estavam em Buenos Aires e a resina devia ser transportada do nordeste argentino (origem) para o sul (Buenos Aires) e depois provavelmente embarcada para Portugal ou Índia.

9.3.5 A solução

Como as alternativas de compra no exterior foram descartadas, havia apenas uma saída: tentar estabelecer contratos de parceria com alguns resineiros mais importantes, garantindo-lhes pedidos mensais mínimos e pagamentos parciais adiantados, com recursos vindos do ACC.

Com base nessas informações, pergunta-se:

1. Reveja seus conhecimentos sobre resina de pinus. Por onde você começaria?
2. Você considera que a exportação de matérias-primas com baixo valor agregado devem compor parte de uma estratégia de exportação de uma empresa tipo *trading*?
3. Pesquise quanto e de que forma o Brasil tem exportado resina de pinus. Inicie com a definição do NCM.
4. Você considera correto o estabelecimento de prioridade dada ao caso? Justifique.
5. A pressão oriunda de um estoque elevado e custoso dentro de uma empresa *trading* e do prazo esgotado para exportação foi bem analisada na elaboração da lista de prioridades?
6. Qual seria a melhor maneira de desenvolver mercados distantes, como Portugal e Índia, sem viajar e contando com ferramentas limitadas naquela época?
7. Como devemos operar, logisticamente falando, quando exportamos carga a granel, com pouco valor agregado e baixa margem de lucro?
8. As alternativas de fornecimento no exterior foram bem conduzidas? Quais seriam as alternativas que você proporia?
9. Alguns dos mercados descartados podiam ser aproveitados? Como viabilizar as exportações sem ter a possibilidade de perder fornecedores e clientes, que podiam se comunicar entre si?

9.4 Exportando Tecidos Bordados na Década de 1980

9.4.1 Histórico

Em 1983, este autor iniciou uma etapa bastante importante e rica em sua vida profissional ao aceitar o desafio de iniciar um departamento de exportação de uma empresa têxtil, que fabricava tecidos e aplicações bordados. A empresa, familiar e paternalista, tinha seu modelo de gestão baseado nessas duas características.

O presidente da empresa apostava fortemente em que a exportação era uma saída viável para a empresa; no entanto, em razão das condições do mercado e pela pressa que a empresa tinha, a exportação devia dar resultados importantes em curto prazo.

Cerca de um ano antes, um competente profissional de marketing assumira o departamento comercial e a empresa começava a se modernizar de forma bastante forte, embora ainda com uma visão paternalista e familiar, o que não se constituía, por si só, um defeito.

A empresa apresentava, de forma dispersa, alguns contatos com possíveis clientes no exterior os quais se constituíam em cartas enviadas e recebidas de alguns importadores e fabricantes. Além disso, a empresa possuía um acordo de recebimento de desenhos e amostras de uma tradicional empresa suíça de tecidos bordados. O gerente industrial era um competente austríaco que também mantinha alguns contatos na Europa.

A empresa já fizera algumas exportações não-regulares e de pequeno valor para alguns clientes em três ou quatro países: Argentina, Bolívia, Alemanha e Suíça (amostras). Entretanto, não tinha qualquer cultura de exportação. Tudo o que foi feito teve de começar do zero, partindo do cálculo do custo dos produtos a serem vendidos, lista de preços em dólares, catálogos em inglês e espanhol, amostras, caixas de embalagens apropriadas para a exportação que fossem leves e resistentes – esses foram apenas alguns dos detalhes desenvolvidos pelo departamento de exportação.

9.4.2 As dificuldades internas

Além da necessidade de começar do zero, a empresa enfrentou uma série de dificuldades, como a de encontrar importadores; uma delas foi conscientizar a todos de que a exportação era um bom negócio para: funcionários, diretores e donos.

Esse processo levou algum tempo para ser desenvolvido, sendo necessário aplicar algumas técnicas de endomarketing, como palestras e conversas informais e, para os mais graduados e céticos, a apresentação de números e possibilidades de vendas na exportação.

Outra dificuldade era o ciúme que o departamento de exportação gerava na área comercial, pois seus funcionários entendiam que, exportando, não haveria produção para o mercado interno e, conseqüentemente, haveria menos ganho em comissões de venda. Convencer a todos de que exportar era um bom negócio a médio e longo prazos tanto para a empresa como para seus colaboradores foi um trabalho bastante cansativo e demorado. A área de produção, que contava com operários (especializados), também foi difícil de convencer, especialmente com relação à manutenção de uma qualidade uniforme nos embarques e condizente com as amostras enviadas aos clientes.

Nesse particular, o setor de amostra caprichava no seu trabalho porque sabia que teria como destino a exportação; mas, quando chegava o momento da produção normal, o processo de fabricação tinha seus detalhes e suas falhas e quase sempre a amostra que o cliente recebia era de melhor qualidade do que a produção normal de seu pedido. O que restava era o eterno conflito entre a produção e a comercialização.

9.4.3 A estrutura

Nos primeiros anos, o departamento de exportação não comportava grandes investimentos, uma vez que as viagens internacionais eram dispendiosas. Assim, uma só pessoa (gerente) trabalhava no departamento, auxiliada em suas ausências pela secretária do presidente. Mais tarde, quando as estratégias de desenvolvimento de mercado foram sendo aplicadas e os pequenos resultados surgiram, a empresa contratou uma secretária específica para a exportação e, posteriormente, um assistente, que deu números finais ao organograma do departamento, o qual, dessa forma, contava com apenas três pessoas depois de quase três anos de atuação, com as quais permaneceu até o final.

A equipe era subordinada ao diretor-presidente da empresa, o que, ao mesmo tempo em que representava sinal de prestígio, gerava algumas dores-de-cotovelo, como as anteriormente relatadas. Outro fator que gerava conflitos internos era a necessidade que tínhamos de viajar ao exterior constantemente, pois a empresa não apresentava folgas importantes no seu fluxo de caixa, o que incomodava alguns diretores e gerentes. Em contrapartida, o entusiasmo e o prestígio do diretor-presidente nunca faltavam. Ele sabia que a empresa tinha necessidade de exportar por alguns motivos fundamentais:

- A empresa importara máquinas e equipamentos com incentivos fiscais que a obrigavam a cumprir uma cota de exportação durante cinco anos, na proporção de US$ 10 de exportação para cada US$ 1 de máquinas e equipamentos importados. Era uma relação muito alta e difícil de ser cumprida, mas fora assinada com a antiga Cacex e não havia outro remédio, pois, caso essa cota não fosse cumprida, teríamos de pagar multas e impostos suspensos na importação.
- Esse fato agravava-se, pois, quando fomos contratados, a empresa estava atrasada no seu cronograma de exportação e necessitava colocar em dia, nos próximos quatro anos, a sua cota total dos cinco anos originais.
- A empresa necessitava buscar alternativas para o mercado interno que estava um pouco desaquecido.
- A atuação no exterior era fundamental para poder, no futuro, importar mais máquinas e equipamentos que garantissem a atualização tecnológica e a produtividade, com o intuito de manter a empresa competitiva, tanto no mercado interno como no externo.

9.4.4 Por onde começar?

O começo de qualquer atividade em um mercado desconhecido é difícil, mas ao mesmo tempo proporciona um ganho importante de conhecimentos. A grande dúvida era por onde começar: por qual país (ou países) devíamos iniciar nosso processo de internacionalização?

Havia certa pressão para começarmos pelo cone Sul – Argentina e Uruguai, Paraguai e Chile. Por serem países próximos, os gastos com viagens e estada podiam ser menores.

Várias análises foram feitas, enquanto investíamos em consolidar o nosso banco de dados (Simi). Depois de inúmeros contatos, a opção foi começar por duas frentes diversas e relativamente distantes: Estados Unidos e Alemanha, por aparentarem apresentar barreiras alfandegárias pequenas, o que, presumia-se, tornava nosso produto competitivo. Em princípio, não havia previsão de nenhuma viagem, antes que todos os dados fossem consolidados e analisados detalhadamente. Além disso, a contratação de um agente ou representante no local seria fundamental para o sucesso do empreendimento.

9.4.5 Os motivos

Os motivos que levaram à escolha desses países foram colocados da seguinte forma para a diretoria:

- A empresa não contava com muitos recursos para a aplicação na sua internacionalização.
- A empresa precisava queimar etapas, exportando quantidades importantes, que aparentemente só podiam ser obtidas em mercados grandes como a Alemanha e os Estados Unidos.
- Se, ao tentar exportar para os dois países, nossa iniciativa fosse coroada de sucesso, seríamos competitivos na maioria dos mercados.
- Havia um contato com um cliente da Alemanha que parecia bastante importante; mas não sabíamos seu potencial.
- A empresa já estabelecera algum vínculo com visita pessoal dos importadores alemães ao nosso estande em feiras têxteis (Fenit e Fenatc).
- Havia na região de Nova York um representante, que há cerca de cinco anos fizera contato com a empresa.
- Sabia-se que a região de Nova York representava uma grande parcela dos principais negócios de tecidos bordados nos Estados Unidos, conforme informações estatísticas da Cacex (Secex).
- Todos os primeiros contatos deviam ser feitos inicialmente por carta ou por telex (naquela época o fax ainda não havia chegado ao Brasil).

- Antes de qualquer viagem internacional, deviam ser analisadas as vantagens e as desvantagens de se fazê-la.
- Não seriam deixados de lado os contatos em países como Argentina, Chile e Paraguai, e outros que podiam servir de experiência para o projeto.
- Mediante consultas ao banco de dados do Itamaraty, foram enviadas correspondências para potenciais compradores em vários países, onde o imposto de importação local para os nossos produtos fosse razoável e que possibilitassem a entrada de nossos produtos no mercado.

9.4.6 A operação de exportação

Assim, depois de quase um ano de trabalho, foi iniciado de forma consistente o processo de internacionalização.

Foram estabelecidos contatos com alguns importadores americanos nas cidades de Nova York, Los Angeles e Miami. Em Nova York, foi possível contar com a ajuda de um senhor que já morara no Brasil e conhecia muito bem a maneira como o País negociava e a própria indústria têxtil, na qual havia trabalhado. Tratava-se de um senhor aposentado, com alguns contatos na área de tecidos bordados. Ele era a única pessoa que podia ajudar naquele momento a dar continuidade aos trabalhos a serem desenvolvidos.

Começou-se uma tarefa conjunta, na qual ele, com os dados de que dispunha e a sua necessidade de ganhar a vida, desenvolveu uma garimpagem dos potenciais clientes na região. A empresa o mantinha informado e municiado de amostras de catálogos que inicialmente eram da versão do mercado interno.

No Canadá, a empresa mantinha contato com um representante da empresa suíça que fornecia desenhos e prestava consultoria sobre as tendências, além de assistência técnica para nossas máquinas. Esse representante vendia tecidos bordados da fábrica suíça, mas necessitava de produtos mais simples e competitivos. Iniciou-se com ele o desenvolvimento do mercado canadense, nas regiões de Toronto e Montreal.

Concomitantemente, por meio do Itamaraty, foi divulgado em todas as embaixadas e consulados brasileiros no exterior o cadastro de exportador, no qual a empresa buscava importadores e representantes para os diversos países.

Os contatos expandiram-se e, passados oito meses, este autor já havia feito uma viagem aos Estados Unidos e ao Canadá, concentrando-se em três cidades americanas e uma canadense. Em Nova York, foi firmado contrato com o representante conhecido; em Los Angeles, com um representante que selecionamos; em Miami não foi possível conseguir contar com representante; e em Montreal o representante também vendia na cidade de Toronto.

Apesar de a empresa exportar quantidades interessantes, a operação do Canadá não foi duradoura e proveitosa em razão de seus sucessivos equívocos na operação de exportação e da falta de paciência do representante (que era suíço) em atuar com empresas brasileiras com pouca experiência no comércio internacional.

Do outro lado da América, o mercado alemão se mostrou bastante interessante e o cliente inicial contava no Brasil com um agente de compra que facilitou em muito nosso trabalho. Esse cliente veio a tornar-se um dos mais importante para a empresa, juntamente com outro, da cidade de Saint Louis, nos Estados Unidos.

Os primeiros contatos em outros mercados foram desenvolvidos paulatinamente. Os volumes iniciais não eram grandes e a empresa necessitava exportar quantidades importantes em curto espaço de tempo.

Além da viagem aos Estados Unidos e ao Canadá, foram empreendidas outras à América do Sul, Europa, África do Sul, sempre depois de serem estabelecidos contatos produtivos.

Na América do Sul, também foram contatados alguns concorrentes – três fábricas argentinas e uma uruguaia, visando ao estabelecimento de parcerias comerciais e à possibilidade de melhor conhecer os mercados. No Uruguai foi possível iniciar uma parceria de assistência técnica para as máquinas com o único fabricante local. Em contrapartida, esse fabricante vendia nossos produtos, que complementavam os seus e que não tinha capacidade técnica de fabricar.

Após alguns anos de trabalho, já haviam sido estabelecidos contratos regulares de exportação com os seguintes países: Estados Unidos, Canadá, Argentina, Uruguai, Paraguai, Bolívia, Alemanha, África do Sul, Venezuela, Portugal, Espanha, França, Inglaterra, Suíça (para onde eram exportados serviços em tecidos recebidos em regime de *draw-back*), Panamá, Costa Rica, além da Austrália (onde havia somente um cliente que procurara a empresa no Brasil).

Na maioria dos países, a empresa contava com representantes comissionados e independentes; em alguns locais, os representantes recebiam uma pequena ajuda de custo. Em países maiores, havia mais de um representante, de acordo com a área geográfica.

A empresa obteve sucesso na sua empreitada, apesar das grandes dificuldades encontradas, tanto no sentido empresarial como em nível de Brasil, uma vez que as operações de comércio exterior naquela época eram muito mais burocratizadas do que hoje.

Com base no texto, pergunta-se:

1. Você considera certa a maneira pela qual a empresa iniciou seu departamento de exportação?

2. Que mercados você atacaria como opção aos inicialmente descritos como potenciais?
3. Que alternativas de comercialização internacional você consideraria, com base no cenário descrito?
4. O fato de a empresa ter uma gestão do tipo familiar e paternalista constitui impedimento para o seu crescimento? Justifique.
5. Como você considera as estratégias apresentadas para iniciar o processo de internacionalização da empresa?
6. A pulverização dos contatos foi uma ferramenta apropriada no segundo momento?
7. Os processos de parceria podiam ser conduzidos de outra forma? Em caso positivo, quais? Justifique.

Referências Bibliográficas

ABIT. Associação da Indústria Têxtil. *Boletins*. São Paulo, 1989 a 2003.

ALEMANHA. Ministério Federal de Cooperación Económica. *Mercado y marketing en la República Federal Alemaña*. Bonn, 1996.

ANSOFF, H. I. *Estratégia empresarial*. São Paulo: McGraw-Hill, 1977.

ANSOFF, H. I.; MCDONNELL, E. J. *Implantando a administração estratégica*. São Paulo: Atlas, 1993.

ANSOFF, H. I. et al. *Do planejamento estratégico à administração estratégica*. São Paulo: Atlas, 1990.

AVARO, R. D. *Estratégias de inserción y comercialización internacional*. Buenos Aires, 2001. (lacasarosada.net S.R.L.)

BANESPA. *Manual do exportador*. São Paulo: Banespa, 1985.

____. *Manual do importador*. São Paulo: Banespa, 1991.

BARABLA, V. P.; ZALTMAN, G. *A voz do mercado (a vantagem competitiva através da utilização criativa das informações do mercado)*. São Paulo: Makron Books, 1992.

BASSI, E. *Globalização de negócios* – construindo estratégias competitivas. São Paulo: Cultura Editores Associados, 1997.

BOONE, L. E.; KURTZ, D. L. *Marketing contemporâneo*. Rio de Janeiro: LTC Editora, 1998.

BURAAELL, R. D.; GALE, B.T. *The PIMS* – principles linking strategy to performance. Nova York: The Free Press, 1987.

CALAIS, A. Reportagem. São Paulo, *Gazeta Mercantil*, 30 set. 1998, p. A9.

CALDAS, S. A pequena empresa na exportação. São Paulo, *O Estado de S. Paulo*, 17 maio 1998.

CAMPOS, A. *Comércio internacional e importação*. São Paulo: Aduaneiras, 1990.

CASTRO, C. de M. *Estruturas e apresentação de publicações científicas*. São Paulo: McGraw-Hill do Brasil, 1976.

CATEORA, P. H.; GRAHAM, J. L. *Marketing internacional*. México: McGraw-Hill, 2000.

CHASTON, I. *Excelência em marketing*. São Paulo: Makron Books, 1992.

CHIAVENATO, I. *Teoria geral da administração*. 4. ed. São Paulo: Makron Books, 1993.

COBRA, M. H. N. *Administração estratégica do mercado*. São Paulo: Atlas, 1991.

____. *Administração de marketing*. São Paulo: Atlas, 1992.

____. *Planejamento estratégico na prática*. São Paulo: Atlas, 1995.

COUTINHO, L. O Brasil face à globalização. *Folha de S.Paulo*, 6 ago. 1995, p. 8, segundo caderno.

DANIELS, J. L.; DANIELS, N. C. *Visão global*. São Paulo: Makron Books, 1996.

ETZEL, M. J. et al. *Marketing*. São Paulo: Makron Books, 2001.

FERREIRA, A. B. de H. *Dicionário Aurélio Básico da Língua Portuguesa*. São Paulo: Nova Fronteira/Folha de S.Paulo, 1995.

FISCHMANN, A. A.; ALMEIDA, M. I. R. *Planejamento estratégico na prática*. São Paulo: Atlas, 1995.

FRANCESE, P.; PIRTO, R. *Capturando clientes*: como atingir em cheio os clientes que consomem seus produtos. São Paulo: Makron Books, 1995.

FREITAS, S. G. *Economia internacional*. São Paulo: Atlas, 1985.

GARCIA, L. M. *Exportar*: rotinas e procedimentos, incentivos e formação de preços. São Paulo: Aduaneiras, 1986.

GARCÍA-SORDO, J. B. *Marketing internacional*. México: McGraaw-Hill, 2000.

GARELLI, S. *Competitiveness of nations*: the Fundamentals. IMD – Word Compettiveness Yearbook, 2003.

GHEMAWAT, P. *A estratégia e o cenário dos negócios*. Porto Alegre: Bookman, 2000.

GRIECO, F. de A. *O Brasil e a globalização econômica*. São Paulo: Aduaneiras, 1997.

GOLDRATT, E. M.; COX J. *A meta*. São Paulo: Educator, 1993.

GONVIDAARAJAN, V.; GUPTA, A. L. *Traçando um rumo no mercado globalizado*. São Paulo: Gazeta Mercantil, 1998. (Séries O Domínio da Administração, n. 17.)

GRACIOSO, F. *Planejamento estratégico voltado para o mercado*. São Paulo: Atlas, 1996.

HAMEL, G.; PRAHALAD, C. K. *Competindo pelo futuro*. Rio de Janeiro: Campus, 1995.

____. Como criar o futuro já. *Revista HSM Management*, O melhor de 97, São Paulo: Savana, 1998.

HITT, M. A. et al. *Administração estratégica*. São Paulo: Pioneira Thomson Learning, 2003.

JUNTKINS, R. *O poder do marketing direto*. São Paulo: Makron Books, 1995.

KEEGAN, W. J.; GREEN, M. *Princípios de marketing global*. São Paulo: Saraiva, 1999.

KOTABE, M.; HELSEN, K. *Administração de marketing global*. São Paulo: Atlas, 1999.

KOTLER, P. *Administração de marketing* – Análise, planejamento, implementação e controle. São Paulo: Atlas, 1996.

____. Personalização em massa. *Revista HSM Management*, O melhor de 97, São Paulo, 1998.

____. *Marketing para o século XXI*. São Paulo: Futura, 1999.

KOTLER, P.; ARMSTRONG, G. *Princípios de marketing*. 7. ed. Rio de Janeiro: Prentice-Hall, 1998.

KOTLER, P. et al. *O marketing das nações*. São Paulo: Atlas, 1997.

LAROUSSE. *Grande Enciclopédia Larousse Cultural*, v. 8-19. São Paulo: Nova Cultural, 1998.

LAS CASAS, A. L. *Marketing (conceitos, exercícios, casos)*. São Paulo: Atlas, 1994.

____. *Marketing de varejo*. São Paulo: Atlas, 1992.

LEDESMA, C. A. *Principios de comercio internacional (rutinas estratégico-operativas de la exportación e importación)*. Buenos Aires: Macchi, 1993.

LEVITT, T. *A imaginação em marketing*. São Paulo: Atlas, 1990.

____. *Miopia em marketing*. São Paulo: Atlas, 1990.

____. *The globalization of markets*. Harward Business Review, maio/jun. 1983.

LEWIS, J. *Alianças estratégicas* – Estruturando e administrando parcerias para o aumento da lucratividade. São Paulo: Pioneira Thomson Learning, 1992.

LINNEMAN, R. E.; STANTON, J. L. Jr. *Marketing de nichos, uma estratégia vencedora*. São Paulo: Makron Books, 1993.

MAIA, J. M. *Economia internacional e comércio exterior*. São Paulo: Atlas, 1994.

MARTINELLI, D. P. et al. *Negociação internacional*. São Paulo: Atlas, 2004.

MATTAR, F. N. *Pesquisa de marketing*. São Paulo: Atlas, 1992.

McKENNA, R. O novo marketing. *Revista HSM Management*, O melhor de 97, São Paulo, 1998.

MINERVINI, N. *O exportador*. São Paulo: Makron Books, 1989.

____. *Exportar* – Competitividade e internacionalização. São Paulo: Makron Books, 1997.

____. *O exportador*. 3. ed. São Paulo: Makron Books, 2000.

MOCHON, F.; TROSTER, R. L. *Introdução à economia*. São Paulo: Makron Books, 1994.

MONOBE, T. *Empresas brasileiras com atuação internacional*: um estudo das diferenças de visão dos seus dirigentes. Tese (Doutorado). São Paulo: Universidade de São Paulo, FEA, 1997.

MUSASHI, M. *Um livro dos cinco anéis*. São Paulo: Ediouro, 1984.

NASCIMENTO NETO, A. A rodada global. *Veja*, São Paulo, n. 1438, p. 80, 3 abr. 1996.

NOBREGA, C. *Em busca de uma empresa quântica*. Rio de Janeiro: Ediouro, 1996.

NOSÉ JUNIOR, A. *A importância da exportação como fator de desenvolvimento da média empresa do pólo têxtil da cidade de Americana e Região*. Dissertação (Mestrado). São Paulo: Universidade Mackenzie, FCECA, 1999.

NOVAES, A. G. *Logística e gerenciamento da cadeia de distribuição*. Rio de Janeiro: Campus, 2001.

OLIVEIRA, C. T. *Exportação, a solução global*. São Paulo: Aduaneiras, 1997.

OLIVEIRA, D. P. R. *Estratégia empresarial, uma abordagem empreendedora*. São Paulo: Atlas, 1991.

PORTER, M. E. *Vantagem competitiva*. Rio de Janeiro: Campus, 1986.

____. *A vantagem competitiva das nações*. Rio de Janeiro: Campus, 1993.

RAMPAZZO, F. R. *Contribuições ao estudo dos impactos da globalização na competitividade da empresa nacional*: um estudo de caso sobre as estratégias de marketing adotadas por empresas fabricantes de autopeças. Dissertação (Mestrado). São Paulo: Universidade de São Paulo, FEA, 1998.

RATTI, B. *Comércio internacional e câmbio*. São Paulo: Aduaneiras, 1994.

REDRADO, M. *Exportar para crescer*. Buenos Aires: Planeta, 2003.

RICHERS, R. (coord.). *Ensaios de administração mercadológica*. Rio de Janeiro: FGV, 1972.

____. *Surfando nas ondas do mercado*. São Paulo: RR&CA, 1997.

____. *Marketing, uma visão brasileira*. São Paulo: Negócio Editora, 2000.

RIES, A.; TROUT, J. *As 22 consagradas leis do marketing*. São Paulo: Makron Books, 1993.

____. *Marketing de guerra*. São Paulo: McGraw-Hill/Madia, 1989.

RODRIGUES, W. *Comércio exterior* – "Incoterms": operacionalização e prática. Campinas: Alínea, 2003.

ROGERS, L. *Administração de vendas e marketing*. São Paulo: Makron Books, 1993.

SAMARA, B. S.; BARROS, J. C. *Pesquisa de marketing, conceitos e metodologia*. São Paulo: Makron Books, 1994.

SANDHUSEN, R. L. *Marketing básico*. São Paulo: Saraiva, 1998.

____. *International marketing*. Hauppauge-Nova York: Barron's Educational, 1997.

SARDENBERG, C. A. Todos atacam a globalização, São Paulo, *Gazeta Mercantil*, 22 nov. 1997.

SCHEWE, Charles D.; SMITH, Reuben M. *Marketing*: conceitos, casos e aplicações. São Paulo: Makron Books, 1982.

SEMENIK, R. J.; BAMOSSY, G. J. *Princípios de marketing, uma perspectiva global*. São Paulo: Makron Books, 1996.

SILVA, A. *Economia internacional (uma introdução)*. São Paulo: Atlas, 1991.

SINDITEC. Sindicato das Empresas Têxteis da Cidade de Americana e Região. *Boletins e informes diversos*. Americana, SP, 1990, 1995, 1997 e 1998.

SIMONSEN & Associados. *Mercosul – O desafio do marketing de integração*. São Paulo: Makron Books, 1992.

SIQUEIRA, A. C. B. *Marketing industrial, fundamentos para a ação "business to business"*. São Paulo: Atlas, 1992.

SOUZA, N. de J. de (coord.). *Introdução à economia*. São Paulo: Atlas, 1995.

SPENDOLINI, M. J. *Benchmarking*. São Paulo: Makron Books, 1994.

STEIN, S. J. *Origens e evolução da indústria têxtil no Brasil* – 1850/1950. Rio de Janeiro: Campus, 1979.

SULL, D. N.; ESCOBARI, M. E. *Sucesso made in Brasil* – Estratégia tipo exportação. Rio de Janeiro, 2004.

TOLEDO, G. L. *Marketing e relações públicas*: um conceito tridimensional. In: XVIII ENANPAD. Curitiba, 1994. *Anais...*, Florianópolis, ANPAD, v. 7, Marketing, p. 34-49.

TOLEDO, G. L.; SILVA, F. S. *Marketing e competitividade*. In: XVI ENANPAD – Encontro Anual da Associação Nacional dos Programas de Pós-Graduação em Administração. Canela – RS. *Anais...*, Salvador, ANPAD, 1992, v. 5 – Marketing, p. 34-49.

ULLMANN, R. R. *Estructuras empresarias para el comercio internacional*. Buenos Aires: Ediciones Depalma, 1989.

VEJA. *Globalização*. São Paulo: Abril, ed. 1438, 1996.

WESTWOOD, J. *O plano de marketing*. São Paulo: Makron Books, 1992.

WONNACOTT, P.; CRUSIUS, Y. R. et al. *Introdução à economia*. São Paulo: McGraw-Hill, 1985.

Anexo 1

Sites para Consulta*

Oficiais do Governo Brasileiro

www.brasil.gov.br	República Federativa do Brasil
www.mre.gov.br	Ministério das Relações Exteriores
www.mdic.gov.br	Ministério do Desenvolvimento, Indústria e Comércio Exterior
www.desenvolvimento.gov.br/sitio/inicial/index.php	Ministério do Desenvolvimento, Indústria e Comércio Exterior
www.fazenda.gov.br	Ministério da Fazenda
www.planejamento.gov.br	Ministério do Planejamento
www.bc.gov.br / www.bcb.gov.br	Banco Central do Brasil
www.ibge.gov.br	Instituto Brasileiro de Geografia e Estatística
www.ipea.gov.br	Instituto de Pesquisa Econômica Aplicada
www.portaldoexportador.gov.br/index.asp	Portal do Exportador
www.bndes.gov.br	Banco Nacional de Desenvolvimento Econômico e Social
www.apexbrasil.com.br	Apex – agência de promoção de exportações do Brasil

* NE: Como os endereços da Internet podem sofrer alterações, a editora não se responsabiliza por quaisquer problemas nas conexões dos *sites* publicados.

http://aliceweb.desenvolvimento.gov.br	Brasil Exportador
www.exportadoresbrasileiros.com.br	Ajuda aos importadores/exportadores
www.aprendendoaexportar.com.br	Ajuda aos exportadores
www.brasiltradenet.gov.br	Portal de Comércio Exterior do Ministério das Relações Exteriores
www.correios.com.br/exportafacil	*Site* dos Correios – Exporta Fácil
www.radarcomercial.desenvolvimento.gov.br	Portal de pesquisa comercial para exportadores
www.inpi.gov.br	Instituto Nacional da Propriedade Industrial

Para operações específicas de comércio exterior, consulte os *sites*:

www.aprendendoaexportar.gov.br/sitio/inicial/index.htm	Aprendendo a exportar
http://radarcomercial.desenvolvimento.gov.br/	Análises de Mercados e Produtos
www.desenvolvimento.gov.br/sitio/secex/negInternacionais/tec/apresentacao.php	Tarifa Externa Comum – TEC
www.desenvolvimento.gov.br/arquivo/secex/financiamento/financiamento.pdf	Como financiar as exportações
www.desenvolvimento.gov.br/sitio/secex/opeComExterior/drawback/drawback.php	*Draw back* operação
www.desenvolvimento.gov.br/sitio/secex/opeComExterior/empComExportadora/empComExportadora.php	Operações de comércio exterior com *trading company* e comerciais exportadoras
www.desenvolvimento.gov.br/sitio/secex/opeComExterior/empComExportadora/empComExportadora.php	Exportação – procedimentos
www.desenvolvimento.gov.br/sitio/secex/opeComExterior/empComExportadora/empComExportadora.php	Importação – procedimentos
www.desenvolvimento.gov.br/sitio/secex/opeComExterior/regAduTributos/regAduTributos.php	Regimes aduaneiros e tributos
www.desenvolvimento.gov.br/sitio/secex/opeComExterior/logTransporte/logTransporte.php	Logística e transporte, inclusive *Incoterms*
www.desenvolvimento.gov.br/arquivo/secex/logistica/logistica.pdf	Específico para logística internacional

www.desenvolvimento.gov.br/sitio/secex/opeComExterior/impRenda/impRenda.php	Benefício do Imposto de Renda nas Remessas para o Exterior
www.telecentros.desenvolvimento.gov.br/	Telecentros de informações e negócios

Organizações Internacionais

www.un.org	ONU
www.wto.org	OMC
www.imf.org	FMI
www.ibrd.org	Bird
www.oea.org	OEA
www.unctadxi.org	Unctad
www.aladi.org	Aladi
www.cepal.com.br	Cepal
http://europa.eu.int/comm/	Comissão Européia
www.oecd.org/home/	Organização para a Cooperação e Desenvolvimento
www.iccwbo.org	*International Chamber of Commerce*

Confederações e Associações Gerais

www.fipe.com.br	Fipe
www.cni.org.br	Confederação Nacional da Indústria
www.fiesp.com.br	Federação das Indústrias do Estado de São Paulo
www.anfavea.com.br	Anfavea
www.stats.gov.cn	Bureau Nacional de Estatísticas da China
www.abit.org.br	Associação Brasileira da Indústria Têxtil
www.icex.com.br	Instituto de Estudos das Operações do Comércio Exterior
www.fiscosoft.com.br	Tributos
www.cnc.com.br	Confederação Nacional do Comércio – contém cerca de 37 endereços de portais das câmaras de comércio internacional
www.adede.com.br	Associação Brasileira dos Executivos de Comércio Exterior

www.aexport.com.br	Associação dos Exportadores
www.abtp.com.br	Associação Brasileira de Terminais Portuários
www.cecafe.com.br	Conselho dos Exportadores de Café do Brasil
www.abecitrus.com.br	Associação Brasileira dos Exportadores de Cítricos
www.abti.com.br	Associação Brasileira de Transportadores Internacionais
www.fiepr.com.br/cin/prfrdirexp.htm	Catálogo de Exportadores do Brasil
www.abiquim.com.br	Associação Brasileira da Indústria Química
www.abiplast.org.br	Associação Brasileira da Indústria do Plástico
www.exportplastic.com.br	Associação dos Exportadores de Plásticos
www.courobusiness.com.br	Indústria do Couro

Embaixadas e Consulados

www.embachina.org.br/por/	Embaixada da China no Brasil
www.congechile.com.br	Consulado Geral do Chile
www.africadosul.org.br	Consulado Geral da República da África do Sul
www.embaixada-alemanha.org.br	Portal da Alemanha no Brasil
www.embarg.org.br	Embaixada da Argentina
www.denmark.org.br	Embaixada da Dinamarca
www.embaixada-americana.org.br/index.php	Consulado dos Estados Unidos
www.ambafrance.org.br/saopaulo/	Consulado Geral da França em São Paulo
www.emb-grecia.org.br	Embaixada da Grécia
www.embaixada-holanda.org.br	Embaixada dos Países Baixos em Brasília
www.indiaconsulate.org.br	Consulado Geral da Índia
www.italconsul.org.br	Consulado Geral da Itália em São Paulo
www.sp.br.emb-japan.go.jp	Consulado do Japão
www.mexico.org.br	Embaixada do México
www.paraguaysp.com.br	Consulado Geral da República do Paraguai
www.consuladoportugalsp.org.br	Consulado Geral de Portugal em São Paulo
www.emburuguai.org.br	Embaixada do Uruguai

Câmaras de Comércio

www.amcham.com.br	Câmara Americana de Comércio
www.cdcde.org.br	Câmara Brasil–China de Desenvolvimento Econômico
www.prochile.com.br	Portal do Chile
www.britcham.com.br	Câmara de Comércio Brasil–Inglaterra
www.brasil-russia.org.br	Câmara Brasil–Rússia de Comércio, Indústria e Turismo
www.camaraitaliana.com.br	Câmara Ítalo-Brasileira de Comércio e Indústria
www.swisscan.com.br	Câmara de Comércio Brasil–Suíça
www.ccab.org.br	Câmara de Comércio Árabe Brasileira
www.cnc.com.br	Confederação Nacional do Comércio – contém cerca de 37 endereços de portais das câmaras de comércio internacional.

Interesse do Exportador

www.funcex.com.br	Fundação Centro de Estudos do Comércio Exterior
www.exportnews.com.br	O Portal do Exportador Brasileiro
www.bancodobrasil.com.br	Banco do Brasil
www.correios.com.br	Correios
www.exportsource.ca	Ajuda para exportar ao Canadá
www.empresario.com.br/comex	Sala do empresário
www.redebrasil.gov.br	Rede Brasil de tecnologia – programa de desenvolvimento
www.mercosulsearch.com.br	Portal de pesquisa do Mercosul
www.netmarinha.com.br	Net Marinha
http://diarionet.terra.com.br/guiadoexportador	BM&F
www.bmf.com.br	BM&F
www.bovespa.com.br	Bolsa de Valores de São Paulo
www.bvrj.com.br/caerj/	Bolsa de Valores do Rio – central de atendimento ao exportador
www.mavicanet.com/directory/por/12250.html	Contém cerca de 200 portais de câmaras de comércio e indústria do mundo

www.guiadelogistica.com.br	Guia de Logística
http://fita.org/spanish/index.html	Portal de comércio internacional da Federação de Trade Associados (em espanhol)
www.netcomex.com.br	Exportadores de carne
www.listamercosul.com.br	Lista classificada do Mercosul
www.aduaneiras.com.br	Aduaneiras
www.google.com.br	Google

Algumas empresas exportadoras

www.cvrd.com.br	Cia. Vale do Rio Doce
www.embraco.com.br	Embraco – Empresa Brasileira de Compressores
www.embraer.com.br	Embraer – Empresa Brasileira de Aeronáutica
www.avibras.com.br	Avibrás
www.petrobras.com.br	Petrobras
www.weg.com.br	WEG – motores elétricos
www.marcopolo.com.br	Marcopolo, carrocerias de ônibus
www.fiat.com.br	Fiat
www.gm.com.br	General Motors do Brasil
www.ford.com.br	Ford Motor Company do Brasil
www.volkswagen.com.br	Volkswagen do Brasil
www.renault.com.br	Renault do Brasil
www.volvo.com.br	Volvo do Brasil
www.yanmar.com.br	Motores e geradores
www.abb.com.br	Asea, motores, turbinas e geradores
www.basf.com.br	Basf, produtos químicos
www.brazil4export.com	Catálogo de exportadores brasileiros
www.honda.com.br	Honda – motocicletas e peças
www.yamaha-motor.com.br	Yamaha – motocicletas e peças
www.cofap.com.br	Cofap – autopeças
www.agrale.com	Agrale – tratores e peças
www.pirelli.com.br	Pirelli – pneus
www.daimlerchrysler.com.br	Daimler-Chrysler do Brasil

www.valmet.com.br	Valtra do Brasil
www.multibras.com.br	Multibrás – autopeças
www.saint-gobain.com.br	Saint-Gobain
www.scania.com.br	Scania – Caminhões e peças
www.toyota.com.br	Toyota – automóveis
www.komatsu.com.br	Komatsu do Brasil

Anexo 2

Glossário

ACC – Adiantamento de contrato de câmbio.

ACE – Adiantamento de contrato de exportação.

Aladi – Associação Latino-Americana de Integração – Instituída pelo Tratado de Montevidéu, em 12 de agosto de 1980, para dar continuidade ao processo de integração econômica iniciado em 1960 pela Associação Latino-Americana de Livre Comércio – Alalc. Esse acordo multilateral tem por objetivo a implantação de um mercado comum latino-americano, com a adoção de preferências tarifárias e pela eliminação de restrições não-tarifárias. Por razões políticas, nunca foi efetivamente implantado.

AMA (American Marketing Association) – Associação Americana de Marketing, uma das maiores associações para profissionais da área, com mais de 38 mil membros no mundo.

Barreiras Alfandegárias – Normalmente compostas por imposto de importação e outras taxas incidentes diretamente sobre a importação.

Barreiras Burocráticas ou Não-Alfandegárias – Dificuldades indiretas impostas pelas autoridades governamentais com o objetivo de dificultar as importações. Exemplos: certificados de qualidade, de origem, licença prévia de importação etc.

Benchmarking – Procedimentos sistemáticos utilizados por empresas do mesmo setor para identificar as melhores práticas de gestão empresarial e, posteriormente, modificar a atuação de determinado participante, de forma que todo o setor possa atingir um nível de desempenho e gestão superior, em um processo contínuo de aprimoramento da gestão empresarial.
Processo pelo qual as empresas buscam constante atualização de sua gestão, copiando e atualizando seus processos de gestão. Essa técnica costuma ser utilizada por um grupo de empresas, normalmente do mesmo setor, que trocam informações e idéias sobre esses processos e, dessa forma, passam a ter informações atualizadas – em muitos casos inovadoras dos novos processos de gestão – que em seguida são socializadas para as demais empresas que compõem o grupo de trabalho.

Business-to-business – Expressão inglesa que significa a venda do mercado industrial de empresas para empresas. Também conhecido como B2B.

Camex (Câmara de Comércio Exterior) – Trata-se de órgão integrante do Conselho de Governo, cujo objetivo é a formulação, a adoção, a implementação e a coordenação de políticas e de atividades relativas ao comércio exterior de bens e serviços, incluindo o turismo. É integrada pelo ministro do Desenvolvimento, Indústria e Comércio Exterior, que a preside; pelos ministros-chefe da Casa Civil, da Fazenda, do Planejamento, Orçamento e Gestão, das Relações Exteriores e da Agricultura, Pecuária e Abastecimento.

CKD – Abreviatura da expressão inglesa para *Completely Knocked Down*, muito utilizada na indústria automobilística para dizer que o veículo é transportado para posterior montagem no destino.

Custo Brasil – Expressão de uso genérico, criada para identificar a ineficiência do Brasil em certos aspectos que oneram a produção ou os custos de venda. No vocabulário empresarial, costuma significar uma dose, não-mensurada, de ineficiência do País em relação, por exemplo, a transportes, logística, ou ainda à alta carga de impostos que direta ou indiretamente incidem, por exemplo, sobre as exportações e as importações.

Global Market – Significa que a empresa ou o país possui atuação diversificada entre vários mercados mundiais ou ainda que a empresa ou o país tem presença comercial em vários países.

Global Trade – Significa que a empresa ou o país tem atuação comercial diversificada em termos de produtos ou de negócios.

Market Share – Participação relativa de uma empresa no volume total de vendas de determinado mercado.

Meio Ambiente – Trata-se do ambiente mercadológico no qual a empresa atua. O mercado e as circunstâncias mercadológicas ou não em que a empresa atua, como, por exemplo, concorrentes, clientes, fornecedores, economia, política etc.

Participação Ativa – Participação efetiva por meio de estande (*show-room*), nas feiras e exposições.

Participação Passiva – Participação como observador, apenas visitando a feira. Essa etapa deve ser feita antes de se decidir por uma participação ativa em uma feira ou exposição.

Players – Participantes de determinado mercado, normalmente fabricantes.

Radar Comercial – Instrumento de consulta e análise de dados relativos ao comércio exterior que tem por principal objetivo auxiliar na seleção de mercados e produtos que apresentam maior potencialidade para o incremento das exportações brasileiras.

RO-RO – Abreviatura do inglês *roll-on-roll-off*, esse termo é internacionalmente empregado em comércio exterior para caracterizar um tipo de navio com rampas na popa e/ou na proa, por onde veículos por ele transportados (com cargas ou não) entram e saem por seus próprios meios, ou seja, andando (rolando) diretamente para o cais do porto.

Swot (Strengths, Weaknesses, Opportunities and Threats) – Traduzido e adaptado para o português, significa PFOA – Potencialidades, Fragilidades, Oportunidades e Ameaças.

Trader – Termo derivado da palavra inglesa *trading* que designa profissional de comércio exterior, qualificado, que atua na área de vendas internacionais. Pode significar também, de maneira genérica, profissional que trabalha em qualquer setor, não necessariamente o comercial, do comércio exterior.

Anexo 3

Planilha de Custos de Exportação/Importação

Serão apresentadas, a seguir, planilhas de cálculos de custos de exportação e importação. Os custos podem variar de acordo com o tipo de empresa, o tipo de produto, o mercado a ser atingido e os meios de transportes utilizados, entre outras variáveis.

Tanto na exportação como na importação, é necessário determinar com precisão os custos envolvidos. Cada empresa deve, portanto, adaptar as planilhas conforme a especificidade de seus negócios.

1. Planilha de previsão de gastos com um processo de importação

PRODUTO		QUANTIDADE	
CÓD. NCM		VALOR US$	
Registro de Importação			
Incoterms utilizado			
Porto de Embarque			
Porto de Desembarque			

Esquema de custo	
Valor da mercadoria FOB	
Frete internacional	
Seguro internacional	
Total CIF	
Taxa de câmbio utilizada	

Despesas bancárias	
Abertura de carta de crédito	
Taxa bancária para licença de importação	
Taxa de registro de operação financeira	
Subtotal	

Despesas com desembarque		
Liberação do conhecimento original		
Pagamento do frete internacional	Taxa/Data	
AFRMM		
Capatazias		
Collect FEE		
Frete de remoção		
Outros		
Subtotal		

Impostos no desembaraço	
Imposto de importação	
IPI	
ICMS	
Subtotal	

Despesas no desembaraço	
Armazenagem TRA	
Armazenagem Eadi	
Taxa SDAS	
Demurrage	
Depósito de contêiner	
Honorários	
Taxa de expediente	
THC – Movimentação	
Desova do contêiner (se houver)	
Devolução do contêiner (idem)	
Transporte interno	

Despesas com câmbio	
Taxa de corretagem	
Contrato de câmbio	
Comissão de agente	
Outras despesas	
Total geral (preço de custo de entrada da mercadoria)	

2. Planilha de previsão de gastos com um processo de exportação

PRODUTO		PORTO DE DESTINO	VALOR US$
Cód. NCM			
Valor em Reais (R$)			
Taxa de câmbio utilizada			
Incoterms de venda	CIF	Miami	
Data do cálculo			
Meio de transporte	Marítimo		
Tipo de pagamento	Carta de crédito à vista		
Data prevista para embarque			
Nome do navio			

Esquema de custo	**Valores em US$**
Valor da mercadoria *ex-work*	
Frete interno	
Seguro interno	
Manuseio da mercadoria	
Preço FOB	
Frete internacional	
Seguro internacional	
Despesas diversas	
Subtotal	

Despesas de exportação	US$ (usar taxa de câmbio para cálculo, se necessário)
Embalagem de exportação	
Transporte retroportuário	
Documentos de embarque	
Aluguel de contêiner	
Estufagem de contêiner	
Custos de manipulação no destino	
Comissão de agente/representante	
Margem sobre preço no atacado	
Margem sobre preço no varejo	
Eventual imposto de exportação	
Despesas diversas	
Despachante de alfândega	
Conhecimento de embarque	
ARFMM	
Capatazias	
Estiva	
Despesas com câmbio	
Corretagem	
Total preço CIF – Marítimo Miami (em US$)	

Anexo 4

Incoterms

Os chamados *Incoterms* foram criados com o intuito de uniformizar, em nível mundial, todas as operações de compra e venda realizadas no mercado internacional, estabelecendo um conjunto de regras para interpretar os termos comerciais internacionais.

A primeira edição do *Incoterms* foi publicada em 1936 e, em decorrência da evolução do comércio internacional, especialmente no que se refere aos meios de transportes e às facilidades de comunicação, lançou-se em 2000 a 6ª edição, de número 560, da Câmara de Comércio Internacional. Pretendeu-se, com isso, o aperfeiçoamento nas relações internacionais de exportação e importação, tendo em vista, por exemplo, promover a adaptação às transferências eletrônicas de dados e às principais mudanças tecnológicas na área de logística.

Embora os *Incoterms* sejam universais e facultativos, são utilizados até em operações de mercado interno, definindo direitos e obrigações entre as partes (vendedores e compradores).

De acordo com Rodrigues (2003),

> *Os* Incoterms *são as regras oficiais da International Chamber of Commerce – ICC – ou Câmara de Comércio Internacional – CCI – que vêm sendo regulamentadas com o objetivo de criar diretrizes para administrar conflitos oriundos da interpretação de contratos internacionais firmados entre exportadores e importadores, na transferência de mercadorias e que, portanto, têm sido consideradas como padrão de contrato mundial.*

Para efeitos de sistematização, os *Incoterms* foram separados em grupos, que identificam os termos usados segundo suas iniciais das siglas, que na realidade determinam as obrigações do comprador (importador) e do vendedor (exportador). São dispostos em uma ordem crescente, que vai da mais simples para o exportador administrar – o EXW –, até a mais complexa – a DDP.

Os grupos são E, F, C e D, conforme detalhados a seguir:

- Grupo E – corresponde à sigla EXW, do inglês Ex-Works, ou seja, colocado à disposição do comprador na origem. É o *Incoterm* mais aconselhável de ser vendido, principalmente para um exportador com pouca experiência no comércio internacional. Nesse caso, o importador/comprador retira a mercadoria na fábrica indicada pelo exportador, passando a responder por todas as providências a partir de então: administrativas, fiscais e monetárias do transporte.

- Grupo F – corresponde às siglas:
  FCA, do inglês *Free Carrier*, que significa Livre no Transportador.
  FAS, do inglês *Free Alongside Ship*, que significa Livre no Costado do Navio.
  FOB, do inglês *Free on Board*, que significa Livre a Bordo (mais utilizado no navio).

- Grupo C – corresponde às siglas:
  CFR, do inglês *Cost and Freight*, que significa Custo e Frete.
  CIF, do inglês *Cost, Insurance, and Freight*, que significa custo, mais o seguro e mais o frete.
  CPT, do inglês *Carriage Paid To...*, que significa custo e transporte pago até... (local de destino deve ser determinado. Esse *Incoterm* é mais usado para transporte rodoviário).
  CIP, do inglês: *Cost, Insurance Paid To...*, que significa custo, mais seguro pagos até... Deve ser determinado o destino. Esse *Incoterm* é mais utilizado para transporte ferroviário.

- Grupo D – corresponde às siglas:
  DAF, do inglês *Delivered at Frontier*, que significa entregue na fronteira, em local previamente determinado. Também é importante especificar o meio de transporte utilizado, para não haver problemas com o importador.
  DES, do inglês *Delivered ex-Ship*, que significa entregue a partir do navio. Também é importante determinar o porto de embarque.

DEQ, do inglês *Delivered ex-Quay*, que significa entregue a partir do cais do porto. É um pouco complicado para ser operacionalizado por exportadores não-tradicionais.
DDU, do inglês *Delivered, Duty, Unpaid*, que significa entregue ao comprador no destino indicado, sem os impostos de importação e os impostos internos. (Direitos de nacionalização não-pagos.)
DDP, do inglês *Delivered, Duty, Paid*, que significa entregue ao importador no destino indicado, com todos os impostos pagos, incluindo os de importação. É a sigla mais completa na qual o exportador garante o preço final da mercadoria entregue normalmente no depósito ou na loja do importador, para o qual é a maneira mais conveniente de importar, uma vez que tem a garantia da chegada da mercadoria em local previamente determinado, sem nenhuma preocupação de custos adicionais, nem mesmo com a administração da logística da importação, por exemplo. No entanto, é também a sigla mais complexa e custosa em termos administrativos para exportar. O exportador que não tenha experiência e estrutura administrativa e comercial em determinado país para onde estaria enviando a mercadoria jamais deve vender por meio dessa sigla.

Os *Incoterms*, portanto, definem as responsabilidades administrativas, financeiras e de logística, entre outras, segundo as siglas utilizadas em cada operação.

É importante salientar que, nos contratos formais ou tácitos de exportação/importação, é necessário definir, além dos *Incoterms*, outros detalhes como:

- de onde sairá a mercadoria e onde será entregue;
- onde será feito o corte dos riscos de cada parte;
- quem deve pagar o que e quando (custos);
- por quem e de que forma devem ser administrados os trâmites burocráticos de documentos, tais como despachos de alfândega, entre outros.

Para maior clareza, recomenda-se que as siglas usadas sejam acompanhadas de detalhes, como nomes de portos, aeroportos e meios de transportes a serem utilizados, pois é diferente vender uma mercadoria DDP (Miami) por via marítima, saindo do porto de Rio Grande (RS), e chegando em Miami, do que vender DDP (Miami) por via aérea, em que a mercadoria sai do aeroporto de Porto Alegre.

A maneira mais equilibrada – sob o ponto de vista tanto do importador como do exportador – de se vender na exportação, principalmente para exportadores inexperientes, é utilizar-se das siglas FOB, CFR ou, no máximo, CIF.

Anexo 5

Principais Erros Cometidos pelos "Exportadores de Plantão"

Como forma de contribuir para o aperfeiçoamento do processo de internacionalização de uma empresa, são listados, a seguir, os principais erros cometidos por empresas inexperientes, e até por algumas experientes, no comércio internacional – e que, claro, devem ser evitados.

- Definir estratégias e planos de comercialização internacional sem a assessoria de especialistas em exportação.
- Não contratar pessoal especializado.
- Não criar um departamento ou gerência de comércio internacional na empresa.
- Não definir políticas de internacionalização, de acordo com os objetivos globais da empresa.
- Não contar com uma empresa com sinergia interdepartamental e com uma visão sistêmica.
- Não assegurar o apoio da alta gestão da empresa para que o pessoal de exportação possa vencer as dificuldades iniciais.
- Definir de modo equivocado e precipitado os mercados a serem trabalhados.
- Não terceirizar algumas operações, como câmbio, documentação, despacho de alfândega, quando não existir em volumes adequados de exportação.
- Atuar de forma precipitada ao escolher representantes ou distribuidores no exterior.
- Agir de modo precipitado ao escolher clientes no exterior.

- Tentar desenvolver mercados em vários países ao mesmo tempo, em vez de concentrar-se em uma ou duas regiões.
- Tentar desenvolver mercados próximos apenas pelo critério geográfico ou facilidade de idiomas.
- Tentar desenvolver mercados "sentimentais", baseando-se apenas nos sentimentos pessoais.
- Não manter uma política de comercialização uniforme: descuidando-se do mercado internacional ao aumentar a demanda no mercado nacional; descuidando-se do mercado interno ao aumentar a demanda no mercado internacional.
- Tratar distribuidores e clientes internacionais de maneira distinta do tratamento oferecido aos do mercado nacional, embora não se possa esquecer de que cada mercado deve ser tratado de acordo com suas peculiaridades e, portanto, de forma diferente.
- Supor que um produto bem-aceito no Brasil ou em outros países possa ter a mesma aceitação em todos os países, nem sempre o que é bom ou ruim para um mercado pode servir de regra para outros.
- Não modificar os produtos para ajustá-los a normas ou preferências culturais de cada segmento de mercado a ser atingido: cada mercado requer um tipo de produto adaptado às condições locais.
- Não propor traduções profissionais na documentação em geral sobre serviços, instruções de vendas, manual de uso ou garantias que a empresa oferece aos produtos.
- Não preparar catálogos e materiais promocionais no idioma local de acordo com aspectos culturais e idiossincráticos de cada povo ou região.
- Não manter uma qualidade uniforme nos embarques.
- Não respeitar prazos de entrega.
- Produzir amostras com qualidades superiores, se comparadas com as entregas.
- Não priorizar as informações entre a empresa e seus clientes.
- Negligenciar o fornecimento de informações de embarque.
- Aceitar pedidos com quantidades e prazos de entrega aos quais não possa atender.
- Aceitar preços duvidosos que não poderá cumprir.
- Aceitar cartas de crédito com discrepâncias que não possam ser solucionadas.
- Não contratar agentes de exportação quando a empresa não dispuser de recursos para manter um departamento de exportação próprio com atividade constante em cada mercado a ser trabalhado (recomenda-se que cada mercado ou região tenha um representante terceirizado ou próprio).

- Não aproveitar as possibilidades de estabelecer acordos de concessão de licenças para distribuição e fabricação em mercados ainda não atrativos.
- Não estabelecer **alianças estratégicas** com outras empresas, quando a entrada nos mercados for bloqueada por barreiras alfandegárias ou não-alfandegárias (limitações nas importações) ou faltem recursos financeiros/mercadológicos para desenvolvimento do mercado ou ainda quando a linha de produtos disponíveis for limitada.
- Priorizar mercados mais volumosos em detrimento de mercados mais lucrativos.
- Não oferecer garantias compatíveis para os produtos, de acordo com as condições do mercado em que atua.
- Oferecer serviços pós-venda insuficientes e maldefinidos.
- Não registrar sua marca.
- Vender em condições de *Incoterms* que não poderá cumprir.
- Não atender a solicitações dos clientes quanto a amostra e outros quesitos.
- Não solicitar apoio do MRE.
- Não solicitar assessoria de advogados e de consultores locais ao firmar algum tipo de contrato.
- Não providenciar seguro de crédito para operações de risco.
- Vender com cartas de crédito não-confirmadas por bancos internacionais de primeira linha (se não puder fazer a confirmação, não venda; em caso de dúvida, é melhor não vender do que correr o risco de ter prejuízo).
- Participar de feira ou exposição sem estar preparado.
- Viajar ao exterior sem antes planejar todos os detalhes envolvidos.
- Veicular algum tipo de comunicação sem antes consultar uma agência de publicidade local.

Impresso por

META

www.metabrasil.com.br